Papa Kickstart!

Die einzigen 7 Fähigkeiten die du als werdender Vater brauchst

Dein Spielplan zum Papa Champion für Schwangerschaft, Geburt & das 1. Jahr
Weniger Stress mehr Spaß, maximaler Erfolg

Theodor Nachtigall

Inhalt

TEIL 1: Das Abenteuer beginnt – Gut vorbereitet für die Rolle deines Lebens

Vater werden, Vater sein – Mehr als nur ein neuer Titel auf deiner Visitenkarte

Der große Knall: Wenn aus „vielleicht irgendwann“ ein „JETZT!“ wird

Stell dir vor, du sitzt gemütlich auf der Couch, zappst durchs Fernsehprogramm, und plötzlich serviert dir deine Partnerin statt Chips und Dip eine Nachricht, die ungefähr so viel Wumms hat wie ein gut platzierter Elfmeter im WM-Finale: „Schatz, wir bekommen ein Baby!“ Oder vielleicht war es auch subtiler, ein beiläufiger Kommentar beim Zähneputzen, der dich fast die Zahnpasta verschlucken ließ: „Der Test hatte übrigens zwei Striche. Und nein, das ist kein Corona-Test.“ Egal, wie die Bombe geplatzt ist, das Ergebnis ist dasselbe: Dein Leben hat gerade einen Looping gedreht, und du sitzt vorne in der ersten Reihe – ohne Sicherheitsbügel, so fühlt es sich zumindest an.

„Ich werde Vater.“ Dieser Satz. Lass ihn dir mal auf der Zunge zergehen. Klingt irgendwie ... groß, oder? Fast so, als würde man dir gerade die Schlüssel für ein Raumschiff in die Hand drücken mit den Worten: „Viel Spaß, bring’s heil zurück.“ Dein Gehirn versucht, diesen Brocken an Information zu verdauen, während dein Herz Polka tanzt oder sich kurzfristig für einen Winterschlaf entscheidet. Plötzlich bekommen Worte wie „Verantwortung“ ein ganz neues Gewicht – gefühlt das eines Kleinwagens. Und all die sorgsam gehegten Pläne für die nächsten Jahre? Die machen gerade eine kleine Ehrenrunde und stellen sich neu auf. Willkommen im aufregendsten Chaos deines Lebens!

Jetzt mal Hand aufs Herz: Die erste Reaktion ist oft ein Cocktail aus Gefühlen, der selbst den erfahrensten Barkeeper ins Schwitzen brächte. Da ist dieser Rausch purer Freude, so ein „Ich-könnte-die-Welt-umarmen-und-danach-noch-einen-Marathon-laufen“-Gefühl. Ein Baby! Ein Mini-Du! Ein kleiner Mensch, der vielleicht deine musikalische Begabung erbt (oder dein Talent, Socken auf mysteriöse Weise verschwinden zu lassen). Bilder explodieren in deinem Kopf wie Silvesterraketen: Du siehst dich schon mit stolzgeschwellter Brust den Kinderwagen schieben, als wärst du der Kapitän eines Luxusdampfers. Du stellst dir vor, wie winzige Patschehändchen nach deinem Finger greifen, als wärst du der leibhaftige Superheld. Das erste Lachen, das erste Mal „Papa“ – bei dem Gedanken kriegst du schon eine Gänsehaut, die mit der einer Polar-Expedition mithalten kann. Das ist pure Magie, ein emotionaler Hauptgewinn im Lotto des Lebens.

Aber kaum ist der erste Freudentaumel ein bisschen abgeebbt, klopft oft schon ein kleiner, etwas weniger euphorischer Gast an deine Hirnwindungen: der Zweifel. Dieser innere Spielverderber, der dir mit einem fiesen Grinsen ein paar unangenehme Wahrheiten ins Ohr flüstert: „Äh, Moment mal, Kumpel. DU? Mit einem Baby? Sicher, dass das eine gute Idee ist? Weißt du überhaupt, wo bei so einem Ding vorne und hinten ist?“ Und zack, ist sie da, die Unsicherheit. Wie ein unerwarteter Regenschauer an einem perfekten Sommertag. Kann ich das wirklich? Schaffe ich das? Bin ich überhaupt aus dem richtigen Holz geschnitzt für diese Papa-Nummer? Fragen, die sich anfühlen, als würden sie von einem ganzen Schwarm aufgeregter Papageien gleichzeitig auf dich einprasseln.

Und als ob das noch nicht genug wäre, um deinen Puls in die Höhe zu treiben, schleicht sich manchmal noch eine dritte Gestalt in diese illustre Gefühlsrunde: die blanke Panik. Nicht die schreiende, hysterische Variante, sondern eher so ein stilles, flaues Gefühl in der Magengegend, das dir zuzuraunen scheint: „Houston, wir haben ein Problem. Ein sehr kleines, sehr lautes Problem." Du denkst an Nächte, in denen Schlaf zum Luxusgut wird, seltener als ein Lottogewinn. Du siehst Windelberge vor dir, die selbst Reinhold Messner Respekt einflößen würden. Du hörst Babygeschrei, das die Schallmauer durchbricht und deine Nerven zu Lametta verarbeitet. Und was ist mit deiner heiligen Ruhe? Deinen spontanen Motorradtouren? Deinem sorgsam gepflegten FIFA-Account? Fragen, die sich wie ein unlösbares Sudoku anfühlen. Das Gefühl, als würde man dir gerade den Pilotenschein für einen Jumbojet in die Hand drücken, obwohl du bisher nur Bobbycar gefahren bist.

Wenn dir dieses Gefühls-Pingpong bekannt vorkommt – von himmelhochjauchzend bis „Hilfe, wo ist der Notausgang?" – dann erstmal: Herzlichen Glückwunsch, du bist ein ganz normaler, werdender Vater! Dieses emotionale Schleudertrauma ist quasi die Eintrittskarte in den Club der Papas. Es zeigt, dass du kein gefühlskalter Roboter bist, sondern ein Mensch, der begreift, dass hier gerade etwas Monumentales passiert. Denk doch mal an andere große Momente im Leben: Der erste Kuss, die Führerscheinprüfung, der Heiratsantrag – war da immer alles nur eitel Sonnenschein und pure Entspannung? Eben. Ein bisschen Muffensausen, ein flaues Gefühl im Magen und die Frage „Schaffe ich das?" gehören zu den großen Abenteuern des Lebens einfach dazu.

Aber warum trifft uns diese Nachricht oft so, als hätte uns ein Blitz beim Eisessen getroffen? Nun, abgesehen von der schieren Wucht des Ereignisses selbst, spielen da auch ein paar andere Faktoren mit rein. Große Lebensumbrüche, und das Vaterwerden ist definitiv einer der größten, rütteln an unserem Selbstverständnis, an unserer Identität. Wir müssen uns fragen: Wer bin ich jetzt? Wer will ich sein? Das ist ein ziemlicher mentaler Klimmzug! Und dann kommt noch dazu, dass wir Männer es oft nicht gerade mit der Muttermilch aufgesogen haben, über unsere Gefühle zu reden – schon gar nicht über Unsicherheit oder Angst. „Ein Mann kennt keinen Schmerz", „Stell dich nicht so an" – solche Kalendersprüche haben sich bei vielen von uns tief eingebrannt. Das Bild des Felsens in der Brandung, der immer alles im Griff hat, ist ein hartnäckiger Begleiter. Aber mal ehrlich: Ist es nicht viel stärker, sich diesen bunten Strauß an Gefühlen einzugestehen, ihn anzunehmen und vielleicht sogar mit der wichtigsten Person in diesem Spiel zu teilen – deiner Partnerin? Die sitzt nämlich mit großer Wahrscheinlichkeit im selben emotionalen Boot, vielleicht nur mit einer anderen Aussicht. Und gemeinsam lässt sich die stürmische See doch viel besser befahren, oder?

Papas neue Kleider: Vom Geldverdiener zum Lebensgestalter

Erinnerst du dich noch an die Geschichten von früher? Oder vielleicht an deinen eigenen Opa oder Vater? Da war die Rolle des Papas oft so klar umrissen wie ein Fußballfeld: Er war der Kapitän der Familien-GmbH, zuständig für die Finanzen, der Fels in der Brandung, der sonntags den Braten anschnitt und dafür sorgte, dass der Rasen nicht aussah wie ein Dschungelcamp. Emotionale Achterbahnfahrten, Windelwechsel-Marathons oder nächtliche Tröste-Einsätze? Das war eher das Spezialgebiet der Mamas. Das war damals so, und es hatte sicher auch seine Berechtigung in einer anderen Zeit, mit anderen gesellschaftlichen Rahmenbedingungen. Die Väter von damals waren oft die stillen Helden im Hintergrund, die dafür sorgten, dass der Laden lief.

Aber hey, die Zeiten ändern sich – und das ist auch verdammt gut so! Heute sind wir Männer nicht mehr nur die finanziellen Hauptversorger oder die Wochenend-Bespaßer. Wir sind mittendrin statt nur dabei! Die „Neue Väterlichkeit“ ist nicht nur ein schickes Wort für Soziologen, sondern gelebte Realität für immer mehr von uns. Wir wollen nicht nur das Geld heimbringen, sondern auch die Herzen unserer Kinder erobern. Wir wollen teilhaben, mitgestalten, eine emotionale Verbindung aufbauen, die so stark ist wie ein gut geknoteter Seemannsknoten. Wir wollen nicht nur die Gebrauchsanweisung für den neuen Kinderwagen studieren, sondern auch die für die Seele unseres Kindes. Und das ist eine unglaublich spannende Entwicklung! Studien zeigen, dass die meisten Väter von heute eine aktive Rolle im Leben ihrer Kinder anstreben, sich mehr Zeit mit ihnen wünschen und bereit sind, einen ordentlichen Teil der Erziehungs- und Betreuungsarbeit zu schultern. Das ist kein kurzlebiger Trend, sondern ein echter Wandel im Selbstverständnis von uns Männern. Es ist der Wunsch, nicht nur ein guter Versorger, sondern ein großartiger Vater zu sein – mit allem, was dazugehört.

Was heißt das denn jetzt genau, „aktive Teilhabe“ und „emotionale Präsenz“? Das fängt nicht erst an, wenn das Baby da ist. Es beginnt schon, wenn du deine Partnerin zu den Vorsorgeuntersuchungen begleitest und ehrfürchtig dem Herzschlag im Ultraschall lauschst, der klingt wie ein aufgeregter Techno-Beat. Es geht weiter, wenn du bei der Geburt dabei bist, nicht als hilfloser Zuschauer, sondern als mentaler Fels, als Masseur, als Motivator, als der Typ, der im entscheidenden Moment die kalten Waschlappen reicht. Und wenn der kleine Erdenbürger dann da ist? Dann geht's erst richtig los! Windeln wechseln, als hättest du nie etwas anderes getan (Spoiler: Übung macht den Meister, und die ersten Versuche sind oft... nun ja, sagen wir mal „kreativ“). Fläschchen geben, als wärst du ein preisgekrönter Barkeeper. Das Baby in den Schlaf singen, auch wenn deine Stimme eher an einen rostigen Rasenmäher erinnert. Es geht darum, da zu sein, zuzuhören (auch wenn die „Gespräche“ anfangs eher einseitig sind), die Signale deines Kindes zu deuten und eine Beziehung aufzubauen, die auf Vertrauen und Liebe basiert. Experten nennen diesen einzigartigen väterlichen Beitrag auch „Bevaterung“. Klingt erstmal komisch, meint aber was Tolles: Du als Vater bringst ganz eigene Stärken und Qualitäten in die Erziehung ein. Vielleicht bist du derjenige, der eher zum wilden Toben anstiftet, der die Welt mit einer anderen Art von Humor erklärt oder der dein Kind ermutigt, mutige kleine Schritte zu wagen. Diese Vielfalt ist Gold wert für die Entwicklung deines Kindes!

Diese neue, aktive Rolle als Vater ist nicht nur eine „Aufgabe“, sondern eine riesige Chance. Für dein Kind ist ein Papa, der voll da ist, wie ein zusätzlicher Superheld im Alltag – eine Quelle von Sicherheit, Geborgenheit und spannenden Abenteuern. Experten sind sich einig: Kinder mit engagierten Vätern sind oft selbstbewusster, können besser mit Stress umgehen und sind kleine Problemlöse-Genies. Für deine Partnerschaft bedeutet das gemeinsame Schultern der Verantwortung oft weniger Stress für jeden Einzelnen und mehr „Wir-Gefühl". Zusammen durch die Höhen und Tiefen des Elternseins zu gehen, das schweißt zusammen wie Sekundenkleber.

Und was springt für dich dabei raus, außer chronischem Schlafmangel und einer beeindruckenden Sammlung von Babybrei-Flecken auf deinen Lieblingshemden? Jede Menge! Du entdeckst Seiten an dir, von denen du nicht mal wusstest, dass es sie gibt. Eine Geduld, die buddhistische Mönche neidisch machen würde. Ein Einfühlungsvermögen, das selbst den härtesten Kerl zum Schmelzen bringt. Du erlebst Liebe in einer Form, die so intensiv ist, dass sie manchmal fast wehtut – auf die gute Art. Du lernst, was wirklich wichtig ist im Leben (und nein, es ist nicht der nächste Quartalsbericht). Die strahlenden Augen deines Kindes, wenn du vom Spielen zerzaust nach Hause kommst, das feste Vertrauen, mit dem es sich an dich klammert, die ersten unbeholfenen Kunstwerke, die es dir stolz präsentiert – das sind die Momente, die unbezahlbar sind und deinem Leben einen Sinn geben, der tiefer ist als jeder Ozean.

Natürlich ist nicht immer alles Friede, Freude, Eierkuchen auf dem Weg zum Papa-Olymp. Manchmal fühlt sich der Spagat zwischen Job, Familie und eigenen Bedürfnissen an wie eine Zirkusnummer ohne Netz und doppelten Boden. Die Präsenzkultur im Büro ist vielleicht noch nicht ganz im 21. Jahrhundert angekommen, und flexible Arbeitszeiten klingen manchmal eher wie ein Mythos aus einem fernen Land. Und ja, es kann auch mal vorkommen, dass deine Partnerin – aus lauter Liebe und Perfektionismus – zur „Ober-Windel-Beauftragten" mutiert und dir das Gefühl gibt, du bräuchtest für jeden Handgriff eine Lizenz. Das kann nerven, klar. Aber hey, das sind keine unüberwindbaren Gebirgsketten, sondern eher kleine Hügel, die man mit guter Kommunikation, einer Portion Humor und dem Wissen aus diesem Buch locker erklimmen kann. Es geht darum, deinen Platz im Team zu finden und selbstbewusst auszufüllen.

Dein Werkzeugkoffer für die Liga der Super-Papas: Das Konzept dieses Buches

Was hast du hier eigentlich vor dir? Ganz sicher keinen staubtrockenen Uni-Vortrag über frühkindliche Pädagogik oder einen dieser Ratgeber, die so kompliziert geschrieben sind, dass du danach mehr Fragen hast als vorher. Dieses Buch hier soll dein persönlicher Begleiter sein, dein Assistent, dein freundschaftlicher Ratgeber für die aufregende Reise, die vor dir liegt. Stell es dir vor wie einen erfahrenen Bergführer, der die Strecke schon kennt, dir die schönsten Aussichtspunkte zeigt, aber auch weiß, wo die rutschigen Stellen sind. Der Ton ist bewusst locker und ermutigend, denn Vatersein soll Spaß machen – trotz (oder gerade wegen) der kleinen und großen Herausforderungen. Es geht nicht darum, dir Vorschriften zu machen, sondern dir Optionen aufzuzeigen, dich zu inspirieren und dir das Vertrauen zu geben, dass du das Zeug zum großartigen Papa hast.

Das Herzstück dieses Buches sind sieben Kernkompetenzen – sozusagen deine „Glorreichen Sieben" für den Papa-Alltag. Das sind die Fähigkeiten, die dir helfen, nicht nur irgendwie zu überleben, sondern das Familienleben als echtes Abenteuer zu genießen und zu gestalten. Und keine Sorge, das sind keine abstrakten Theorien, sondern ganz handfeste Dinge:

1. **Emotionale Intelligenz & Einfühlungsvermögen:** Deine Superkraft, um die geheimen Botschaften deines Babys zu entschlüsseln, die Stimmungen deiner Partnerin zu verstehen und eine Verbindung zu knüpfen, die tiefer geht als jede Internetverbindung.
2. **Kommunikation & Gelebte Partnerschaft:** Das Geheimrezept, um als Eltern-Duo unschlagbar zu sein, Konflikte in konstruktive Gespräche zu verwandeln und gemeinsam an einem Strang zu ziehen – und zwar in dieselbe Richtung!
3. **Praktische Kompetenz & Alltagsmanagement:** Hier lernst du, wie du Windeln wechselst, ohne dabei einen Ganzkörper-Neoprenanzug zu brauchen, und wie du den Familienalltag organisierst, ohne zum Choleriker zu werden.
4. **Stressbewältigung & Resilienz:** Dein persönliches Anti-Stress-Programm, um auch dann einen kühlen Kopf zu bewahren, wenn das Baby schreit, der Brei an der Decke klebt und das Telefon ununterbrochen klingelt.
5. **Bindung & Väterliche Präsenz:** Entdecke, wie du eine bombenfeste Beziehung zu deinem Kind aufbaust und ihm zeigst: Papa ist da – als Spielkamerad, als Tröster, als der Fels in der Brandung, auf den man sich immer verlassen kann.
6. **Vorbereitung & Aktive Rollengestaltung:** Finde heraus, welcher Papa-Typ du sein möchtest, informiere dich gut und gestalte deine Rolle so, dass sie zu dir und deiner Familie passt – authentisch und selbstbewusst.
7. **Selbstfürsorge & Unterstützende Netzwerke:** Denn auch Super-Papas brauchen mal eine Pause und ein starkes Team im Rücken. Lerne, deine eigenen Akkus aufzuladen und dir Hilfe zu holen, wenn du sie brauchst – das ist kein Zeichen von Schwäche, sondern von Cleverness!

Diese sieben Bereiche sind nicht einfach aus der Luft gegriffen. Sie sind das Ergebnis von viel Erfahrung, dem Wissen von Experten und den echten Geschichten von Vätern, die wissen, wovon sie reden. Sie sind dein gut gefüllter Werkzeugkoffer, mit dem du für die meisten Situationen im Papa-Leben bestens gerüstet bist.

Wachstumsdenken – Dein Freifahrtschein zum Lernen und Besserwerden

Jetzt kommt ein Gedanke, der so wichtig ist, dass er eigentlich ein eigenes T-Shirt verdient hätte: das „Wachstumsdenken“. Klingt erstmal nach Motivations-Seminar, ist aber eine echt coole und vor allem nützliche Haltung für (werdende) Väter. Die Idee dahinter, die uns die schlaue Psychologin Carol Dweck nähergebracht hat, ist eigentlich ganz simpel: Deine Fähigkeiten, dein Talent, ja sogar deine Intelligenz sind nicht in Beton gegossen. Du bist nicht einfach „gut“ oder „schlecht“ in etwas. Sondern: Du kannst lernen, du kannst wachsen, du kannst dich entwickeln – durch Übung, durch Anstrengung, durch Fehler und durch die Bereitschaft, neue Dinge auszuprobieren. Das Gegenteil wäre, zu denken: „Puh, das mit dem Babytrösten kann ich einfach nicht, da hab ich kein Talent für." Blödsinn!

Niemand kommt als fertiger Super-Papa auf die Welt, mit eingebautem Baby-Flüstermodus und Wickeldiplom. Vatersein ist ein Lernprozess, eine Entdeckungsreise. Erinnerst du dich, wie du versucht hast, ein kompliziertes IKEA-Regal aufzubauen? Wahrscheinlich war der erste Versuch auch eher ... nennen wir es „experimentell". Aber du hast nicht aufgegeben, hast geflucht, geschraubt, vielleicht nochmal in die Anleitung geschaut (oder auch nicht) und irgendwann stand das Ding. Und genau so ist es mit vielen Dingen im Papa-Leben. Du probierst was aus, es klappt vielleicht nicht sofort, du justierst nach, versuchst es nochmal – und plötzlich macht es „Klick".

Sieh die Vaterschaft als dein persönliches Abenteuerland. Hier darfst du experimentieren, dich ausprobieren und auch mal auf die Nase fallen, ohne dass gleich die Welt untergeht. Fehler sind nicht deine Feinde, sondern deine besten Lehrmeister. Sie zeigen dir, wo du noch ein bisschen feilen kannst, wo du vielleicht eine andere Taktik brauchst oder wo es schlau ist, mal jemanden um Rat zu fragen. Das Ziel ist nicht, der fehlerfreie Roboter-Papa zu sein, sondern ein „genug guter Vater" – einer, der mit Herz bei der Sache ist, der lernt und der für sein Kind da ist. Das nimmt unglaublich viel Druck raus, oder? Stell dir vor, der erste selbstgekochte Babybrei ähnelt eher Tapetenkleister und wird von deinem Nachwuchs mit einem angewiderten Gesichtsausdruck quittiert. Kein Grund zur Verzweiflung! Lachen, wegwischen, neues Rezept ausprobieren. Das ist Wachstumsdenken in Aktion.

Wie kriegst du diese Haltung jetzt in deinen Alltag als Papa integriert? Ganz einfach: Sei neugierig wie ein Kind im Spielzeugladen. Sieh Herausforderungen nicht als unüberwindbare Monster, sondern als spannende Rätsel, die gelöst werden wollen. Wenn du vor einer neuen Aufgabe stehst – das Baby zum ersten Mal baden, ohne dass es dir wie ein glitschiger Aal aus den Händen flutscht – dann denk nicht: „Oh Gott, das geht schief!", sondern: „Okay, wie packe ich das am besten an? Was kann ich lernen?" Informier dich, sprich mit deiner Partnerin, frag andere Väter (die haben oft die besten Anekdoten und Tricks auf Lager). Und wenn's dann doch ein bisschen chaotisch wird – nimm's mit Humor. Sei nicht zu streng mit dir selbst. Klopf dir auf die Schulter für den Versuch, nicht nur für das perfekte Ergebnis. Diese innere Einstellung ist wie ein eingebauter Turbo für deine Papa-Fähigkeiten. Sie macht dich flexibler, kreativer und viel entspannter im Umgang mit all den kleinen und großen Überraschungen, die das Leben mit Kindern so mit sich bringt.

Und was ist der Lohn für diese Mühe, für diese Bereitschaft, ständig dazuzulernen? Du wirst merken, wie dein Selbstvertrauen wächst, mit jeder kleinen Hürde, die du nimmst. Du wirst gelassener, weil du weißt, dass du für jede Herausforderung eine Lösung finden kannst (oder zumindest jemanden kennst, der eine kennt). Du wirst eine tiefere Freude an deiner Vaterrolle entdecken, weil du sie als Chance siehst, dich selbst weiterzuentwickeln und eine unglaublich starke Verbindung zu deinem Kind aufzubauen. Und das Beste: Du wirst nicht nur ein kompetenter Papa, sondern auch ein zufriedenerer Mensch. Denn dieser neue Titel – „Papa" – ist nicht nur ein Wort. Es ist eine Einladung, jeden Tag ein bisschen mehr über dich selbst, über die Liebe und über das Leben zu lernen. Klingt nach einem guten Deal, oder? Na dann, nichts wie rein ins Abenteuer!

Du & Deine Partnerin – Von jetzt an ein unschlagbares Team

Neun Monate als Team-Training: Warum eure Partnerschaft jetzt Gold wert ist

Also, die erste Schockwelle ist überstanden, du hast dich mit dem Gedanken angefreundet, bald nicht mehr nur für deine Yucca-Palme verantwortlich zu sein, und vielleicht sogar schon heimlich Babynamen gegoogelt (zugegeben, „Thor-Kevin" ist vielleicht nicht jedermanns Sache, aber hey, jeder fängt mal klein an). Was nun folgt, sind rund neun Monate, die gerne mal als die „Ruhe vor dem Sturm" bezeichnet werden. Eine charmante Untertreibung, wenn du mich fragst. Denn „Ruhe" ist hier oft so relativ wie die Pünktlichkeit der Deutschen Bahn. Es ist vielmehr ein hochintensives Trainingslager für das wohl größte und aufregendste Projekt eures gemeinsamen Lebens: das Projekt Familie. Und das Wichtigste dabei: Ihr seid nicht einfach nur zwei Individuen, die zufällig zur selben Zeit am selben Ort dasselbe Baby erwarten. Nein, ihr seid ein Team! Oder zumindest habt ihr jetzt die einmalige Chance, eins zu werden – ein unschlagbares Duo, das bereit ist, die Welt der Windeln, Schnuller und schlaflosen Nächte zu erobern.

Viele sehen die Schwangerschaft primär als eine körperliche Angelegenheit der Frau. Klar, sie ist diejenige, deren Bauch wächst, als hätte sie einen Medizinball verschluckt, und die plötzlich Heißhunger auf saure Gurken mit Schokocreme entwickelt. Aber die Wahrheit ist: Ihr seid beide schwanger. Okay, nicht im biologischen Sinne, das wäre dann doch etwas zu viel Science-Fiction. Aber emotional und mental seid ihr beide voll dabei. Diese neun Monate sind eine kostbare Zeit, in der ihr als Paar zusammenwachsen könnt, bevor der kleine neue Chef das Zepter übernimmt und euer Leben auf eine liebevolle, aber bestimmte Art und Weise neu sortiert. Stell dir eure Partnerschaft vor wie das Fundament eines Hauses. Bevor du anfängst, über die Tapeten im Kinderzimmer oder die Farbe des Hochstuhls zu philosophieren, muss dieses Fundament stehen – und zwar so stabil, dass es auch einem kleinen Orkan (oder einem Trotzanfall im Supermarkt) standhält. Genau das ist eure Beziehung jetzt: die Basis, auf der alles andere aufbaut. Experten können gar nicht oft genug betonen, wie entscheidend eine starke, liebevolle Partnerschaft für das gesamte Familiengefüge ist. Sie ist wie ein emotionaler Stoßdämpfer, der die unvermeidlichen Holperstrecken des Elternseins sanft abfedert. Wenn ihr als Paar ein eingespieltes Team seid, das sich vertraut, unterstützt und auch mal gemeinsam über das Chaos lachen kann, dann könnt ihr die Freuden des Elternseins viel intensiver auskosten. Und euer Kind? Das spürt diese positive Energie, diese Sicherheit, und das ist wie ein emotionales Startkapital für ein glückliches Leben. Klingt gut, oder?

Natürlich heißt das nicht, dass ihr die nächsten neun Monate auf einer rosaroten Wolke schweben und euch ausschließlich mit Händchenhalten und romantischen Liebesbekundungen beschäftigen müsst. Im Gegenteil. Eine Schwangerschaft ist eine Zeit der Veränderung, und zwar auf allen Kanälen. Eure Gesprächsthemen werden sich erweitern – von der Champions League und der nächsten Netflix-Serie hin zu den Vor- und Nachteilen von Stoffwindeln versus Wegwerfwindeln (ein Thema, das erstaunlich viel

Diskussionspotenzial birgt, du wirst es erleben!). Spontane Wochenendausflüge werden vielleicht einer sorgfältigen Planung von Kreißsaalbesichtigungen weichen. Und ja, auch die körperlichen Veränderungen deiner Partnerin werden nicht zu übersehen sein und vielleicht auch eure intime Beziehung beeinflussen. Aber hier kommt die entscheidende Botschaft: Veränderung ist nicht das Ende der Welt, sondern oft der Anfang von etwas Neuem, Aufregendem. Es ist eine Chance, neue Seiten aneinander zu entdecken, eine tiefere Ebene von Verständnis und Nähe zu erreichen und eure Beziehung mit frischen, lebendigen Farben zu bereichern. Denkt an einen guten Käse oder einen edlen Whiskey – die werden mit der Zeit auch nicht schlechter, sondern reifer, komplexer und oft um ein Vielfaches interessanter. Seht diese neun Monate also nicht als Wartezeit, sondern als aktive Gestaltungszeit für euer gemeinsames Meisterwerk: eure Familie.

Mission „Partnerin verstehen“: Ein Crashkurs in Schwangerschafts-Emotionen und Körper-Updates

Also gut, Butter bei die Fische: Deine Partnerin verwandelt sich gerade vor deinen Augen. Nicht in einen Werwolf bei Vollmond (obwohl manche Hormonschwankungen durchaus ... interessant sein können), sondern in eine werdende Mutter. Und das ist ein Prozess, der sowohl körperlich als auch emotional eine ganze Menge mit sich bringt. Damit du nicht völlig im Dunkeln tappst und vielleicht versehentlich ins nächste Fettnäpfchen von der Größe eines Swimmingpools latschst, kommt hier ein kleiner Crashkurs in Sachen „Schwangerschafts-Phänomene“. Betrachte es als eine Art Spickzettel für Fortgeschrittene, der dir hilft, ihre Welt ein bisschen besser zu verstehen und sie optimal zu unterstützen.

Fangen wir mit der emotionalen Achterbahn an, die gerade in ihr auf Hochtouren läuft. Wenn deine sonst so ausgeglichene Partnerin plötzlich bei einer traurigen Filmszene hemmungslos schluchzt oder wegen einer nicht ganz perfekt ausgedrückten Zahnpastatube einen kleinen Tobsuchtsanfall bekommt, dann sind oft die Hormone die Übeltäter. Die veranstalten nämlich gerade eine wilde Party in ihrem Körper, mit Konfetti, lauter Musik und scheinbar ohne Sperrstunde. Das Ergebnis: Stimmungsschwankungen, die es in sich haben können. Von himmelhochjauchzend bis zu Tode betrübt – manchmal innerhalb von fünf Minuten. Vielleicht entwickelt sie auch ganz neue Ängste und Sorgen. Ist das Baby gesund? Werde ich eine gute Mutter sein? Wie wird die Geburt – schaffe ich das überhaupt? Diese Gedanken sind völlig normal und gehören dazu. Auf der anderen Seite gibt es natürlich auch die wundervollen Emotionen: eine unbändige Vorfreude auf das kleine Wesen, eine tiefe, fast schon magische Verbindung zum Baby im Bauch und der berühmte Nestbautrieb, der dazu führen kann, dass eure Wohnung plötzlich aussieht wie ein Einrichtungskatalog für Luxus-Babyzimmer – inklusive handgestrickter Mobilees und perfekt sortierter Strampler nach Farbcode.

Und was ist deine Rolle in diesem emotionalen Theaterstück? Du bist der Regisseur, der Bühnenarbeiter und der Hauptdarsteller in der Rolle des „verständnisvollen Super-Partners“ – alles in einer Person! Deine Mission, solltest du sie annehmen: Sei ihr Fels in der Brandung, ihre Schulter zum Anlehnen (und Ausweinen), ihr persönlicher

Stimmungsaufheller. Das Wichtigste ist oft nicht, sofort eine Lösung für jedes Problem parat zu haben, sondern einfach da zu sein. Zuhören. Und zwar nicht nur mit halbem Ohr, während du auf dein Handy schielst, sondern mit echter Aufmerksamkeit. Versuche, ihre Gefühle ernst zu nehmen, auch wenn sie dir manchmal übertrieben erscheinen. Ein „Ich kann verstehen, dass du dir Sorgen machst" oder „Es ist okay, wenn du jetzt traurig bist, lass es ruhig raus" wirkt oft Wunder. Bestätige ihre Emotionen, anstatt sie kleinzureden oder mit Logik dagegen anzukämpfen. Schwangerschaftshormone und Logik sind nämlich nicht immer die besten Freunde. Zeige Geduld, auch wenn sie zum zwanzigsten Mal dieselbe Geschichte erzählt oder dieselbe Befürchtung äußert. Denk immer daran: Sie leistet gerade körperliche und emotionale Schwerstarbeit. Deine Unterstützung ist wie ein Wellness-Wochenende für ihre Seele. Und vergiss den Humor nicht! Ein liebevoller Witz zur richtigen Zeit, ein gemeinsames Lachen über die skurrilen Gelüste (Rollmops mit Erdbeermarmelade, irgendwer?) kann die Anspannung oft im Nu lösen. Aber Vorsicht: Humor ist wie Chili – die Dosis macht's, und manchmal ist weniger mehr.

Neben dem emotionalen Feuerwerk macht auch der Körper deiner Partnerin eine beeindruckende Metamorphose durch. Es gleicht einem kompletten Hausumbau, der am Ende ein voll funktionsfähiges Baby-Appartement mit Vollpension hervorbringt. Und wie bei jeder guten Baustelle gibt es auch hier die eine oder andere Begleiterscheinung, die nicht unbedingt auf der Wunschliste stand. Beispielsweise die berühmt-berüchtigte Morgenübelkeit, die sich oft nicht um die Tageszeit schert und der Liebsten das Gefühl gibt, die letzte Nacht auf einer stürmischen Schiffsschaukel verbracht zu haben. Oder diese bleierne Müdigkeit, die sie dazu verleitet, selbst im Stehen ein kleines Nickerchen einzulegen – oft zu den unpassendsten Momenten. Kurzatmigkeit, als hätte sie gerade den Mount Everest ohne Sauerstoffgerät bestiegen, obwohl sie nur die Einkaufstüten in den dritten Stock getragen hat (was du hoffentlich für sie erledigt hast!). Rückenschmerzen, die jeden Chiropraktiker vor Freude jodeln lassen würden. Nicht zu vergessen die Füße! Die können manchmal anschwellen, als gehörten sie einem freundlichen Hobbit. Der wachsende Bauch – stolzes Symbol des kommenden Glücks – wird auch zum praktischen Hindernis beim Schuhebinden, beim Umdrehen im Bett oder beim Versuch, elegant aus dem Auto zu steigen.

Deine Chance, hier als Held des Alltags zu glänzen! Du musst kein ausgebildeter Physiotherapeut sein, um ihr das Leben ein bisschen angenehmer zu gestalten. Oft sind es die kleinen, aufmerksamen Gesten, die den größten Unterschied machen. Biete ihr an, die schweren Sachen zu tragen – auch wenn sie tapfer behauptet, sie schaffe das schon. Eine kleine Fußmassage am Abend? Könnte dich zum Mann des Jahres machen! Sorge dafür, dass sie es bequem hat, vielleicht mit einem zusätzlichen Kissen hier und einem stützenden Keil da. Wenn ihr die Übelkeit zu schaffen macht, serviere ihr vielleicht schon vor dem Aufstehen einen Zwieback und einen lauwarmen Tee ans Bett. Ermutige sie, sich auszuruhen, wenn sie müde ist, und nimm ihr in dieser Zeit ein paar Aufgaben ab. Es geht nicht darum, sie zu verhätscheln, sondern ihr zu zeigen, dass du ihre körperliche Leistung anerkennst und sie aktiv unterstützt. Das ist Teamwork in Reinkultur! Und noch ein ganz wichtiger Punkt: Viele Frauen hadern während der Schwangerschaft manchmal mit ihrem sich verändernden Körperbild. Sie fühlen sich vielleicht nicht mehr so attraktiv oder fremd im eigenen Körper. Zeig ihr, dass sie für dich immer noch die Schönste ist (auch mit Babybauch und Gummistiefeln, falls die Füße mal wieder nicht in andere Schuhe passen). Ein ehrliches Kompliment, eine zärtliche Berührung, ein liebevoller Blick – das kann ihr Selbstbewusstsein ungemein stärken und eure intime Verbindung lebendig halten. Apropos Intimität: Auch das Thema Sex und Zärtlichkeit wird sich in der Schwangerschaft wahrscheinlich verändern. Sprecht offen darüber, was sich für euch beide gut anfühlt und wie ihr Nähe und Verbundenheit pflegen könnt, auch wenn der Bauch vielleicht im Weg ist oder die Lust mal Pause macht.

Team-Besprechung: So wird eure Kommunikation zum entscheidenden Erfolgsfaktor

Stell dir vor, ihr seid die Piloten eines Zweimann-Bobs, der mit Karacho die Eisrinne runterdüst. Was braucht ihr, um sicher und schnell ins Ziel zu kommen? Genau: perfekte Abstimmung, klare Ansagen und blindes Vertrauen ineinander. Und genau das ist auch das Geheimnis einer funktionierenden Partnerschaft während der Schwangerschaft und darüber hinaus. Eure Kommunikation ist jetzt der Treibstoff, der euer Team-Baby auf Kurs hält. Offene, ehrliche und respektvolle Gespräche sind wie das Öl im Getriebe – sie verhindern, dass es knirscht und quietscht, wenn es mal ein bisschen holprig wird. Und glaub mir, ein paar Holperstrecken sind im Eltern-Abenteuer fest eingeplant. Schweigen ist in dieser Phase selten Gold, sondern oft eher der Anfang von Missverständnissen, unausgesprochenen Erwartungen und Frustrationen, die sich wie kleine, fiese Gremlins in eure Beziehung einschleichen können.

Wie sieht also eine Kommunikation aus, die euch als Paar noch stärker macht? Es geht nicht darum, jetzt stundenlange Grundsatzdiskussionen zu führen oder jedes Wort auf die Goldwaage zu legen. Es geht vielmehr darum, eine Atmosphäre des Vertrauens und der Offenheit zu schaffen, in der ihr euch traut, alles anzusprechen, was euch bewegt. Ein wichtiger Punkt ist das richtige Timing. Für ein wirklich gutes Gespräch braucht es Ruhe und ungeteilte Aufmerksamkeit. Also vielleicht nicht unbedingt zwischen Tür und Angel, wenn einer von euch gerade auf dem Sprung ist, oder abends um elf, wenn beide todmüde vom Tag sind. Sucht euch Momente, in denen ihr euch entspannt aufeinander einlassen könnt. Und versucht, typische Kommunikationsfallen zu vermeiden. Dazu gehört zum Beispiel, ungefragt Ratschläge zu erteilen, wenn deine Partnerin eigentlich nur ihr Herz ausschütten möchte. Oder ihre Sorgen mit einem flotten „Wird schon nicht so schlimm!“ abzutun. Auch der Versuch, mit reiner Männer-Logik gegen schwangerschaftsbedingte Emotionen anzukämpfen, ist meistens so erfolgreich wie der Versuch, einen Pudding an die Wand zu nageln.

Hier sind ein paar konkrete Anregungen, wie ihr eure Team-Kommunikation auf das nächste Level heben könnt, ganz ohne komplizierte Handbücher:

Der regelmäßige „Boxenstopp“ für eure Beziehung

Führt doch ein kleines Ritual ein, zum Beispiel einen festen Abend in der Woche oder ein entspanntes Sonntagsfrühstück, an dem ihr euch ganz bewusst Zeit für ein Paargespräch nehmt. Das muss kein ernstes Krisengespräch sein, sondern eher ein entspannter

Austausch darüber, wie es euch geht, was euch beschäftigt, was gut läuft und wo es vielleicht hakt. Sprecht über eure Vorfreuden, aber auch über eure Sorgen. Welche Erwartungen habt ihr an die kommende Zeit? Wie könnt ihr euch gegenseitig am besten unterstützen? Solche regelmäßigen Check-ins helfen, auf dem Laufenden zu bleiben und kleine Probleme anzusprechen, bevor sie zu großen werden.

Erwartungen klar auf den Tisch (bevor sie wie ein Hefeteig im Ofen explodieren)

Jeder von uns trägt einen ganzen Rucksack voller Erwartungen mit sich herum – an den Partner, an sich selbst, an das Leben. Viele davon sind uns gar nicht bewusst. In der Schwangerschaft und mit Blick auf das Elternsein kommen noch einmal ganz neue Erwartungen hinzu. Was erwartet deine Partnerin von dir während der Geburt? Wie stellt ihr euch die erste Zeit mit dem Baby vor? Wer kümmert sich um die Wäscheberge? Wer steht nachts auf, wenn das Baby schreit? Es ist Gold wert, diese Dinge im Vorfeld offen und ehrlich zu besprechen. Sonst kann es passieren, dass der eine vom anderen etwas erwartet, was dieser gar nicht weiß oder leisten kann – und schon ist die Enttäuschung vorprogrammiert. Ein Beispiel: Du denkst vielleicht, dass deine Partnerin nach der Geburt ganz schnell wieder topfit ist und den Haushalt schmeißt, während sie sich darauf freut, dass du die ersten Wochen den Kochlöffel schwingst. Wenn ihr darüber nicht sprecht, ist Frust quasi unvermeidlich.

Gemeinsam Ängste anpacken (Monster unterm Bett sind im Team weniger gruselig)

Die Aussicht auf ein Baby ist wunderschön, kann aber auch Ängste auslösen. Das ist menschlich und total okay. Vielleicht hat deine Partnerin Angst vor den Schmerzen bei der Geburt oder davor, etwas falsch zu machen mit dem Baby. Vielleicht hast du Bedenken, ob du ein guter Vater sein wirst oder wie ihr das alles finanziell stemmen sollt. Schafft einen sicheren Hafen, in dem ihr diese Ängste ohne Scham oder Bewertung aussprechen könnt. Allein das Aussprechen nimmt den Sorgen oft schon einen Teil ihrer Macht. Und wenn ihr dann gemeinsam überlegt, wie ihr diesen Ängsten begegnen könnt, fühlt sich vieles schon gar nicht mehr so bedrohlich an. Vielleicht könnt ihr einen Geburtsvorbereitungskurs besuchen, der euch Sicherheit gibt. Vielleicht sprecht ihr mit Freunden, die schon Kinder haben. Oder ihr stellt fest, dass manche Ängste bei genauerem Hinsehen gar nicht so realistisch sind.

Ein ganz entscheidendes Werkzeug für eine gelingende Kommunikation ist das aktive Zuhören. Das bedeutet nicht nur, höflich zu nicken und „Mhm“ zu sagen, während deine Gedanken schon beim nächsten Fußballspiel sind. Aktives Zuhören heißt, wirklich mit Herz und Verstand bei deiner Partnerin zu sein. Versuche, dich in sie hineinzuversetzen. Stell Fragen, wenn du etwas nicht verstehst: „Wie genau meinst du das?“ oder „Was brauchst du jetzt von mir?“ Spiegle ihre Gefühle wider: „Ich merke, dass dich das gerade sehr beschäftigt“ oder „Das klingt, als wärst du enttäuscht.“ Das zeigt ihr, dass du sie wirklich hörst und ernst nimmst. Und vermeide es, sie ständig zu unterbrechen oder ihre Sätze für sie zu beenden – auch wenn du glaubst, schon zu wissen, was sie sagen will. Gib ihr den Raum, ihre Gedanken und Gefühle in ihrem eigenen Tempo auszudrücken. Das ist manchmal gar nicht so einfach, besonders wenn man selbst unter Strom steht, aber es lohnt sich!

Und vergiss nie: Deine Partnerin ist in dieser Phase die Hauptperson. Ihre Wünsche, ihre Bedürfnisse, ihr Wohlbefinden sollten im Mittelpunkt stehen. Das heißt nicht, dass deine Bedürfnisse unwichtig sind (dazu kommen wir gleich noch), aber es bedeutet, sie aktiv in alle Entscheidungen einzubeziehen, die die Schwangerschaft, die Geburt und das Baby betreffen. Frag sie nach ihrer Meinung, nach ihren Vorstellungen. Wie möchte sie die Geburt erleben? Welchen Namen findet sie schön? Wie soll das Kinderzimmer aussehen? Zeige ihr, dass du ihre Wünsche respektierst und unterstützt. Das gibt ihr nicht nur ein Gefühl von Sicherheit und Wertschätzung, sondern stärkt auch euer Band als Team. Manchmal kann es sogar hilfreich sein, wenn du ihre Wünsche gegenüber Dritten vertrittst, zum Beispiel im Gespräch mit Ärzten oder der Familie, falls sie sich in dem Moment vielleicht nicht stark genug fühlt, für sich selbst einzustehen. Das ist echte Partnerschaft!

Nicht nur Co-Star, sondern auch Hauptdarsteller: Deine eigene Reise und deine Bedürfnisse

So wichtig es ist, für deine Partnerin da zu sein und ihre Bedürfnisse im Blick zu haben – vergiss bitte eines nicht: Auch du bist gerade auf einer ziemlich aufregenden und emotionalen Reise. Du bist nicht nur der Nebendarsteller im großen Film „Schwangerschaft“, sondern spielst eine verdammt wichtige Hauptrolle. Und auch Hauptdarsteller haben Gefühle, Bedürfnisse, Unsicherheiten und Freudenmomente. Es ist absolut okay und sogar wichtig, dass du deine eigene emotionale Achterbahnfahrt wahrnimmst und ihr Raum gibst. Die Freude auf das Baby, der Stolz, bald Vater zu sein, die Neugier auf das, was da kommt – all das sind wundervolle Gefühle. Aber vielleicht gibt es auch Momente der Unsicherheit: Werde ich dem allen gewachsen sein? Wie wird sich mein Leben verändern? Verliere ich meine Freiheit oder die Exklusivität meiner Paarbeziehung? Vielleicht spürst du auch einen gewissen Druck von außen – Erwartungen von der Familie, von Freunden, von der Gesellschaft. All das ist Teil deiner ganz persönlichen Reise ins Vatersein.

Deshalb ist es so unglaublich wichtig, dass du auch auf dich selbst achtest. Selbstfürsorge ist in dieser intensiven Zeit kein unnötiger Luxus oder gar Egoismus, sondern eine absolute Notwendigkeit. Nur wenn deine eigenen Akkus einigermaßen voll sind, kannst du auch der starke, geduldige und liebevolle Partner und Vater sein, der du sein möchtest. Stell dir vor, dein innerer Energie-Tank ist leer – wie willst du dann deiner Partnerin Kraft geben oder später mit einem wachen Geist und guten Nerven für dein Baby da sein? Achte also auf deine eigenen Bedürfnisse. Das kann ganz unterschiedlich aussehen. Vielleicht brauchst du regelmäßige Bewegung, um Stress abzubauen. Vielleicht sind es Treffen mit guten Freunden, bei denen du einfach mal abschalten und du selbst sein kannst. Vielleicht ist es ein Hobby, das dir Freude bereitet und dir einen Ausgleich zum Alltag schafft. Oder vielleicht brauchst du auch einfach mal Momente der Ruhe, nur für dich. Finde heraus, was dir guttut und dir neue Energie gibt – und versuche, dir diese „Papa-Tankstellen“ trotz aller

Aufregung und Verpflichtungen bewusst in deinen Alltag einzubauen. Und wenn du mal das Gefühl hast, der Druck wird zu groß oder du kommst mit deinen eigenen Emotionen nicht klar, dann scheu dich nicht, dir Unterstützung zu suchen – sei es im Gespräch mit deiner Partnerin, mit Freunden oder auch professionelle Hilfe.

Ein wichtiger Teil der Selbstfürsorge ist auch, die eigenen Grenzen zu erkennen und diese auf eine respektvolle Art und Weise zu kommunizieren. Du musst nicht immer alles können und alles schaffen. Es ist okay, mal müde zu sein, mal überfordert zu sein, mal eine Pause zu brauchen. Wenn du das Gefühl hast, dass dir alles zu viel wird, dann sprich es an. Das ist kein Zeichen von Schwäche, sondern von Selbstwahrnehmung. Und wie kommunizierst du deine Bedürfnisse, ohne dass es zu Missverständnissen oder Streit kommt? Der Zauberschlüssel heißt oft „Ich-Botschaften". Anstatt deiner Partnerin vorwurfsvoll zu sagen: „Du denkst ja nie daran, dass ich auch mal müde bin!", könntest du es so formulieren: „Ich merke, dass ich in letzter Zeit oft ziemlich erschöpft bin. Ich würde mir wünschen, dass wir vielleicht heute Abend einfach mal entspannt auf der Couch bleiben und früh ins Bett gehen." Indem du von deinen eigenen Gefühlen und Bedürfnissen sprichst, bleibst du bei dir und machst es deinem Gegenüber leichter, dich zu verstehen und darauf einzugehen. Erkläre, warum dir bestimmte Dinge wichtig sind und wie sie dir helfen, wieder Kraft zu tanken. Oftmals ist viel mehr Verständnis da, als man vielleicht erwartet, wenn man seine Anliegen offen und ehrlich formuliert.

Denk immer daran: Ihr seid ein Team. Und in einem wirklich guten Team unterstützen sich die Spieler gegenseitig und achten darauf, dass es allen gut geht. Die Schwangerschaft ist eine Herausforderung und ein Geschenk für euch beide. Indem ihr lernt, offen miteinander zu reden, die Bedürfnisse des anderen (und auch die eigenen!) wertzuschätzen und euch gegenseitig den Rücken zu stärken, schafft ihr die allerbeste Voraussetzung für das große Abenteuer Familie, das bald mit noch mehr Action, Liebe und unvergesslichen Momenten auf euch wartet.

Papa-Mythen auf dem Prüfstand – Was dir keiner erzählt (oder nur gut gemeinten Unsinn)

Willkommen im Club der (ungefragten) Ratschläge: Zeit für einen Realitäts-Check!

Herzlichen Glückwunsch, mein Freund! Du wirst Papa. Und mit dieser freudigen Nachricht erwirbst du nicht nur bald den inoffiziellen Titel „Windel-Wechsel-Weltmeister" und „Brei-Katapult-Abwehr-Experte", sondern auch eine Art Dauerkarte für den Club der ungefragten Ratschläge. Sobald dein freudiges Ereignis die Runde macht, verwandeln sich Menschen in deiner Umgebung – von der netten Nachbarin über den leicht schrulligen Onkel bis hin zum Kassierer im Supermarkt – in wandelnde Erziehungsratgeber und Baby-Orakel. Plötzlich hat jeder eine Meinung dazu, wie du dein Kind zu halten, zu füttern, zu wickeln und zum Schlafen zu bringen hast. Du wirst mit „gut gemeinten" Tipps, Ammenmärchen, die schon deine Urgroßmutter für bare Münze nahm, und düsteren Prophezeiungen über schlaflose Nächte und das Ende deines Soziallebens bombardiert, als gäbe es kein Morgen. Es ist, als hätte jemand ein unsichtbares Schild auf deiner Stirn angebracht: „Achtung, werdender Vater – bitte hier alle Weisheiten und Horrorgeschichten abladen!"

Keine Sorge, das ist ein völlig normales Phänomen. Menschen meinen es oft wirklich nur gut. Manchmal wollen sie ihre eigenen Erfahrungen teilen, manchmal sind sie selbst ein bisschen unsicher und projezieren das auf dich, und manchmal, ja manchmal, steckt vielleicht auch ein klitzekleines bisschen Angeberei dahinter („Also bei meinen Kindern war das ja GANZ anders..."). Das Problem ist nur: Viele dieser Ratschläge sind so aktuell wie ein Wählscheiben-Telefon oder basieren auf Halbwahrheiten und überholten Klischees. Und das kann ganz schön verunsichern, besonders wenn man eh schon mit einer Mischung aus Vorfreude und einer gesunden Portion Respekt vor der neuen Aufgabe unterwegs ist. Diese Mythen und Schauermärchen haben die unangenehme Eigenschaft, sich wie Kaugummi im Gehirn festzusetzen und dort kleine, fiese Angst-Monster zu züchten. Und genau deshalb ist es jetzt an der Zeit, mal ordentlich auszumisten! Wir nehmen den Staubwedel der Vernunft, den Hochdruckreiniger des Humors und den Besen der Fakten zur Hand und kehren diesen ganzen Mythen-Müll vor die Tür.

Dieses Kapitel ist dein ganz persönlicher „Mythen-Buster-Guide". Wir nehmen die häufigsten und hartnäckigsten Schreckgespenster rund ums Vatersein und die erste Zeit mit Baby unter die Lupe, zerlegen sie genüsslich in ihre Einzelteile und zeigen dir, was wirklich dran ist – und was du getrost ins Reich der Legenden verbannen kannst. Ziel ist es, dir ein Lächeln ins Gesicht zu zaubern, deine vielleicht vorhandenen Sorgen ein bisschen zu relativieren und dein Selbstvertrauen als werdender Papa zu stärken. Denn eines ist sicher: Du bist dieser Aufgabe gewachsen, und die Realität ist oft viel bunter, schöner und weniger dramatisch, als manche Unkenrufe es vermuten lassen. Also, schnall dich an, wir gehen auf Mythen-Jagd!

Die Top 4 der Papa-Schreckgespenster – und warum sie harmloser sind als ein zahnloses Baby-Lächeln

Mythos 1: „Dein Leben ist dann vorbei! (Sag Adieu zu Freiheit, Spaß und Hobbys)"

Ah, der Klassiker. Kaum ist die Baby-Nachricht raus, schon stehen die ersten Schwarzmaler auf der Matte und prophezeien dir mit bedeutungsschwerer Miene das Ende jeglicher Lebensfreude. „Genieß die Ruhe, solange du noch kannst!", raunen sie dir zu. „Schlaf dich schon mal aus für die nächsten 18 Jahre!" Oder mein persönlicher Favorit: „Mit Kindern ist dein Leben dann vorbei." Vorbei! Einfach so. Aus. Ende. Game Over. Man stellt sich vor, wie mit der Geburt des Kindes ein riesiger Vorhang fällt, hinter dem sich ein grauer, freudloser Alltag verbirgt, der nur noch aus Windeln, Brei und chronischem Schlafmangel besteht. Die wilden Partynächte? Abgelöst durch nächtliche Fütter-Marathons. Der spontane Wochenendtrip mit den Jungs? Ersetzt durch den Pflichtbesuch auf dem Indoorspielplatz. Das geliebte Hobby, für das du stundenlang brennen konntest? Verstaubt in der Ecke, weil du froh bist, wenn du es schaffst, einmal am Tag zu duschen. Klingt nicht gerade verlockend, oder? Diese Vorstellung kann einem schon mal gepflegt die Laune verhageln und die Vorfreude auf den Nachwuchs mit einer ordentlichen Portion Zukunftsangst würzen.

Woher kommt dieser Mythos eigentlich? Nun, ein Körnchen Wahrheit ist natürlich dran. Ein Baby stellt das bisherige Leben gehörig auf den Kopf, das lässt sich nicht leugnen. Die Prioritäten verschieben sich, die Spontaneität nimmt ab und die ersten Monate (und manchmal auch Jahre) können ganz schön fordernd sein. Viele Eltern, die diesen Mythos verbreiten, erinnern sich vielleicht besonders intensiv an diese anstrengende Anfangszeit und vergessen dabei ein bisschen, dass es eben nur eine *Phase* ist. Manchmal steckt auch ein bisschen Wehmut dahinter, ein Bedauern über die vermeintlich „verlorene" Freiheit, oder der Wunsch, die eigene Leistung als Elternteil besonders hervorzuheben („Wir hatten es ja sooo schwer!").

Aber die Realität, mein lieber werdender Papa, sieht oft ganz anders – und viel positiver – aus! Dein Leben ist mit einem Kind nicht „vorbei", es wird „anders". Und dieses „anders" kann unglaublich bereichernd, erfüllend und auch spaßig sein! Denk mal drüber nach:

1: Du entdeckst eine ganz neue Art von Freude. Die Freude, die Welt durch die Augen deines Kindes neu zu erleben. Plötzlich wird ein einfacher Spaziergang im Wald zu einer aufregenden Expedition, bei der jeder Käfer und jeder Tannenzapfen zu einem faszinierenden Wunder wird. Das erste Lachen deines Babys, die ersten unbeholfenen Schritte, die stolzen Augen, wenn es dir ein selbstgemaltes Bild zeigt – das sind Glücksmomente, die mit keiner Partynacht der Welt vergleichbar sind. Experten für kindliche Entwicklung betonen immer wieder, wie sehr Eltern davon profitieren, die Welt wieder spielerischer und neugieriger wahrzunehmen.

2: Deine Hobbys und Interessen müssen nicht komplett auf der Strecke bleiben. Klar, vielleicht kannst du nicht mehr fünfmal die Woche stundenlang ins Fitnessstudio gehen oder jedes Wochenende auf einem Festival verbringen. Aber es geht darum, kreativ zu werden und anzupassen. Vielleicht entdeckst du familienfreundliche Varianten deiner Hobbys. Aus der Mountainbike-Tour wird vielleicht eine Fahrradtour mit Kindersitz oder Anhänger. Aus dem exzessiven Computerspiel-Abend wird eine gemeinsame Runde Mario Kart mit deinem Nachwuchs (sobald er alt genug ist, versteht sich). Oder du entdeckst ganz neue Interessen, die du mit deinem Kind teilen kannst – vom gemeinsamen Bauen fantastischer Lego-Welten bis hin zum Anlegen eines kleinen Kräutergartens. Wichtig ist hier, im Gespräch mit deiner Partnerin zu bleiben und gemeinsam nach Lösungen zu suchen, wie jeder von euch auch weiterhin Zeit für eigene Interessen finden kann. Das erfordert Planung und Kompromissbereitschaft, ist aber absolut machbar.

3: Die Qualität deiner sozialen Kontakte kann sich sogar verbessern. Vielleicht fallen ein paar oberflächliche Partybekanntschaften weg, aber dafür intensivieren sich oft die Freundschaften zu Menschen, die in einer ähnlichen Lebensphase sind. Ihr habt plötzlich ganz neue Gesprächsthemen, könnt euch austauschen, euch gegenseitig unterstützen und gemeinsame Unternehmungen mit den Kindern planen. Und auch die alten Freunde ohne Kinder müssen nicht von der Bildfläche verschwinden – gute Freunde haben Verständnis und freuen sich, dich auch als Papa zu erleben.

4: Du lernst, die Zeit bewusster zu nutzen und die kleinen Momente zu schätzen. Wenn die freie Zeit knapper wird, lernt man automatisch, sie intensiver zu genießen. Ein ruhiger Kaffee am Morgen, bevor das Haus erwacht, eine halbe Stunde ungestört ein Buch lesen, ein entspanntes Gespräch mit deiner Partnerin, wenn das Baby schläft – das sind plötzlich kostbare Oasen im Alltag, die man viel mehr zu schätzen weiß als früher.

Dein Mythen-Buster-Fazit zu Mythos 1: Dein Leben ist nicht vorbei, es bekommt ein aufregendes neues Kapitel! Es wird anders, aber oft auch reicher, tiefer und voller ungeahnter Glücksmomente. Mit ein bisschen Flexibilität, guter Kommunikation und der Bereitschaft, dich auf Neues einzulassen, wirst du feststellen, dass auch ein Leben mit Kind jede Menge Freiheit, Spaß und Erfüllung bereithält.

Mythos 2: „Männer sind von Natur aus ungeschickt mit Babys (Das ist Frauensache!)“

Dieses Klischee ist so alt wie die Windel selbst und hält sich hartnäckiger als Kaugummi an der Schuhsohle: Männer und Babys – das passt einfach nicht zusammen. Wir seien zu grobmotorisch, zu ungeduldig, hätten nicht diesen natürlichen „Mutterinstinkt“ und seien generell eher dafür geschaffen, Mammuts zu jagen oder komplizierte Excel-Tabellen zu erstellen, aber bitte nicht, um ein zartes Neugeborenes zu halten, zu wickeln oder zu trösten. Das sei doch eindeutig Frauensache! Man sieht es förmlich vor sich: Der arme Kerl steht mit schweißnassen Händen vor dem Wickeltisch, als wäre es eine Bombenentschärfung, versucht, die Windel irgendwie am Kind zu befestigen (meistens falschherum oder viel zu locker) und reicht das schreiende Bündel dann erleichtert an die kompetent lächelnde Mama weiter. Ein Bild, das in vielen Köpfen immer noch existiert und leider auch manche Männer davon abhält, sich von Anfang an voll einzubringen – aus Angst, etwas falsch zu machen oder den Erwartungen nicht zu entsprechen.

Woher kommt dieser Unsinn eigentlich? Zum Teil sicher aus tradierten Rollenbildern, in denen die Kindererziehung über Jahrhunderte primär den Frauen zugeschrieben wurde. Männer waren für das „Außen“ zuständig, Frauen für das „Innen“. Und natürlich spielt auch die Biologie eine Rolle – Frauen tragen die Kinder aus, gebären sie und können sie stillen. Das schafft zweifellos eine besondere körperliche Verbindung. Aber bedeutet das im Umkehrschluss, dass Männer genetisch dazu verdammt sind, im Umgang mit Babys zwei linke Hände zu haben? Mitnichten!

Die Realität sieht nämlich so aus: Väterliche Kompetenz ist keine Frage der Gene, sondern des Lernens, der Übung und vor allem des Wollens! Niemand kommt als fertiger Baby-Experte auf die Welt, auch keine Frau. Jede Mutter muss lernen, wie man ein Baby hält, wie man seine Signale deutet, wie man es beruhigt. Die Fähigkeit, ein Kind liebevoll zu versorgen, ist keine mystische Gabe, die nur Frauen besitzen, sondern eine erlernbare Fertigkeit. Und hey, du hast sogar einen unschlagbaren Vorteil: Du hast dieses Buch hier, das dir mit den „Glorreichen Sieben“ genau das Rüstzeug an die Hand gibt, das du brauchst, um vom unsicheren Anfänger zum souveränen Papa-Profi zu werden!

Experten und Studien bestätigen immer wieder: Väter können genauso feinfühlig, liebevoll und kompetent im Umgang mit ihren Babys sein wie Mütter. Sie entwickeln oft eine ganz eigene, wunderbare Art der Interaktion mit ihren Kindern – die sogenannte „Bevaterung“. Vielleicht bist du nicht derjenige, der stundenlang Schlaflieder summt, sondern eher der, der das Baby mit lustigen Grimassen zum Lachen bringt oder es beim wilden Herumtollen auf dem Wickeltisch kitzelt. Vielleicht bist du der Meister im „Fliegergriff“, der jedes Bauchweh wegzaubert, oder derjenige, der die spannendsten Geschichten mit verteilten Rollen erzählen kann. Väter bringen oft eine andere Art von Spiel und Interaktion ins Familienleben, die für die Entwicklung des Kindes unglaublich wertvoll ist – sie fördern die Neugier, die Risikobereitschaft (im sicheren Rahmen, versteht sich!) und die Fähigkeit zur Selbstregulation.

Der Schlüssel ist, dich von Anfang an aktiv einzubringen und dich nicht von anfänglicher Unsicherheit abschrecken zu lassen. Das as erste Mal Windeln wechseln fühlt sich vielleicht an, als würdest du versuchen, einen Oktopus in einen Schlafanzug zu stecken. Vielleicht landet beim ersten Fütterversuch mehr Brei auf deinem Hemd als im Kind. Na und? Das ist „Learning by Doing“ in seiner reinsten Form! Jedes Mal, wenn du dein Baby wickelst, fütterst, badest, tröstest oder einfach nur mit ihm kuschelst, sammelst du wertvolle Erfahrungen, lernst seine Signale besser zu verstehen und stärkst eure Bindung. Und mit jeder gemeisterten Aufgabe wächst dein Selbstvertrauen. Sprich mit deiner Partnerin, lass dir Dinge zeigen, probiere es selbst aus. Und vor allem: Hab keine Angst, Fehler zu machen. Dein Baby wird es dir nicht übelnehmen, wenn die Windel mal nicht perfekt sitzt oder du beim Anziehen des Stramplers kurzzeitig den Überblick verlierst. Was zählt, ist deine Liebe, deine Geduld und deine Bereitschaft, für dein Kind da zu sein.

Dein Mythen-Buster-Fazit zu Mythos 2: Das Märchen vom ungeschickten Mann ist genau das – ein Märchen! Du hast alles, was es braucht, um ein fantastischer, kompetenter und liebevoller Vater zu sein. Trau dich, pack mit an, lerne dazu und entdecke die unglaubliche

Freude, die darin liegt, eine tiefe und einzigartige Beziehung zu deinem Kind aufzubauen. Die einzige „Natur“, die hier eine Rolle spielt, ist die natürliche Liebe zu deinem Kind – und die ist bei Vätern genauso stark wie bei Müttern.

Mythos 3: „Du wirst NIE WIEDER eine Nacht durchschlafen! (Willkommen im Land der Dauermüdigkeit)“

Dieser Mythos ist der Endgegner für viele werdende Eltern. Kaum jemand, der nicht mit Schauergeschichten über monatelangen, ja jahrelangen Schlafentzug konfrontiert wird. Man erzählt dir von Nächten, die so kurz sind, dass du morgens nicht mehr weißt, ob du geschlafen oder nur kurz die Augen zugemacht hast. Von einer Dauermüdigkeit, die dich tagsüber wie einen Zombie durch die Gegend schlurfen lässt, mit Augenringen, die Mariannengraben Konkurrenz machen könnten. Von dem Gefühl, dass Kaffee zu deiner neuen Hauptnahrungsgruppe wird und dein Bett nur noch ein ferner, unerreichbarer Sehnsuchtsort ist. Die Prophezeiung lautet: Durchschlafen? Das war einmal. Dein Leben wird ab sofort von den Schlaf- (oder eher Wach-) Zyklen eines winzigen Menschen diktiert, der offenbar eine geheime Abneigung gegen elterliche Nachtruhe hegt.

Woher kommt diese düstere Vorhersage? Nun, seien wir ehrlich: Die ersten Wochen und Monate mit einem Neugeborenen sind in puncto Schlaf oft eine echte Herausforderung. Babys haben einen anderen Schlaf-Wach-Rhythmus als Erwachsene, sie müssen häufig trinken, haben vielleicht Bauchweh oder brauchen einfach nur Nähe und Geborgenheit, um wieder einschlafen zu können. Das bedeutet für die Eltern oft unterbrochene Nächte und ja, auch eine gewisse Müdigkeit. Viele Eltern, die diesen Mythos weitergeben, stecken vielleicht gerade mitten in so einer anstrengenden Phase oder erinnern sich besonders lebhaft daran.

Aber die gute Nachricht ist: Es ist ein Mythos, dass du NIE WIEDER durchschlafen wirst! Es ist eine Phase. Eine anstrengende aber eine vorübergehende Phase. Hier sind ein paar Fakten und Perspektiven, die dir helfen, dieses Schreckgespenst ein bisschen zu entzaubern:

1: Babys lernen schlafen. Genauso wie sie lernen zu krabbeln, zu laufen und zu sprechen, entwickeln sie mit der Zeit auch die Fähigkeit, längere Schlafphasen am Stück zu haben und schließlich die ganze Nacht durchzuschlafen. Das passiert nicht von heute auf morgen und bei jedem Kind in seinem eigenen Tempo, aber es passiert! Es gibt viele sanfte Methoden und Rituale, die dabei helfen können, einen guten Schlafrhythmus zu etablieren. Und auch wenn es zwischendurch immer mal wieder Phasen geben kann, in denen dein Kind schlechter schläft (Zahnen, Entwicklungsschübe, Krankheiten), wird es mit der Zeit definitiv besser.

2: Ihr seid ein Team! Das ist besonders wichtig, wenn es um die nächtliche Versorgung des Babys geht. Sprecht miteinander und überlegt euch, wie ihr euch die Nächte aufteilen könnt, damit jeder von euch zumindest ein paar Stunden ungestörten Schlaf bekommt. Vielleicht könnt ihr „Schichtdienst“ machen, bei dem einer von euch die erste Nachthälfte übernimmt und der andere die zweite. Wenn deine Partnerin stillt, kannst du sie unterstützen, indem du das Baby zum Stillen bringst und es danach wieder ins

Bettchen legst oder wickelst. Oder du übernimmst am Wochenende mal eine komplette Nachtschicht, damit sie sich ausschlafen kann (und umgekehrt). Gute Absprachen und gegenseitige Unterstützung sind hier Gold wert.

3: Nutze jede Gelegenheit für ein bisschen Schlaf. Das klingt vielleicht banal, ist aber überlebenswichtig. Wenn das Baby tagsüber schläft, versuche, dich auch hinzulegen, anstatt die Zeit für Hausarbeit oder andere Dinge zu nutzen (die können warten!). Auch kurze Powernaps von 20-30 Minuten können Wunder wirken und dir neue Energie geben. Und wenn Freunde oder Familie ihre Hilfe anbieten – nimm sie an! Vielleicht kann die Oma mal für zwei Stunden den Kinderwagen schieben, während du dich ausruhst.

4: Der menschliche Körper ist erstaunlich anpassungsfähig. Du wirst überrascht sein, mit wie wenig Schlaf du eine Zeit lang auskommen kannst, wenn es sein muss. Das soll keine Aufforderung sein, Schlafentzug als Dauerzustand zu akzeptieren, aber es kann beruhigend sein zu wissen, dass man auch mit weniger Schlaf als gewohnt noch funktionstüchtig sein kann. Und mit der Zeit gewöhnt sich der Körper auch ein Stück weit an die veränderten Schlafbedingungen.

5: Versuche, die Situation mit Humor zu nehmen. Aber manchmal hilft es, über die absurden Situationen zu lachen, in die einen der Schlafmangel so bringt – zum Beispiel, wenn du versuchst, Kaffee in die Cornflakes-Schüssel zu gießen oder mit zwei verschiedenen Socken zur Arbeit gehst. Ein bisschen Selbstironie kann Wunder wirken.

Dein Mythen-Buster-Fazit zu Mythos 3: Die Nächte mit einem Baby werden anders sein. Du wirst wahrscheinlich eine Zeit lang müder sein als sonst. Aber der Mythos vom ewigen Schlafentzug ist Quatsch. Es ist eine Phase, die ihr als Team meistern könnt. Mit guter Organisation, gegenseitiger Unterstützung und einer Prise Humor werdet ihr auch diese Herausforderung überstehen – und irgendwann werdet ihr auch wieder Nächte erleben, in denen ihr acht Stunden am Stück schlaft. Versprochen! (Okay, vielleicht nicht sofort, aber es kommt!)

Mythos 4: „Die Beziehung leidet zwangsläufig dramatisch (Aus Liebespaar wird nur noch Eltern-WG)"

Das ist so ein richtiger Party-Crasher unter den Papa-Mythen. Da freut man sich auf das gemeinsame Abenteuer „Baby", und dann kommen die Kassandrarufe: „Macht euch auf was gefasst, eure Beziehung wird nicht mehr dieselbe sein!" oder „Aus dem Liebespaar wird ganz schnell eine reine Zweckgemeinschaft, die nur noch über Windelinhalt und Fütterungszeiten redet." Die Horrorvision: Die Romantik macht einen Abgang wie ein schlechter Schauspieler von der Bühne, Zärtlichkeiten werden so selten wie ein Sechser im Lotto, und die Gespräche drehen sich nur noch darum, wer als Nächstes mit Wäschewaschen dran ist. Man sieht sich schon als zwei erschöpfte Co-Eltern, die nebeneinander auf der Couch sitzen, wortlos auf den Fernseher starren und sich heimlich fragen, wo eigentlich die Leidenschaft und die Leichtigkeit der alten Tage geblieben sind. Diese Vorstellung kann einem schon mal ordentlich die Vorfreude vermiesen und die Angst schüren, dass mit dem Kind nicht nur ein neues Glück, sondern auch das Ende der liebevollen Partnerschaft eingeläutet wird.

Woher rührt diese Befürchtung? Es ist unbestreitbar, dass die Ankunft eines Babys eine enorme Veränderung für jede Paarbeziehung bedeutet. Die Zeit wird knapper, die Nächte kürzer, die Nerven liegen manchmal blank. Man ist plötzlich nicht mehr nur Liebespaar, sondern auch Eltern-Team, und das erfordert neue Absprachen, neue Rollen und eine Menge Organisation. Wenn dann noch Schlafmangel, Stress und die hormonelle Umstellung der Frau dazukommen, kann das die Beziehung durchaus auf eine harte Probe stellen. Es gibt Paare, bei denen die Verbindung unter dieser Belastung leidet oder sogar zerbricht.

Aber – und das ist ein großes, wichtiges Aber – es ist keinesfalls ein Naturgesetz, dass eure Beziehung den Bach runtergehen muss! Im Gegenteil: Die gemeinsame Herausforderung „Kind“ kann euch als Paar auch unglaublich zusammenschweißen und eure Liebe auf eine neue, tiefere Ebene heben. Es liegt zu einem großen Teil in euren Händen, wie ihr diese neue Phase gestaltet. Hier sind ein paar Gedanken und Strategien, die euch helfen können, nicht nur eine Eltern-WG, sondern ein starkes Liebespaar zu bleiben (oder wieder zu werden):

1: Kommunikation ist King (und Queen!). Das haben wir schon in Kapitel 2 besprochen, aber es ist so wichtig, dass man es nicht oft genug wiederholen kann. Sprecht miteinander! Über eure Gefühle, eure Bedürfnisse, eure Erwartungen, eure Ängste. Sagt euch, was gut läuft und was euch vielleicht gerade stört oder fehlt. Schafft euch bewusst Räume für Gespräche, die nichts mit Babykram zu tun haben. Erinnert euch daran, was euch als Paar verbindet, was ihr aneinander liebt und schätzt.

2: Plant bewusst Paarzeit ein. Das klingt vielleicht erstmal unromantisch und nach Terminkalender-Terror. Aber in der ersten Zeit mit Baby ist spontane Zweisamkeit oft so wahrscheinlich wie Schneefall im Hochsommer. Deshalb: Nehmt euch aktiv Zeit füreinander. Das muss kein teures Wellness-Wochenende sein (obwohl das sicher auch nicht schadet). Es können auch kleine Auszeiten im Alltag sein: ein gemeinsames Abendessen, wenn das Baby schläft, ein Spaziergang Hand in Hand, eine halbe Stunde auf der Couch kuscheln und einfach nur reden. Wichtig ist, dass ihr diese Zeit als Paar genießt und euch bewusst aufeinander konzentriert. Bittet vielleicht die Großeltern oder Freunde, mal für ein oder zwei Stunden auf das Baby aufzupassen, damit ihr ungestört seid.

3: Vergesst die Zärtlichkeit nicht. Körperliche Nähe ist ein wichtiger Kitt für jede Beziehung. Auch wenn die Lust auf Sex vielleicht erstmal in den Hintergrund tritt (besonders bei deiner Partnerin nach der Geburt), gibt es viele andere Möglichkeiten, Zärtlichkeit auszudrücken: Umarmungen, Küsse, liebevolle Berührungen, Händchenhalten. Zeigt euch gegenseitig, dass ihr euch immer noch als Mann und Frau begehrt und liebt.

4: Seht euch als Team. Ihr sitzt im selben Boot und rudert gemeinsam in dieselbe Richtung. Unterstützt euch gegenseitig, teilt die Aufgaben fair auf, feiert gemeinsam die kleinen Erfolge und tröstet euch bei Rückschlägen. Wenn ihr das Gefühl habt, dass ihr als Team gut funktioniert und die Herausforderungen gemeinsam meistert, stärkt das eure Verbindung ungemein.

5: Die gemeinsame Freude am Kind ist ein unglaublich starkes Band. Beobachtet zusammen, wie euer Baby die Welt entdeckt. Lacht gemeinsam über seine lustigen Grimassen. Seid stolz auf seine Entwicklungsschritte. Diese geteilten Glücksmomente schaffen eine ganz neue Ebene der Verbundenheit zwischen euch.

Dein Mythen-Buster-Fazit zu Mythos 4: Die Ankunft eines Babys ist ein Beziehungstest, keine Frage. Aber es ist ein Test, den ihr mit Bravour bestehen könnt! Es erfordert Arbeit, Engagement und die Bereitschaft, eure Beziehung aktiv zu pflegen. Aber wenn ihr das tut, kann eure Partnerschaft nicht nur überleben, sondern sogar noch tiefer, stärker und liebevoller werden. Aus dem Liebespaar wird dann nicht nur eine Eltern-WG, sondern ein unschlagbares Power-Paar, das gemeinsam durch dick und dünn geht.

Dein persönliches Schutzschild gegen Papa-Panikmache

Wir haben jetzt gemeinsam ein paar der fiesesten Papa-Mythen entlarvt und hoffentlich ein wenig Licht ins Dunkel der Schauergeschichten gebracht. Was kannst du nun aus all dem mitnehmen? Die wichtigste Erkenntnis ist: Lass dich nicht verrückt machen! Viele der Horrorszenarien, die dir vielleicht zu Ohren kommen, sind entweder maßlos übertrieben, basieren auf veralteten Vorstellungen oder spiegeln nur einen winzigen, besonders anstrengenden Ausschnitt der Realität wider. Das Leben mit Kindern ist ein Abenteuer mit Höhen und Tiefen, mit Momenten purer Freude und Momenten, in denen du dir vielleicht wünschst, du wärst Schäfer auf einer einsamen Insel. Aber es ist vor allem eines: unglaublich bereichernd und gestaltbar.

Die Macht deiner eigenen Einstellung ist dabei dein stärkstes Schutzschild gegen die Panikmache. Wenn du mit einer positiven, offenen und lernbereiten Haltung an die Sache herangehst, wenn du darauf vertraust, dass du und deine Partnerin das als Team schaffen werdet, dann bist du schon halb auf der Gewinnerstraße. Du musst nicht von Anfang an alles perfekt können. Du darfst lernen, du darfst Fehler machen, du darfst wachsen. Und genau das wirst du auch tun! Sprich mit anderen Vätern, die eine positive Einstellung haben. Lies Bücher und Artikel, die dich ermutigen und dir praktische Tipps geben. Und vor allem: Hör auf dein eigenes Bauchgefühl und auf das, was sich für dich und deine Partnerin richtig anfühlt.

Du stehst am Anfang einer unglaublich aufregenden Reise. Es wird Momente geben, die dich an deine Grenzen bringen, aber es wird unzählige Momente geben, die dein Herz zum Überlaufen bringen vor Glück und Liebe. Vertrau auf dich, vertrau auf deine Partnerin, und freu dich auf das, was kommt. Denn eines ist sicher: Du schaffst das – und es wird großartig! Nicht immer einfach, aber immer die Anstrengung wert. Und wer weiß, vielleicht bist du ja schon bald derjenige, der anderen werdenden Vätern mit einem Augenzwinkern und einer guten Portion Humor die wirklich wichtigen Dinge über das Papa-Sein erzählt – ganz ohne Mythen und Panikmache.

TEIL 2: Deine Werkzeugkiste
Die 7 entscheidenden Fähigkeiten für ein grandioses Papa-Dasein

Fähigkeit 1: Emotionale Intelligenz & Einfühlungsvermögen

Jetzt packen wir gemeinsam ein Werkzeug aus deinem Papa-Rüstzeug, das auf den ersten Blick vielleicht etwas unscheinbar wirkt, aber eine echte Superkraft für dich und deine wachsende Familie ist. Es klingt erstmal ein bisschen nach staubigem Psychologie-Kram oder einem dieser Manager-Seminare, nach denen man oft verwirrter ist als vorher: Emotionale Intelligenz. Was für ein Wortungetüm, oder? Vielleicht siehst du jetzt einen ernsten Professor mit Hornbrille vor dir, der tiefsinnig über die menschliche Seele philosophiert. Aber keine Sorge, wir wollen hier keine akademische Vorlesung halten oder dich mit Fachbegriffen zuschütten. Emotionale Intelligenz, oft auch EI genannt, ist vielmehr dein innerer Kompass, dein persönlicher Gefühls-Radar. Diese Fähigkeit steckt in jedem von uns – mal mehr, mal weniger trainiert, aber definitiv ausbaufähig! Sie hilft dir, nicht nur deine eigenen Emotionen besser zu verstehen, sondern auch die deiner Liebsten. Und genau das ist für dich als werdender Papa absolut unbezahlbar. Denn emotionale Intelligenz ist der Schlüssel für eine entspanntere Schwangerschaft, eine liebevollere Partnerschaft und eine bombenfeste Beziehung zu deinem Kind.

Vergleiche es mal mit einem erfahrenen Kapitän auf hoher See. Der kennt nicht nur sein Schiff und die Seekarten wie seine Westentasche. Er hat auch ein feines Gespür für jede Veränderung des Wetters, für die Richtung des Windes, für unsichtbare Strömungen. Er bemerkt aufziehende dunkle Wolken, lange bevor der Sturm losbricht, und weiß, wie er seine Mannschaft sicher durch die Wellen navigiert. Emotionale Intelligenz ist im Grunde genau das: die Fähigkeit, die oft leisen emotionalen Signale bei dir selbst und bei anderen wahrzunehmen, sie richtig zu deuten und dann klug und angemessen darauf zu reagieren. Es geht darum, nicht blind in emotionale Stürme zu geraten, sondern bewusst und einfühlsam zu handeln. Das Beste daran? Das ist kein angeborenes Talent, das man hat oder nicht. Du kannst es trainieren, Tag für Tag, wie einen Muskel.

Aber was steckt nun wirklich hinter diesem Begriff? Emotionale Intelligenz setzt sich aus mehreren Bausteinen zusammen, die wie Zahnräder ineinandergreifen. Keine Angst, das wird keine trockene Aufzählung, sondern ein Einblick in den Werkzeugkasten eines echten Gefühls-Verstehers.

Der grundlegendste Baustein ist die **Selbstwahrnehmung**. Man könnte auch sagen: „Hallo, wer oder was fühlt da eigentlich gerade in mir – und warum?“. Das ist das Fundament. Klingt banal, ist im hektischen Alltag aber oft eine Herausforderung. Selbstwahrnehmung bedeutet, deine eigenen Gefühle überhaupt erst einmal zu bemerken, sie klar zu erkennen und idealerweise auch zu verstehen, woher sie kommen. Wie oft sagen wir „Alles gut“, obwohl innerlich Stress, Unsicherheit oder Trauer brodelt? Gerade wir Männer sind oft Meister im Überspielen oder Wegdrücken von Gefühlen. Der Spruch „Ein Indianer kennt keinen Schmerz“ sitzt bei vielen tief. Aber wenn du deine eigenen Emotionen nicht kennst oder deuten kannst, wie willst du dann die deiner Partnerin oder deines Babys verstehen?

Selbstwahrnehmung erfordert also vor allem Ehrlichkeit dir selbst gegenüber. Es bedeutet, innezuhalten und vielleicht zu erkennen: „Okay, ich bin nicht nur schlecht gelaunt wegen des Schlafmangels, sondern ich fühle mich tatsächlich ziemlich überfordert von der Vorstellung, bald die volle Verantwortung für ein Baby zu tragen." Ein konkretes Szenario: Du reagierst in letzter Zeit extrem gereizt auf Kleinigkeiten, die dich sonst nicht stören. Vielleicht schnauzt du deine Partnerin an, weil die Zahnpastatube offen ist. Die eigentliche Ursache könnte aber eine tief sitzende Angst vor den bevorstehenden Veränderungen sein. Selbstwahrnehmung hilft dir, diesen Zusammenhang zu erkennen. Oder ein anderes Beispiel: Du platzt fast vor Freude beim Gedanken an euer Baby, versuchst aber nach außen den coolen, gelassenen Typen zu geben. Selbstwahrnehmung bedeutet hier, diese freudige Aufregung als wichtigen Teil deines Erlebens anzuerkennen.

Eine sehr konkrete Übung, um deine Selbstwahrnehmung zu schärfen, ist das „Tägliche Gefühls- und Körper-Check-in". Nimm dir dafür jeden Tag, vielleicht morgens oder abends, bewusst fünf bis zehn Minuten Zeit. Setz dich ruhig hin, schließe die Augen und richte deine Aufmerksamkeit nach innen. Gehe dabei systematisch vor.

Erforsche zuerst deine körperlichen Empfindungen: Wo spürst du Anspannung – im Kiefer, Nacken, in den Schultern? Stellst du vielleicht fest, dass deine Schultern fast bis zu den Ohren hochgezogen sind und dein Kiefer fest zusammengebissen ist, obwohl du gerade vermeintlich entspannt auf der Couch sitzt? Wo fühlst du dich locker? Spürst du Kribbeln, Druck, Wärme, Kälte? Wie ist dein Atem – flach und schnell oder tief und ruhig? Vielleicht bemerkst du, dass dein Atem nur ganz flach in die Brust geht, fast so, als würdest du die Luft anhalten, weil dich die To-Do-Liste für den nächsten Tag innerlich schon stresst. Nimm diese Signale deines Körpers einfach nur wahr, ohne sie zu bewerten. Dein Körper spiegelt oft ehrlich deine emotionale Verfassung.

Richte dann den Fokus auf deine Gedanken: Was geht dir gerade durch den Kopf? Sind es Sorgen, Pläne, Erinnerungen, Selbstkritik oder freudige Erwartungen? Vielleicht stellst du fest, dass du ständig an das noch aufzubauende Kinderbett denkst oder an ein kritisches Wort deines Chefs. Beobachte deine Gedanken wie Wolken, die vorbeiziehen, ohne dich in ihnen zu verlieren.

Der wichtigste Schritt ist dann die Identifizierung deiner Emotionen: Welche Gefühle tauchen im Zusammenhang mit deinen Körperempfindungen und Gedanken auf? Versuche, sie so präzise wie möglich zu benennen. Statt nur „Mir geht's schlecht", frage dich: Fühle ich mich unsicher wegen eines anstehenden Gesprächs? Merkst du vielleicht, dass die Anspannung in deinen Schultern und die kreisenden Gedanken an die Arbeit mit einem Gefühl von „Gestresstsein" und „Überforderung" verbunden sind? Oder spürst du einen Kloß im Hals und benennst das Gefühl als „Sorge" vor der nahenden Geburt? Bin ich frustriert über ein Projekt? Bin ich enttäuscht? Oder erlebe ich positive Gefühle wie Hoffnung, Dankbarkeit, Neugier, Stolz, Liebe oder Vorfreude? Vielleicht spürst du beim Gedanken an das Wochenende mit deiner Partnerin ein warmes Gefühl und erkennst es als „Vorfreude" und „Zuneigung". Je genauer du deine Emotionen benennen kannst, desto besser kannst du sie verstehen und mit ihnen umgehen. Es kann anfangs helfen, eine Liste mit verschiedenen Gefühlsbegriffen parat zu haben, um deinen emotionalen

Wortschatz zu erweitern. Dieses regelmäßige Innehalten und Beobachten deiner inneren Landschaft, ohne sofort zu bewerten oder etwas ändern zu wollen, ist ein entscheidender Schritt zu mehr emotionaler Klarheit. Und das Beste: Wenn du später am Tag bemerkst, wie du ungeduldig auf eine Bemerkung deiner Partnerin reagierst, die sich Sorgen um die Baby-Ausstattung macht, kannst du dich an dein morgendliches Check-in erinnern und dir sagen: „Moment mal, das ist gar nicht ihre Bemerkung, die mich so aufregt. Ich habe heute Morgen schon gemerkt, dass ich wegen der Präsentation nächste Woche angespannt bin. Das ist mein Stress, nicht ihre Schuld.“ Diese Erkenntnis hilft dir, viel gelassener und verständnisvoller zu reagieren.

Darauf aufbauend folgt der zweite wichtige Baustein: die Selbstregulation. Das ist die Fähigkeit, deine Emotionen zu managen, dich nicht von ihnen unkontrolliert überrollen zu lassen und zu unüberlegten Handlungen oder Worten hinzureißen zu lassen. Du hast also dank deiner Selbstwahrnehmung erkannt, dass du gerade ziemlich wütend bist, vielleicht weil der Aufbau des neuen Kinderbettes sich als unlösbare Aufgabe erweist und die Anleitung von Außerirdischen geschrieben zu sein scheint. Dein Puls rast, deine Muskeln spannen sich an. Und nun? Brüllst du die Anleitung an? Trittst du gegen das Bettgestell? Oder lässt du deine Laune an deiner Partnerin aus? Das ist alles möglich, aber selten zielführend und sorgt meist nur für schlechte Stimmung. Selbstregulation bedeutet nicht, Gefühle zu unterdrücken. Das wäre ungesund und würde dazu führen, dass sie sich anderswo einen Weg bahnen. Es geht darum, deine Emotionen bewusst wahrzunehmen, sie als vorübergehende Zustände zu akzeptieren und dann bewusst zu entscheiden, wie du reagieren möchtest. Wenn du also merkst, wie die Wut wegen des Kinderbettes in dir hochkocht, halte einen Moment inne.

Eine sehr wirksame Technik hierfür ist die „Emotionale Notbremse“:

Sobald du erste Anzeichen einer starken negativen Emotion spürst (Hitze, Herzklopfen, geballte Fäuste), sage innerlich laut „STOPP!“. Visualisiere vielleicht ein rotes Stoppschild. Dieser bewusste Stopp unterbricht den automatischen Impuls.

Dann ATME tief und langsam. Nimm drei bis fünf tiefe Atemzüge. Atme durch die Nase ein, halte kurz an, und atme langsam durch den Mund aus. Konzentriere dich auf deinen Atem. Das beruhigt dein Nervensystem und schafft eine Pause zwischen Reiz und Reaktion.

BEOBACHTE dann, was genau du fühlst. Benenne die Emotion: „Okay, ich bin gerade richtig wütend.“ Nimm auch die körperlichen Empfindungen wahr: „Mein Herz pocht. Meine Hände sind geballt.“ Erkenne auch die Gedanken an, die dir durch den Kopf schießen: „Das ist doch alles Mist!“. Diese Beobachtung aus leichter Distanz hilft dir, dich nicht voll mit der Emotion zu identifizieren.

Versuche nun, die Situation aus einer anderen PERSPEKTIVE ZU WECHSELN. Frage dich: „Ist es wirklich so schlimm? Ist es das Ende der Welt, wenn dieses Bett nicht sofort perfekt steht? Wie wichtig ist das in einer Woche noch?“ Oder deine Partnerin ist wegen der Schwangerschaftshormone sehr emotional und kritisiert etwas an dir, was dich normalerweise nicht stören würde, aber jetzt fühlst du dich unfair behandelt und bist gekränkt. Frage dich: „Meint sie das wirklich so böse, oder ist sie gerade einfach nur überfordert und gestresst von den körperlichen Veränderungen und Sorgen? Ist es wirklich ein persönlicher Angriff, oder braucht sie gerade eher mein Verständnis?" Dieser Wechsel relativiert oft die Bedeutung des aktuellen Ärgernisses.

ENTSCHEIDE und HANDLE schließlich bewusst. Nachdem du dich etwas beruhigt hast, entscheide, wie du jetzt handeln möchtest. Vielleicht machst du eine Pause und gehst das Problem später mit frischer Energie an. Für das Kinderbett-Szenario könntest du sagen: „Schatz, ich brauch mal kurz fünf Minuten Pause von diesem Bett, sonst dreh ich durch. Ich hol mir was zu trinken, dann versuch ich's nochmal." Vielleicht bittest du deine Partnerin um Hilfe. Wichtig ist, dass deine Handlung nicht mehr aus dem Affekt erfolgt, sondern eine bewusste Entscheidung ist. Im Beispiel mit der Kritik deiner Partnerin könntest du, statt zurückzukeifen, sagen: „Ich merke, du bist gerade sehr angespannt. Deine Worte haben mich trotzdem ein bisschen verletzt. Lass uns später in Ruhe darüber sprechen, wenn wir beide etwas entspannter sind, ja?" Manchmal hilft auch ein kurzer bewusster Rückzug aus der Situation – ein Glas Wasser trinken, kurz um den Block gehen oder für fünf Minuten die Augen schließen und sich auf etwas Angenehmes konzentrieren, um wieder einen kühleren Kopf zu bekommen. Es geht darum, bewusst und überlegt zu handeln. Das wird dir nicht nur bei Möbelstücken, sondern vor allem im oft turbulenten Alltag mit einem Baby von großem Wert sein.

Der dritte Baustein ist die **soziale Kompetenz**. Hier geht es darum, wie du erfolgreich und harmonisch mit den Emotionen anderer Menschen umgehst und Beziehungen positiv gestaltest. Das ist quasi die Kür der emotionalen Intelligenz. Es umfasst eine ganze Palette von Fähigkeiten. Dazu gehört, effektiv, klar und respektvoll zu kommunizieren (darauf gehen wir in Fähigkeit 2 noch genauer ein). Es beinhaltet auch die Fähigkeit, Konflikte konstruktiv zu lösen, anstatt sie unter den Teppich zu kehren oder eskalieren zu lassen. Ein Beispiel: Du und deine Partnerin habt unterschiedliche Vorstellungen vom Wochenende. Du möchtest ausschlafen und Fußball schauen, sie wünscht sich einen gemeinsamen Ausflug. Anstatt zu streiten, könntet ihr einen Kompromiss finden: Du schläfst länger, ihr macht vormittags einen kurzen Ausflug, und nachmittags gehst du zum Fußball. Soziale Kompetenz zeigt sich hier in der Bereitschaft, die Bedürfnisse des anderen anzuerkennen und eine für beide akzeptable Lösung zu finden. Andere Menschen zu inspirieren, Kooperationsfähigkeit zu zeigen und ein Gespür für soziale Dynamiken zu entwickeln, gehört ebenfalls dazu. Als werdender Vater bist du auch eine Art emotionaler Manager für deine Familie. Deine Fähigkeit, auf die Bedürfnisse deiner Partnerin einzugehen, eine sichere Umgebung für dein Kind zu schaffen, Meinungsverschiedenheiten mit den Schwiegereltern diplomatisch zu klären oder dich später mit anderen Vätern zu vernetzen – all das hängt von deiner sozialen Kompetenz ab.

Eng verbunden damit ist die **Empathie**, das Herzstück der emotionalen Intelligenz, besonders in deiner Rolle als Partner und Vater. Es ist die Fähigkeit, dich in die Gefühlswelt eines anderen hineinzuversetzen, seine Perspektive zu verstehen und seine Emotionen – Freude, Trauer, Angst, Wut – nachzuempfinden. Und das auch dann, wenn du seine Meinung nicht teilst oder seine Reaktion nicht sofort nachvollziehen kannst. Empathie bedeutet, die Welt durch die Augen deiner Partnerin zu sehen, die mit den

Herausforderungen der Schwangerschaft kämpft, Ängste vor der Geburt hat oder sich unsicher in ihrer neuen Rolle fühlt. Ein konkretes Beispiel: Deine Partnerin kommt weinend nach Hause, weil ihre Lieblingskekse im Supermarkt ausverkauft waren. Deine logische Reaktion wäre vielleicht: „Schatz, das sind doch nur Kekse!“ Eine empathische Reaktion wäre, sie in den Arm zu nehmen und zu sagen: „Oh Mann, das ist ja ärgerlich. Ich sehe, das nimmt dich mit. Erzähl mal.“ Du versuchst, das Gefühl hinter den Tränen zu verstehen – vielleicht ist es nicht die Keks-Katastrophe, sondern die allgemeine Erschöpfung. Stell dir vor, deine Partnerin ist im achten Monat, fühlt sich unbeweglich und klagt, dass ihr alles zu viel wird. Eine nicht-empathische Reaktion wäre ein abwiegelndes: „Ach, stell dich nicht so an, andere schaffen das auch.“ Eine empathische Reaktion hingegen: „Ich kann mir gut vorstellen, dass sich gerade alles sehr schwer und anstrengend anfühlt bei dir. Was kann ich denn tun, um es dir heute ein bisschen leichter zu machen?“ Später bedeutet Empathie, zu erahnen, was in deinem Baby vorgeht, das seine Bedürfnisse nur über Weinen, Körpersprache und Mimik äußert. Dein Baby quengelt zum Beispiel, obwohl es frisch gewickelt ist und gerade getrunken hat. Statt genervt zu denken „Was ist denn jetzt schon wieder?“, versuchst du, dich hineinzuversetzen: „Vielleicht braucht es einfach nur meine Nähe oder hat ein bisschen Bauchweh. Ich nehme es mal hoch und schaue, ob sanftes Wiegen hilft.“ Wichtig ist, Empathie nicht mit Mitleid zu verwechseln. Mitleid schafft Distanz („Ach du Arme!“). Empathie baut Brücken und gibt das Gefühl, verstanden zu werden („Ich kann mir vorstellen, dass das gerade sehr anstrengend für dich ist“). Dieses Gefühl des Verstandenwerdens ist es, was deine Partnerin und dein Baby von dir brauchen werden.

Schließlich gehört zur emotionalen Intelligenz auch die **Motivation**. Das ist die Fähigkeit, dich selbst und andere für Ziele zu begeistern, optimistisch in die Zukunft zu blicken und auch bei Rückschlägen nicht den Kopf in den Sand zu stecken. Als werdender Vater wirst du mit unzähligen neuen Aufgaben und Unsicherheiten konfrontiert. Da braucht es eine gehörige Portion innere Motivation, um dranzubleiben, Neues zu lernen und auch längere Durststrecken mit Geduld zu überstehen. Die Überzeugung, dass du dich entwickeln und wachsen kannst, dass du die Aufgaben meistern wirst, auch wenn du noch nicht genau weißt wie, ist ein starker Motivator. Deine positive, motivierte Ausstrahlung wirkt ansteckend – auf deine Partnerin und später auf dein Kind, das von dir lernt, Herausforderungen mutig anzugehen.

Emotionale Intelligenz ist also weit mehr als nur ein paar schlaue Worte. Sie ist ein Bündel praktischer Fähigkeiten, die dir helfen, das Familienleben erfolgreich und liebevoll zu meistern. Warum ist das so entscheidend? Weil emotionale Intelligenz der Superkleber ist, der starke, glückliche Familienbeziehungen zusammenhält. Sie hilft dir, deine Partnerin durch die Schwangerschaft und die erste Zeit nach der Geburt verständnisvoll zu begleiten. Sie ist der Schlüssel, um eine tiefe Bindung zu deinem Baby aufzubauen. Sie reduziert Konflikte in der Partnerschaft. Sie hilft dir persönlich, mit Stress gelassener umzugehen. Und Kinder, die bei emotional intelligenten Eltern aufwachsen, haben einen riesigen Startvorteil im Leben. Sie lernen von euch, wie man mit Gefühlen umgeht, Empathie entwickelt und gesunde Beziehungen aufbaut. Du legst also einen entscheidenden Grundstein für eine glückliche Zukunft deines Kindes.

Praxis-Zone Schwangerschaft: Deine Partnerin als Gefühls-Vulkan – So bleibst du der coole Fels in der Brandung

Genug der Theorie, jetzt wird's praktisch und lebendig! Die Schwangerschaft ist eine Zeit voller Wunder und Vorfreude. Aber ehrlich gesagt, ist es auch eine Zeit, in der die Gefühlswelt deiner Partnerin einem aktiven Vulkan ähneln kann – mal brodelt es leise, mal gibt es kleinere Eruptionen, und manchmal auch einen ausgewachsenen Ausbruch. Das ist absolut normal und liegt oft an den Hormonen, die gerade eine wilde Party feiern. Aber auch körperliche Veränderungen, die psychische Umstellung und neue Sorgen tragen zu diesem emotionalen Cocktail bei. Deine Aufgabe als werdender Papa ist es nicht, panisch die Flucht zu ergreifen, sondern ihr ein verständnisvoller, geduldiger Partner zu sein – ihr Fels in der hormonellen Brandung.

Angenommen, deine Partnerin kommt nach einem langen Arbeitstag nach Hause. Du freust dich auf einen gemütlichen Abend, aber sie bricht in Tränen aus. Der Grund? Im Supermarkt gab es ihre Lieblingsschokolade nicht mehr. Deine erste Reaktion ist vielleicht: „Schatz, es ist doch nur Schokolade!“ Logisch, aber emotional suboptimal. Ihre Tränen sind vielleicht nicht rational, aber ihre Gefühle sind echt. Hier kommt deine emotionale Intelligenz ins Spiel. Statt ihre Reaktion zu bewerten, nimm sie in den Arm und sage: „Oh Mann, das ist ja ärgerlich. Ich sehe, das nimmt dich mit. Setz dich erstmal, ich mach dir einen Tee.“ Allein diese Geste des Verständnisses kann Wunder wirken.

Es ist hilfreich, die emotionale Wetterkarte deiner schwangeren Partnerin lesen zu lernen. Das Wetter kann schneller umschlagen als bei einer Atlantiküberquerung im Herbst. Von strahlendem Sonnenschein kann es innerhalb von Minuten zu dunklen Gewitterwolken kommen. Stell dir vor: Am Morgen ist sie noch voller Tatendrang, plant gut gelaunt das Wochenende, und mittags bricht sie plötzlich in Tränen aus, weil die bestellte Babywiege eine Woche Lieferverzug hat – für sie in diesem Moment eine mittlere Katastrophe. Das ist nicht nur für dich herausfordernd, sondern oft auch für sie selbst anstrengend. Umso wichtiger ist es, dass du ein Gespür für die typischen emotionalen Hochs und Tiefs entwickelst und sie mit Gelassenheit und Liebe begleitest.

Ein häufiges Phänomen ist die „Heul-doch-mal-wieder-ordentlich-und-am-besten-ohne-wirklichen-Grund“-Phase. Tränen können ständige Begleiter sein. Manchmal sind es Freudentränen, manchmal Rührung, oft aber auch scheinbar grundlose Traurigkeit, Überforderung oder Erschöpfung. Eine rührselige Fernsehwerbung für Windeln kann plötzlich zu einem Tränenausbruch führen, einfach weil der Gedanke an euer Baby sie überwältigt. Ein trauriger Film, ein Lied, eine Bemerkung – alles kann zum Auslöser werden. Versuche, das nicht persönlich zu nehmen. Es sind oft die Hormone, die Regie führen.

Dann gibt es die Phase, die man als „Ich-mach-mir-Sorgen-um-ALLES-und-jeden-und-habe-deshalb-Dr.-Google-zu-meinem-besten-Freund-erkoren“-Phase umschreiben könnte. Die Verantwortung für ein neues Leben kann Ängste und Unsicherheiten auslösen, selbst bei sonst taffen Frauen. Ist das Baby gesund? Werde ich eine gute Mutter sein? Wie wird die Geburt? Schaffe ich das alles? Vielleicht liest sie online von einer seltenen

Schwangerschaftskomplikation und ist plötzlich felsenfest davon überzeugt, dass genau das auch ihr passieren könnte, obwohl der Arzt sie beruhigt hat. Diese Sorgen sind real und dürfen nicht als Panikmache abgetan werden. Oft hilft es ihr schon, wenn sie diese Ängste einfach aussprechen und mit dir teilen kann, ohne dass du sofort alles relativierst oder Lösungen präsentierst.

Eng verwandt damit ist manchmal die „Lass-mich-bloß-in-Ruhe-oder-ich-verwandle-mich-gleich-in-einen-feuerspuckenden-Drachen"-Phase. Erhöhte Reizbarkeit, geringere Stresstoleranz und explosive Ungeduld sind häufige Begleiter. Kleine Dinge, die sie früher mit einem Lächeln quittiert hätte, können sie jetzt auf die Palme bringen. Du fragst vielleicht beiläufig, ob sie schon weiß, was sie zum Abendessen kochen möchte, und sie fährt dich an, dass sie sich unmöglich auch noch darum kümmern könne und du doch sehen müsstest, wie erschöpft sie sei. Ein unaufgeräumtes Zimmer, eine unbedachte Bemerkung von dir, ein lautes Telefonat oder schon wieder die Socken neben dem Wäschekorb – all das kann das Fass zum Überlaufen bringen. Auch hier gilt: Tief durchatmen, nicht persönlich nehmen und die Situation mit Geduld, Verständnis und Diplomatie meistern.

Auf der positiveren Seite steht oft die „Nestbau-Deluxe-Gold-Edition-mit-Glitzer-und-Einhornstaub"-Phase. Viele schwangere Frauen entwickeln, besonders im letzten Drittel, einen unbändigen Drang, alles für die Ankunft des Babys vorzubereiten. Die Wohnung wird poliert, Möbel gerückt, Babykleidung in beeindruckenden Mengen gekauft. Das Kinderzimmer wird zum Schrein der Perfektion. Sie verbringt vielleicht Stunden damit, die winzigen Bodys nach Farbschattierungen zu sortieren oder diskutiert mit dir die optimale Position für das Mobile über dem Bettchen. Das ist ein wunderbarer Ausdruck der Vorfreude und des Fürsorgeinstinkts. Es kann aber auch stressig werden, wenn der Perfektionismus überhandnimmt oder die Finanzen strapaziert werden.

Und zuletzt die berühmt-berüchtigte „Schwangerschaftsdemenz", umschreibbar als „Wo zum Teufel habe ich schon wieder meinen Hausschlüssel hingelegt?". Viele Frauen berichten von Vergesslichkeit und Konzentrationsschwierigkeiten. Auch das ist oft hormonell bedingt und kein Grund zur Sorge. Sie vergisst zum dritten Mal den Arzttermin, den du extra in euren gemeinsamen Kalender eingetragen hast, oder findet den Einkaufszettel nicht mehr, den sie gerade erst geschrieben hat. Nimm es mit Humor, sei ihr Gedächtnis-Sherpa, aber immer mit einem Augenzwinkern und ohne Besserwisserei.

Das Wichtigste bei all diesen emotionalen Kapriolen: Versuche immer, dahinterzublicken. Deine Partnerin steuert diese Gefühle oft nicht willentlich oder um dich zu ärgern. Ihr Körper und ihre Psyche leisten Schwerstarbeit. Dein Verständnis, deine Geduld und deine liebevolle Unterstützung sind jetzt ihr wichtigster Anker.

Nachdem wir die emotionale Wetterkarte studiert haben, kommt hier dein Erste-Hilfe-Koffer für emotionale Notfälle, vollgepackt mit konkreten Strategien.

Ein absolut grundlegender und oft unterschätzter Ansatz ist das Aktives Zuhören Level Gold. Das bedeutet mehr, als nur höflich „Ja, Schatz" zu murmeln, während du innerlich die Einkaufsliste durchgehst. Wenn deine Partnerin dir ihr Herz ausschüttet, sei wirklich präsent. Leg dein Handy weg, schau sie an, wende dich ihr zu. Zeige ihr deine volle Aufmerksamkeit. Aktives Zuhören ist eine Kunst, aber du kannst sie meistern.

Lass sie zum Beispiel wirklich ausreden. Widerstehe dem Impuls, sie zu unterbrechen, auch wenn du glaubst, die Lösung zu haben oder zu wissen, was sie sagen will. Manchmal will sie einfach nur erzählen und ihre Gedanken sortieren.

Sende ihr während des Gesprächs immer wieder bestätigende Signale. Ein Nicken, ein „Mhm“, ein Lächeln oder ein mitfühlender Blick signalisieren, dass du bei ihr bist und ihre Worte ernst nimmst.

Versuche außerdem, die Gefühle zu erkennen und zu spiegeln, die hinter ihren Worten stecken. Sprich diese Gefühle behutsam an: „Das klingt, als wärst du gerade wirklich enttäuscht.“ Oder: „Ich merke, dass dich die Vorstellung von der Geburt sehr verunsichert.“ Indem du ihre Gefühle benennst, hilfst du ihr, sich verstanden zu fühlen.

Stell dir vor, deine Partnerin sagt: „Ich habe solche Angst vor der Geburt, ich weiß einfach nicht, ob ich das schaffe.“ Eine wenig hilfreiche Antwort wäre: „Ach komm, das haben schon Millionen Frauen geschafft, das wird schon.“ Viel besser wäre es, wenn du antwortest: „Ich höre, dass du dir große Sorgen machst und dich unsicher fühlst. Das kann ich gut verstehen, das ist ja auch eine riesige Sache. Was genau macht dir denn am meisten Angst? Erzähl doch mal.“

Eine weitere hilfreiche Technik ist das Paraphrasieren, also das Zusammenfassen dessen, was du verstanden hast, in deinen eigenen Worten. Zum Beispiel: „Wenn ich dich richtig verstehe, machst du dir Sorgen, dass wir nach der Geburt keine Zeit mehr als Paar haben werden?“ Das beugt Missverständnissen vor und zeigt ihr, dass du dich bemühst, sie zu verstehen.

Und nicht zuletzt: Stelle offene Fragen, anstatt Fragen zu formulieren, die nur mit Ja oder Nein beantwortet werden können, besonders wenn du mehr über ihre Gefühlswelt erfahren möchtest. „Bist du traurig?“ ist weniger hilfreich als: „Was genau bedrückt dich gerade so?“ Solche Fragen regen zum Weitererzählen an.

Um das Ganze noch plastischer zu machen: Deine Partnerin kommt von einem Vorsorgetermin bedrückt nach Hause. Sie erzählt, der Arzt habe zwar gesagt, alles sei in Ordnung, aber sie habe trotzdem ein komisches Gefühl. Eine nicht so gute Reaktion wäre: „Ach Quatsch, der Arzt hat doch gesagt, es ist alles okay. Mach dich nicht verrückt.“ Besser wäre: Du nimmst sie in den Arm oder setzt dich zu ihr und sagst: „Oh Mann, das kann ich mir vorstellen, dass dich das beunruhigt, auch wenn der Arzt sagt, es ist alles in Ordnung. Magst du mir genauer erzählen, was dir Sorgen macht? Ich bin für dich da.“ Diese Reaktion zeigt Empathie und nimmt ihre Sorgen ernst.

Ein weiterer wichtiger Punkt ist die Kunst der richtigen Frage. Damit kannst du herausfinden, was deine Partnerin in einem emotionalen Moment von dir braucht, ohne Gedankenleser sein zu müssen. Oft ist es nicht einfach zu erkennen, ob sie Trost, einen Ratschlag, praktische Hilfe oder einfach nur Ruhe braucht. Anstatt zu spekulieren, frage sie direkt und einfühlsam. Vermeide bohrende Warum-Fragen wie „Warum regst du dich denn jetzt schon wieder so auf?“. Frage stattdessen konkret und liebevoll nach ihren Bedürfnissen: „Was würde dir denn jetzt im Moment am meisten guttun?“ Oder: „Gibt es etwas Bestimmtes, das ich für dich tun kann?“

Wenn sie zum Beispiel über starke Rückenschmerzen klagt, statt einfach nur zu sagen „Leg dich doch hin“, könntest du fragen: „Dein Rücken tut dir weh, das sehe ich. Würde dir eine sanfte Massage guttun, oder soll ich dir lieber ein Wärmekissen holen?“ Wenn sie aufgeregt erzählt, dass das Baby gerade kräftig gestrampelt hat, anstatt nur „Schön“ zu murmeln, frage nach: „Das ist ja fantastisch! Wie hat sich das denn genau angefühlt? Möchtest du, dass ich auch mal meine Hand auflege und versuche, es zu spüren?“

Manchmal kann es auch hilfreich sein, ihr konkrete Optionen anzubieten, besonders wenn sie selbst von ihren Gefühlen überwältigt ist. Du könntest fragen: „Möchtest du, dass ich dir einen Tee koche und wir reden?“ Oder: „Soll ich heute Abend kochen, damit du dich ausruhen kannst?“ Achte dabei auf ihre Reaktion und sei nicht enttäuscht, wenn sie deine Vorschläge ablehnt. Es geht darum, ihr Möglichkeiten anzubieten und ihr das Gefühl zu geben, dass du für sie da bist.

Ein drittes, entscheidendes Werkzeug ist: **Emotionale Stütze sein, ja – aber ohne dabei selbst unterzugehen!** Die Wichtigkeit gesunder Grenzen wird oft unterschätzt. Es ist richtig, für deine Partnerin da zu sein. Aber vergiss dich selbst und deine Ressourcen nicht! Auch du hast Grenzen. Wenn die Ängste oder die negative Stimmung deiner Partnerin sehr intensiv werden und dich selbst stark belasten, ist es dein Recht und deine Pflicht, das zu erkennen und für dich zu sorgen. Es ist ein Zeichen von Selbstfürsorge und emotionaler Reife, eigene Grenzen wahrzunehmen und liebevoll, aber klar zu kommunizieren. Achte auf deine eigenen Warnsignale. Wirst du selbst immer gereizter? Fühlst du dich hilflos oder erschöpft? Nimm diese Signale ernst. Wenn das der Fall ist, kommuniziere deine Grenzen ehrlich und wertschätzend. Das ist oft ein Drahtseilakt, aber notwendig. Du könntest sagen: „Schatz, ich merke, deine Sorgen beschäftigen dich sehr, und ich bin für dich da. Gleichzeitig spüre ich, dass mich diese Anspannung auch sehr mitnimmt und ich manchmal eine Pause brauche, um Kraft zu tanken. Könnten wir versuchen, heute Abend bewusst über etwas anderes, Schönes zu sprechen?“ Oder ein anderes Beispiel: Deine Partnerin möchte zum vierten Mal die Wandfarbe im Kinderzimmer ändern, und du fühlst dich langsam überfordert von den ständigen Planänderungen und der zusätzlichen Arbeit. Anstatt innerlich zu brodeln oder genervt zu reagieren, könntest du sagen: „Liebling, ich verstehe, dass du dir das Kinderzimmer perfekt wünschst, und ich helfe dir gerne dabei. Gleichzeitig merke ich, dass mich die vielen Änderungen gerade etwas stressen und ich einen klaren Plan brauche. Könnten wir uns heute Abend zusammensetzen, uns die Farbmuster noch einmal ganz in Ruhe anschauen und dann eine endgültige Entscheidung treffen, hinter der wir beide stehen?“ Drücke deine Gefühle in Ich-Botschaften aus, ohne Vorwürfe zu machen. Sucht dann gemeinsam nach Lösungen. Vielleicht vereinbart ihr Zeiten, in denen ihr über Sorgen sprecht, und andere Zeiten für positive Dinge. Vielleicht sucht ihr euch gemeinsam professionelle Unterstützung, wenn die Belastungen übermächtig werden. Das ist kein Versagen, sondern ein Zeichen von Stärke. Und vergiss deine eigenen persönlichen Kraftquellen nicht! Was gibt dir Energie? Was hilft dir, abzuschalten? Sorge dafür, dass du Dinge tust, die dir guttun. Nur wenn du selbst im Gleichgewicht bist, kannst du langfristig eine Stütze sein.

Schließlich, als vierter, oft unterschätzter, aber wirkungsvoller Gedanke: **Vergesst bei all den ernsten Themen und Herausforderungen niemals den Humor!** Gemeinsam lachen zu können ist oft die beste Medizin, um Spannungen abzubauen und wieder Leichtigkeit und Verbundenheit herzustellen. Gerade in der Schwangerschaft gibt es oft Situationen, die, mit Abstand und Selbstironie betrachtet, einfach nur komisch sind. Lacht gemeinsam über die Absurditäten der Schwangerschaft: die Heißhungerattacken, die tollpatschigen Bewegungen mit dem Babybauch, die Ratschläge von wildfremden Menschen. Wenn deine Partnerin beispielsweise zum dritten Mal gegen denselben Türrahmen gelaufen ist, weil sie die Dimensionen ihres Bauches noch nicht ganz verinnerlicht hat, könntest du mit einem liebevollen Grinsen sagen: „Na, du und der Türrahmen, ihr werdet in dieser Schwangerschaft wohl keine besten Freunde mehr, was? Soll ich ihn für dich polstern?“ Aber Vorsicht: Wenn sie gerade sehr emotional ist oder Schmerzen hat und sich über ihre Ungeschicklichkeit ärgert, wäre ein spöttischer Kommentar à la „Haha, siehst aus wie ein gestrandeter Wal!“ absolut unangebracht und verletzend. Seid albern zusammen, so wie früher. Macht Blödsinn, kitzelt euch, erzählt euch Witze, tanzt verrückt durch die Wohnung. Albernheit ist ein Ventil, um Stress abzubauen. Betrachtet Humor als Zeichen von Stärke und Verbundenheit. Gemeinsam lachen zu können, auch wenn es schwierig ist, zeigt, dass ihr als Team funktioniert und euch vertraut. Es schafft eine positive Atmosphäre.

Um das Ganze abzurunden, hier eine kleine Auflistung dessen, „Was sie jetzt auf gar keinen Fall braucht“ – sozusagen die Top 5 der emotionalen Fettnäpfchen:

1: Der Besserwisser-Modus („Dr. Google hat aber gesagt…“). Wenn sie von Sorgen erzählt, beispielsweise über ein leichtes Ziehen im Bauch, komm nicht sofort mit medizinischen Fakten oder erkläre ihr, dass das „bestimmt nur das Dehnen der Mutterbänder ist, das steht so auch auf Seite XY im Schwangerschaftsratgeber.“ Das fühlt sich oft nicht ernst genommen an, sondern als würdest du ihre individuellen Empfindungen abtun.

2: Der Logik-Hammer („Aber Schatz, das ist doch jetzt wirklich unlogisch!“). Emotionen, besonders hormonell bedingte, folgen nicht immer der Logik. Wenn sie zum Beispiel weint, weil sie sich plötzlich nicht mehr auf das Baby freut, obwohl sie gestern noch voller Vorfreude war, ist der Versuch, ihre Gefühle mit rationalen Argumenten wie „Aber gestern hast du doch noch gesagt, wie sehr du dich freust, das ist doch jetzt unlogisch!“ zu entkräften, meist so effektiv wie der Versuch, einen Pudding an die Wand zu nageln. Sie fühlt sich dadurch nur unverstanden und ihre Gefühle werden negiert.

3: Der Vergleichs-Joker („Also, meine Kollegin Sabine war ja total tiefenentspannt.“). Vergleiche mit anderen schwangeren Frauen sind der Super-GAU. Jede Schwangerschaft ist anders. Wenn sie sich gerade Sorgen macht oder mit Beschwerden kämpft und du erzählst, dass die Frau deines Freundes ja gar keine Probleme hatte, setzt sie das nur unnötig unter Druck und gibt ihr das Gefühl, nicht „normal“ zu sein.

4: Der Problem-sofort-Löser („Ich hab da schon fünf Lösungsvorschläge, bevor du überhaupt ausgeredet hast!“). Männer wollen oft Probleme sofort lösen. Aber wenn sie von Sorgen erzählt, zum Beispiel von ihrer Angst vor der Verantwortung als Mutter, möchte sie oft erstmal verstanden und in den Arm genommen werden, nicht sofort einen Maßnahmenkatalog mit deinen Top-Strategien zur Stressbewältigung präsentiert bekommen.

5: Der „Ist doch nicht so schlimm"-Beschwichtiger („Ach, stell dich nicht so an, das wird schon wieder!"). Ihre Gefühle sind für sie real und wichtig, auch wenn sie dir übertrieben erscheinen. Wenn sie sich zum Beispiel unattraktiv und unwohl in ihrem sich verändernden Körper fühlt, ist ein „Ach Quatsch, du siehst doch super aus, ist doch nicht so schlimm" wenig hilfreich. Sie kleinzureden ist das Gegenteil von Unterstützung.

Wenn du diese emotionalen Fallstricke vermeidest und stattdessen auf echtes Zuhören, Verständnis und liebevolle Unterstützung setzt, hast du die besten Chancen, zum emotionalen Superhelden deiner schwangeren Partnerin zu werden. Das ist die Basis für eine noch tiefere Verbindung und ein wunderbarer Start ins Elternsein.

Praxis-Zone Geburt: Im Kreißsaal – Dein emotionaler Support als Schlüssel zum positiven Erlebnis

Der Countdown läuft, die Wehen setzen ein, die Aufregung steigt ins Unermessliche – der große Tag ist da: Euer Baby macht sich auf den Weg! Das ist ein Moment unglaublicher Intensität, ein Feuerwerk aus Vorfreude, körperlicher Anstrengung, vielleicht auch Angst vor dem Unbekannten und tiefer Magie. Für deine Partnerin ist die Geburt eine körperliche und seelische Grenzerfahrung. Und für dich? Du bist so viel mehr als nur der nervöse Typ am Rand. Du bist ihr Fels in der Brandung, ihr emotionaler Anker, ihr Motivationscoach, der Hüter ihrer Wünsche und der erste Willkommensgruß für euer Kind. Deine emotionale Unterstützung, deine ruhige Präsenz und deine Fähigkeit, dich auf sie einzustimmen, können einen riesigen Unterschied machen, wie deine Partnerin die Geburt erlebt.

Bevor wir uns konkrete Hilfestellungen anschauen, ist es wichtig, den Kreißsaal-Knigge für Väter zu verinnerlichen. Der Kreißsaal ist ein besonderer Ort, an dem Medizin, Routine und tiefste menschliche Emotionen aufeinandertreffen. Verstehe dich als wichtiger Teil des Geburtsteams – ein Team aus deiner Partnerin und dir, professionell begleitet von Hebamme und Ärzten. Sei proaktiv: Frag die Hebamme, ob du etwas holen sollst, biete deiner Partnerin Getränke an, halte ihr ein feuchtes Tuch für die Stirn bereit. Deine Hauptaufgabe ist es, deine Partnerin so zu unterstützen, wie SIE es braucht. Die emotionale Atmosphäre im Kreißsaal kann sich ständig verändern. Da ist Vorfreude, vielleicht auch Angst vor Schmerzen oder Komplikationen. Da ist die enorme Anstrengung deiner Partnerin, aber auch ihre unglaubliche Kraft. Und da sind deine eigenen Gefühle: Hilflosigkeit, Überforderung, Ehrfurcht. Versuche, trotz dieser Turbulenzen eine ruhige, positive Ausstrahlung zu bewahren. Deine Gelassenheit und dein Optimismus können sich auf deine Partnerin übertragen. Experten betonen immer wieder, wie wichtig die kontinuierliche Anwesenheit einer vertrauten, unterstützenden Person ist. Und das bist in den meisten Fällen du!

Deine Rolle als Fels in der Brandung ist in diesen Stunden Gold wert. In den langen, schmerzhaften Stunden der Wehen braucht sie jemanden, der ihr Halt gibt, an sie glaubt, ihr Mut zuspricht. Zeig ihr durch Worte, Berührungen und deine Anwesenheit, dass du für sie da bist und ihre Leistung bewunderst.

Was kannst du also praktisch tun? Ein erster, ungemein wichtiger Punkt betrifft die Macht der positiven Bestärkung. Deine Worte können Wehen erträglicher machen und Kräfte freisetzen. Wenn sie stöhnt, erschöpft ist oder zweifelt, sind deine aufmunternden Worte wie ein Schutzschild. Lobe sie überschwänglich: „Du machst das so fantastisch, Schatz! Ich bin so unglaublich stolz auf dich!“ Sag ihr: „Jede Wehe ist ein Schritt näher zu unserem Baby, du schaffst das wunderbar!“ Erinnere sie an ihre innere Stärke: „Du bist so eine starke Frau, du schaffst das!“ Oder: „Ich sehe, wie du kämpfst, du bist unglaublich tapfer!“ Betone euer Teamwork: „Wir schaffen das gemeinsam! Ich bin bei dir, bei jeder Wehe.“ Male ihr positive Bilder von eurem Baby: „Denk daran, bald halten wir unser kleines Wunder im Arm. Jede Wehe bringt uns näher.“ Vermeide unbedingt negative Äußerungen, Kritik oder Zweifel! Auch wenn du selbst nervös bist, versuche, das nicht zu zeigen. Deine Zuversicht gibt ihr Kraft.

Deine Partnerin ist mitten in einer starken Wehe und sagt verzweifelt: „Ich kann nicht mehr! Ich will, dass das aufhört!“ Eine kontraproduktive Reaktion wäre: „Reiß dich zusammen, das haben schon Millionen Frauen geschafft.“ Viel besser: Nimm ihre Hand, schau ihr in die Augen und sage ruhig, aber bestimmt und liebevoll: „Doch, mein Schatz, du kannst das! Du bist so unglaublich stark. Ich weiß, es tut wahnsinnig weh, aber du machst das großartig. Atme jetzt tief mit mir. Schau mich an, tief ein... und langsam wieder aus... Gleich ist diese Wehe vorbei, und dann sind wir unserem Baby wieder ein riesiges Stück näher. Du bist eine Heldin!“

Ein weiterer wichtiger Aspekt ist die **nonverbale Kommunikation**. Manchmal sagen liebevolle Berührungen mehr als tausend Worte. Achte aber genau auf ihre Signale und frage, was ihr guttut! Manche Frauen möchten während der Wehen ihre Ruhe, andere brauchen viel körperliche Nähe. Du kannst ihre Hand halten – ein einfacher, wirkungsvoller Anker. Biete an, ihre Hand fest zu drücken, wenn eine Wehe kommt. Streichle ihr sanft über Rücken, Stirn oder Arme; ruhige, rhythmische Berührungen können entspannen. Biete ihr eine Massage an, besonders im unteren Rückenbereich (Kreuzbein) kann fester Gegendruck schmerzlindernd wirken. Frage sie: „Soll ich dir den Rücken massieren, oder ist dir das gerade zu viel?“ Umarme sie fest in den Wehenpausen, wenn sie das mag. Ganz wichtig: Respektiere es, wenn sie keine Berührungen möchte. Das ist völlig in Ordnung.

Der dritte Punkt für den Kreißsaal: **Atmen für Zwei – Gemeinsam durch die Wehen finden.** Die richtige Atmung ist entscheidend, um mit Wehenschmerzen umzugehen und den Körper mit Sauerstoff zu versorgen. Wenn ihr einen Geburtsvorbereitungskurs besucht habt, kennt ihr wahrscheinlich verschiedene Atemtechniken. Erinnere sie sanft an die richtige Atmung, wenn sie die Luft anhält oder unregelmäßig atmet: „Denk an deine Atmung, Schatz. Tief in den Bauch einatmen und langsam wieder ausatmen.“ Oder:

„Versuch mal, mit mir zu atmen: Tief ein durch die Nase… und langsam pustend aus durch den Mund.“ Manchmal hilft es, wenn du dich vor sie setzt und bewusst mitatmest. Das gibt ihr einen Rhythmus. Achte auch auf deine eigene Atmung! Wenn du selbst nervös und flach atmest, überträgt sich die Anspannung.

Doch auch **Helden brauchen mal eine Pause**, und das gilt auch für dich. Die Geburt ist auch für dich ein emotionales und körperliches Ausnahmeereignis. Es ist normal, aufgeregt oder nervös zu sein. Achte auch auf dich selbst und deine Bedürfnisse, damit du deiner Partnerin eine echte Stütze sein kannst. Anerkenne und akzeptiere deine eigenen Gefühle. Es ist okay, wenn dir Tränen kommen oder deine Hände zittern. Sprich vielleicht kurz mit der Hebamme, wenn dich etwas belastet. Sorge für dein körperliches Wohlbefinden. Eine Geburt kann lange dauern. Iss und trink zwischendurch, um bei Kräften zu bleiben. Pack dir eine „Papa-Notfalltasche“ mit Snacks und Getränken. Wenn du eine Pause brauchst, sprich das mit deiner Partnerin und der Hebamme ab. Vielleicht merkst du nach Stunden im Kreißsaal, dass dir schwindelig wird. Dann sage ruhig zur Hebamme: „Ich glaube, ich brauche mal fünf Minuten frische Luft, mir wird gerade etwas komisch. Ist es okay, wenn ich kurz rausgehe, während Sie bei meiner Frau sind?“ Atme tief durch und bewahre den Fokus. Wenn Anspannung steigt, konzentriere dich auf deine Atmung. Erinnere dich, warum du hier bist – um deine Partnerin zu unterstützen und euer Baby willkommen zu heißen. Und was tust du, wenn du dich wirklich überfordert fühlst oder dir schlecht wird? Das ist keine Schande. Sprich es sofort an! Sag der Hebamme oder den Ärzten Bescheid. Es ist besser, sich kurz hinzusetzen oder den Raum zu verlassen, als plötzlich zusammenzuklappen.

Und dann ist er da – dieser absolut magische Moment, wenn euer Baby geboren ist. Die Anspannung fällt ab, eine Welle von Erleichterung, Freude, Liebe und Erschöpfung überrollt euch. Lasst diese Gefühle zu! Es ist okay, wenn dir als Vater die Tränen laufen oder du sprachlos bist vor Glück. Seid präsent in diesem Moment. Versucht, diese ersten kostbaren Minuten und Stunden bewusst zu erleben. Schaltet vielleicht die Handys aus. Flüstert eurem Baby die ersten Willkommensworte zu, sagt eurer Partnerin, wie unglaublich stolz ihr auf sie seid und wie sehr ihr sie liebt. Teilt eure überwältigenden Gefühle.

Hautkontakt ist jetzt Gold wert. Wenn medizinisch möglich, sollte euer Baby direkt nach der Geburt auf die nackte Brust deiner Partnerin gelegt werden (Bonding oder Känguruhen). Aber auch du kannst und solltest dein Baby so bald wie möglich auf deine nackte Brust nehmen. Dieser erste intensive Hautkontakt ist unglaublich wichtig für die Bindung, wirkt beruhigend und setzt bei euch allen Glückshormone frei. Und vergesst nicht, euch selbst und einander zu feiern! Ihr habt etwas Großartiges geleistet. Seid stolz auf euch, eure Stärke, eure Liebe und das kleine Wunder, das ihr geschaffen habt! Diese ersten Momente sind einzigartig und der magische Startschuss für euer neues Leben als Familie.

Praxis-Zone Erstes Jahr: Babys heimliche Sprache – Dein Weg zum Gefühls-Decoder

Herzlichen Glückwunsch, Papa! Die Geburt ist überstanden, die erste Euphorie hat sich vielleicht etwas gelegt, und ihr seid wieder zu Hause. Das Abenteuer Familie beginnt jetzt richtig. Euer kleines Baby liegt da und scheint eine Menge erzählen zu wollen – nur leider noch nicht mit Worten. Aber keine Sorge, dein Baby ist von Anfang an ein Kommunikationsgenie! Es hat seine eigene, oft subtile und nonverbale Sprache. Deine spannende Aufgabe ist es nun, diese Sprache zu entschlüsseln, die Bedürfnisse deines Kindes zu verstehen und feinfühlig darauf zu reagieren.

Es ist ein Irrglaube, dass Neugeborene nur essen, schlafen und Windeln füllen. Dein Baby ist von der ersten Sekunde an ein fühlendes Wesen mit einer komplexen emotionalen Welt. Es kann Freude empfinden, Angst haben, Ärger zeigen, Interesse signalisieren und natürlich auch Traurigkeit oder Unbehagen ausdrücken. Warum ist es so wichtig, diese frühen Äußerungen ernst zu nehmen und prompt darauf zu reagieren? Weil du damit das Urvertrauen deines Kindes legst – das Wissen, dass die Welt sicher ist und dass Menschen für es da sind. Wenn dein Baby immer wieder erfährt, dass seine Bedürfnisse zuverlässig erkannt und liebevoll befriedigt werden, lernt es: „Ich bin wichtig. Ich bin sicher. Meine Eltern sind für mich da." Diese Erfahrung ist das Fundament für seine gesunde Entwicklung. Experten betonen immer wieder, dass eine feinfühlige, prompte Reaktion der Bezugspersonen ein wichtiger Schutzfaktor für die psychische Gesundheit ist. Da dein Baby noch nicht mit Worten kommuniziert, nutzt es seinen Körper, seine Stimme und seine Mimik. Deine Aufgabe als Papa-Detektiv ist es, diese Signale zu beobachten und zu interpretieren.

Ein offensichtliches Kommunikationsmittel ist das **Weinen**. Aber Weinen ist nicht gleich Weinen! Mit der Zeit wirst du die feinen Nuancen unterscheiden lernen. Da gibt es das typische Hunger-Weinen: oft leise beginnend, dann lauter, fordernder, rhythmischer, manchmal mit einem typischen „Neh-Neh-Neh"-Laut, begleitet von Saugbewegungen oder dem Suchen nach der Brust/Flasche. Das Schmerz-Weinen klingt oft schrill, gellend, beginnt plötzlich und intensiv, unterbrochen von Pausen zum Luftschnappen. Vielleicht ist es ein kurzes, spitzes Aufschreien gefolgt von einer Atempause. Das Müdigkeits-Weinen ist eher quengelig, nörgelnd, jämmerlich, oft ein sich steigerndes Jammern mit einem „Ooh-Ooh-Ooh"-Klang, begleitet von Augenreiben oder Gähnen. Manchmal weint dein Baby auch aus Langeweile oder Unterforderung; dieses Weinen ist weniger intensiv und hört auf, wenn du dich ihm zuwendest. Auch Unwohlsein (volle Windel, zu warm/kalt, drückende Kleidung) kann dein Baby durch Weinen ausdrücken, oft ein unzufriedenes Jammern oder ein sich windender Körper. Und nicht zuletzt gibt es das Bedürfnis-nach-Nähe-Weinen, das oft aufhört, sobald du dein Baby auf den Arm nimmst oder mit ihm kuschelst. Ein wichtiger Gedanke hier ist, dich zu einem echten Detektiv Ohrenspitzer zu entwickeln. Versuche, die Klangfarben, Intensität und Begleitgeräusche des Weinens zu deuten. Beobachte, was vorher passiert ist und was hilft, es zu beruhigen. Mit der Zeit wirst du ein „Weinen-Versteher". Und keine Sorge, wenn du anfangs nicht immer sofort weißt, was los ist. Gehe die häufigsten Bedürfnisse systematisch durch: Hunger? Windel? Müde? Bauchweh? Nähe?

Neben dem Weinen ist die **Körpersprache** ein wichtiger Kommunikationskanal. Achte auf Haltung, Bewegungen, Muskelspannung und Gesten. Sind die Fäustchen oft geballt und der Körper angespannt? Das kann auf Hunger, Schmerz, Anspannung oder Überreizung hindeuten. Ein überstreckter, nach hinten gebogener Rücken kann auf starke Schmerzen oder Unwohlsein (z.B. Reflux) hindeuten. Fröhliches Strampeln mit den Beinchen ist oft ein Zeichen von Freude. Krampfartiges Strampeln mit gekrümmtem Rücken kann auf Bauchweh hinweisen. Dreht dein Baby den Kopf oder Körper weg, braucht es vielleicht eine Pause oder hat kein Interesse. Eine entspannte Körperhaltung mit geöffneten Händchen signalisiert Wohlbefinden. Suchende Kopfbewegungen mit Schmatzen oder Saugen an den Fingerchen sind oft ein frühes Hungerzeichen. Ein guter Ansatz ist daher: Werde zum Baby-Körpersprache-Dolmetscher! Nimm dir Zeit, dein Baby zu beobachten. Wie bewegt es sich? Welche typischen Haltungen nimmt es ein? Welche feinen Signale sendet es? Bringe diese Beobachtungen mit der Situation und anderen Signalen in Verbindung. So lernst du, seine Bedürfnisse frühzeitig zu erkennen.

Nicht zu vergessen ist die **Mimik** deines Babys, oft ein offenes Buch. Achte auf ein breites Lächeln – anfangs vielleicht reflexartig („Engelslächeln"), später ein bewusstes soziales Lächeln, das Freude und Wohlbefinden zeigt. Eine gerunzelte Stirn kann auf Konzentration, Unbehagen, Schmerz oder Überforderung hindeuten. Blinzeln oder Wegschauen kann bedeuten, dass es eine Pause von der Interaktion braucht. Weit aufgerissene, wache Augen signalisieren oft Interesse und Neugier, können aber auch Erschrecken oder beginnende Angst bedeuten. Gespitzte Lippen und Saugbewegungen sind meist ein Zeichen für Hunger oder Saugbedürfnis. Ein schmerzverzerrtes Gesicht mit zusammengekniffenen Augen ist ein klares Signal für Schmerz. Eine hilfreiche Übung ist daher, dich im Gesichterlesen für Anfänger zu üben. Verbringe viel Zeit damit, das Gesicht deines Babys anzuschauen, mit ihm zu „sprechen", ihm Grimassen zu schneiden und seine mimischen Reaktionen zu beobachten. Du wirst erstaunt sein, wie viel es dir allein mit seinem Gesichtchen erzählen kann.

Okay, du hast nun gelernt, die nonverbalen Signale deines Babys besser zu deuten. Der nächste entscheidende Schritt ist, feinfühlig und angemessen auf diese Signale zu reagieren. Feinfühligkeit bedeutet, die Bedürfnisse deines Kindes nicht nur zu erkennen, sondern auch prompt, richtig und liebevoll darauf einzugehen. Es ist die Kunst, im richtigen Moment das Richtige zu tun.

Wenn du die Bedürfnisse deines Babys erkennst, ist es wichtig, prompt darauf einzugehen. Warum ist eine schnelle und passende Antwort so wichtig für das Urvertrauen? Wenn dein Baby weint, weil es Hunger hat, und du ihm zeitnah etwas zu trinken anbietest, lernt es: „Wenn ich Hunger habe, kommt jemand." Wenn es müde ist und du ihm hilfst, zur Ruhe zu kommen, lernt es: „Wenn ich müde bin, hilft mir jemand." Wenn es Nähe braucht und du es auf den Arm nimmst, lernt es: „Wenn ich mich unsicher fühle, ist jemand da." Diese Erfahrung vermittelt das Gefühl: „Ich bin nicht allein. Meine Bedürfnisse sind wichtig. Ich kann mich auf meine Eltern verlassen."

Ein Beispiel: Dein Baby fängt an zu quengeln und reibt sich die Augen. Eine weniger feinfühlige Reaktion wäre, es mit einem lauten Spielzeug ablenken zu wollen. Eine feinfühlige Reaktion: Du erkennst die Müdigkeitszeichen, nimmst es liebevoll auf den Arm, singst leise ein Schlaflied und wiegst es sanft, um ihm beim Einschlafen zu helfen.

Genauso wichtig ist es aber auch, eine **Überstimulation zu vermeiden** und die Anzeichen dafür rechtzeitig zu erkennen. Babys können schnell von zu vielen Reizen überfordert sein (Lärm, grelles Licht, zu viele Menschen, zu langes Spielen). Stell dir vor, ihr seid auf einer Familienfeier, und dein Baby wird plötzlich unruhig, weint schrill und wendet den Kopf ab, obwohl es gerade noch mit den vielen neuen Gesichtern interagiert hat. Typische Anzeichen können quengeliges Weinen, Wegdrehen des Kopfes, häufiges Gähnen, unruhige Bewegungen oder ein starrer Blick sein. Wenn du solche Signale bemerkst, gönne ihm sofort eine Pause. Nimm es aus der unruhigen Situation, sorge für eine ruhige Umgebung, sprich leise mit ihm oder biete etwas zum Nuckeln an. Hilf ihm aktiv, wieder zur Ruhe zu kommen.

Passe auch euer gemeinsames **Spiel und eure Interaktion immer flexibel an die Signale und die Stimmung deines Babys an.** Es geht nicht darum, was du spielen möchtest, sondern was dein Baby braucht. Beobachte, wie es auf deine Angebote reagiert. Hat es Freude, lacht es, sucht es Blickkontakt? Oder wirkt es abwesend, desinteressiert, dreht den Kopf weg oder fängt an zu quengeln? Wenn du mit einer Rassel spielst und dein Baby nach ein paar Minuten den Blick abwendet und gähnt, ist das ein klares Signal, dass es genug hat. Zwinge ihm dann keine weitere Interaktion auf, sondern respektiere sein Bedürfnis nach einer Pause.

Um das Ganze noch greifbarer zu machen, hier ein paar typische Szenarien aus dem ersten Babyjahr:

Euer Baby ist ungefähr drei Monate alt und ihr seid mit dem Auto unterwegs. Obwohl es gerade getrunken hat und die Windel frisch ist, fängt es plötzlich herzzerreißend an zu weinen. Eine nicht so gute Reaktion wäre, genervt die Musik lauter zu drehen und zu hoffen, es hört von alleine auf. Eine bessere Reaktion: An der nächsten sicheren Stelle anhalten. Nimm dein Baby vorsichtig aus dem Sitz, sprich ruhig mit ihm, versuche es zu beruhigen (wiegen, singen, drücken). Überprüfe, ob der Gurt drückt, die Sonne blendet, ihm zu warm/kalt ist oder es einfach deine Nähe braucht. Manchmal hilft schon deine vertraute Stimme und Nähe.

Ein anderes Beispiel: Dein Baby ist sechs Monate alt, und ihr habt mit Beikost begonnen. Du hast liebevoll Gemüsebrei gekocht, aber es verweigert ihn hartnäckig, spuckt jeden Löffel aus oder presst die Lippen zusammen. Eine nicht so gute Reaktion wäre, ungeduldig zu werden oder zu versuchen, ihm den Löffel mit Gewalt in den Mund zu zwingen. Eine bessere Reaktion: Ruhig bleiben. Versuche herauszufinden, warum es den Brei verweigert. Vielleicht ist es nicht hungrig, mag die Konsistenz nicht, zahnt oder ist einfach müde. Biete den Brei später noch einmal an oder probiere eine andere Sorte. Zwinge es auf keinen Fall zum Essen! Essenszeiten sollten positiv sein. Sag zum Beispiel: „Na gut, mein Schatz, heute schmeckt dir der Karottenbrei wohl nicht. Das ist okay, wir probieren es morgen einfach nochmal. Vielleicht magst du ja stattdessen ein bisschen Milch?“

Dein Baby ist vier Monate alt und hat Schwierigkeiten einzuschlafen. Es weint und wirkt unruhig, sobald du es ins Bettchen legen willst. Eine suboptimale Reaktion wäre, es einfach schreien zu lassen, bis es erschöpft einschläft. Besser wäre: Nimm es noch einmal hoch, wiege es sanft, singe ein leises Schlaflied oder versuche es mit sanftem Klopfen auf den Rücken. Sprich leise und beruhigend: „Ich weiß, du bist müde, mein kleiner Schatz. Ich helfe dir, zur Ruhe zu kommen.“ Vielleicht braucht es noch ein bisschen mehr Nähe oder eine andere Einschlafhilfe, bevor es sich sicher genug fühlt, um loszulassen.

Bei all den Ratschlägen, vergiss eines nicht: **Deine Intuition als Vater ist oft dein bester Ratgeber** – besonders wenn du lernst, ihr zuzuhören und ihr zu vertrauen. Diese Intuition ist keine mystische Gabe, sondern das Ergebnis deiner tiefen emotionalen Verbindung, deiner Beobachtungsgabe und deiner Erfahrung. Vielleicht hast du eines Abends das diffuse Gefühl, dass mit deinem Baby etwas nicht stimmt, obwohl es keine eindeutigen Krankheitssymptome zeigt. Es ist einfach anders als sonst. Trau dich, auf dieses Bauchgefühl zu hören! Kontrolliere seine Temperatur, beobachte es genau, und wenn das ungute Gefühl bleibt, zögere nicht, den Kinderarzt zu kontaktieren oder eine Klinik aufzusuchen. Lieber einmal zu viel nachgeschaut als einmal zu wenig. Wenn du spürst, dass dein Baby eine Umarmung braucht, auch wenn es nicht weint, gib sie ihm. Je mehr du dich auf dein Kind einlässt und seine Signale wahrnimmst, desto stärker wird deine Intuition. Sie ist dein persönlicher, unbezahlbarer Super-Skill.

Das große Ganze: Warum Empathie der Superkleber für eure Familie ist

Wir haben jetzt ausführlich darüber gesprochen, wie du die Emotionen deiner Partnerin während Schwangerschaft, Geburt und danach besser verstehen und begleiten kannst. Und wir haben uns damit beschäftigt, wie du die nonverbale Sprache deines Babys entschlüsselst. All das sind Facetten einer übergeordneten Fähigkeit, die wie ein unsichtbarer, aber starker Superkleber eure Familie zusammenhält: die Empathie. Die Fähigkeit, dich aus vollem Herzen in andere hineinzuversetzen, ihre Welt, Gedanken und Gefühle nachzuempfinden und mit Verständnis und Zuwendung zu reagieren, ist ein Leben lang der Schlüssel zu erfüllenden Beziehungen.

Warum ist Empathie so ein Game-Changer für eure Familie?

Empathie stärkt auf unnachahmliche Weise die Bindung zu deinem Kind. Wenn dein Baby erfährt, dass seine Gefühle gesehen, verstanden und angemessen beantwortet werden, entwickelt es eine tiefe, sichere Bindung. Es lernt, dass es sich auf euch verlassen kann. Diese frühe, sichere Bindung ist das Fundament für sein Selbstvertrauen und seine Fähigkeit, gesunde Beziehungen einzugehen.

Genauso stärkt Empathie die Bindung zu deiner Partnerin und damit indirekt auch die Mutter-Kind-Bindung. Indem du deiner Partnerin in dieser fordernden Zeit mit Empathie und Verständnis begegnest, stärkst du eure Paarbeziehung und unterstützt sie in ihrer Mutterrolle. Wenn sie sich von dir verstanden und getragen fühlt, kann sie gelassener auf die Bedürfnisse eures Babys eingehen.

Darüber hinaus reduziert gelebte Empathie Stress und unnötige Konflikte in der Familie. Wenn alle versuchen, empathisch miteinander umzugehen, gibt es weniger Raum für Missverständnisse und Vorwürfe. Man versucht, die Perspektive des anderen zu verstehen, bevor man urteilt. Das führt zu einem entspannteren Familienklima. Stell dir vor, dein älteres Kind ist eifersüchtig auf das Baby und reagiert bockig. Statt zu schimpfen, versuchst du zu verstehen: „Du fühlst dich gerade vielleicht ein bisschen vernachlässigt, weil das Baby so viel Aufmerksamkeit braucht, stimmt's? Das kann ich verstehen." Diese empathische Reaktion öffnet die Tür für ein Gespräch und eine Lösung, anstatt den Konflikt zu verschärfen.

Und nicht zuletzt ist Empathie ansteckend im besten Sinne – Dein Kind lernt von dir, wie man mit Gefühlen umgeht und gute Beziehungen führt. Du bist sein wichtigstes Vorbild. Wenn es erlebt, wie du empathisch auf seine Gefühle und die deiner Partnerin reagierst, lernt es soziale und emotionale Kompetenz am lebenden Modell. Du legst damit einen entscheidenden Grundstein für seine gesamte soziale und emotionale Entwicklung.

Empathie ist also weit mehr als eine nette Eigenschaft. Sie ist eine aktive, erlernbare Fähigkeit, eine bewusste Haltung. Und du kannst sie jeden Tag üben – im Umgang mit deiner Partnerin, deinem Kind, aber auch mit Freunden oder Kollegen. Jeder Moment bewusster Zuwendung und des ehrlichen Versuchs, einen anderen Menschen zu verstehen, ist eine Übung.

Ein allerletzter Gedanke: Emotionale Intelligenz und Empathie sind kein Zustand, den man einmal erreicht und dann besitzt. Es ist ein lebenslanger Weg, ein kontinuierlicher Lern- und Wachstumsprozess. Es wird immer wieder Situationen geben, in denen es dir schwerfällt, die Gefühle anderer zu verstehen oder angemessen zu reagieren. Das ist menschlich. Sei geduldig mit dir selbst, so wie du es mit deinem Kind sein wirst. Freu dich über jeden kleinen Fortschritt. Es geht nicht darum, perfekt zu sein, sondern echt, authentisch und präsent zu sein und immer wieder den mutigen Versuch zu wagen, dich auf die wunderbare und manchmal herausfordernde Gefühlswelt deiner Liebsten einzulassen. Das ist es, was einen wirklich großartigen, liebevollen und unersetzlichen Partner und Vater ausmacht.

Fähigkeit 2: Kommunikation & Gelebte Partnerschaft

Na, bereit für die nächste Runde im Papa-Bootcamp? Nachdem wir uns im letzten Kapitel den feinen Antennen deiner emotionalen Intelligenz gewidmet haben, packen wir jetzt ein Werkzeug aus, das mindestens genauso entscheidend ist, wenn nicht sogar das Herzstück eures gesamten Familienlebens: die Kommunikation. Und bevor du jetzt denkst, „Och nö, nicht schon wieder so ein Beziehungskram", lass dir gesagt sein: Was jetzt kommt, hat wenig mit trockenen Theorien zu tun, sondern ist pralles Leben und der Schlüssel dafür, dass ihr als Paar nicht nur die aufregende Zeit der Schwangerschaft und die erste Babyphase meistert, sondern als Elternteam stärker zusammenwachst, als ihr es euch vielleicht je erträumt habt.

Eure Partnerschaft ist vielleicht weniger ein stilles Gewässer, sondern eher ein Segelboot, das sich auf eine große Reise begibt – die Reise ins Elternsein. Damit dieses Boot auch bei stärkerem Wind oder unerwarteten Strömungen sicher auf Kurs bleibt, braucht es eine Crew, die perfekt aufeinander eingespielt ist. Eine Crew, bei der jeder weiß, was der andere tut, wo man sich blind aufeinander verlassen kann und wo klare Absprachen getroffen werden. Eure Kommunikation, das ist das gemeinsame Setzen der Segel, das Abstimmen am Steuerrad, das gegenseitige Warnen vor Untiefen und das gemeinsame Feiern, wenn ihr einen Hafen sicher erreicht habt. Ohne klare Kommandos, ohne ein offenes Ohr füreinander und ohne das Vertrauen, dass jeder sein Bestes gibt, wird selbst die schönste Reise schnell zum chaotischen Abenteuer mit ungewissem Ausgang.

Es geht hier nicht darum, dass ihr plötzlich zu professionellen Verhandlungsexperten mutieren oder jeden Abend stundenlange Beziehungsanalysen führen müsst. Vielmehr geht es um eine grundlegende Haltung, mit der ihr euch begegnet: ehrlich interessiert am anderen, respektvoll gegenüber seinen Ansichten und Gefühlen, auch wenn sie mal von den eigenen abweichen, und immer mit dem Ziel, gemeinsam eine gute Lösung zu finden. „Offen" zu kommunizieren bedeutet dabei, auch mal die eigene Rüstung abzulegen und zu zeigen, was wirklich in einem vorgeht – die Freude, die Aufregung, aber eben auch die Unsicherheit oder die kleinen Ängste, die sich vielleicht einschleichen. „Ehrlich" zu sein, heißt, die Dinge beim Namen zu nennen, die einen beschäftigen, aber das immer so, dass es den anderen nicht unnötig verletzt oder vor den Kopf stößt. Es ist ein Unterschied, ob du sagst: „Du kümmerst dich ja nie darum!" oder ob du formulierst: „Ich fühle mich manchmal etwas alleingelassen mit der Organisation und würde mir wünschen, dass wir das mehr gemeinsam angehen." Und „respektvoll" miteinander umzugehen, bedeutet, die Perspektive des anderen immer als wertvoll anzuerkennen, auch wenn man sie vielleicht nicht sofort teilt. Denn eines ist sicher: Ihr werdet unterschiedlicher Meinung sein, und das ist nicht nur normal, sondern oft sogar gut so, weil es euch zwingt, über den eigenen Tellerrand hinauszuschauen.

Die Wahrheit ist ziemlich einfach: Eltern zu werden, ist wahrscheinlich die größte Team-Herausforderung, der ihr euch als Paar stellen werdet. Und eure Fähigkeit, gut miteinander zu reden, zuzuhören und euch abzustimmen, ist der entscheidende Faktor, ob ihr diese Herausforderung als starkes, unschlagbares Duo meistert oder ob ihr euch in Missverständnissen und unausgesprochenen Erwartungen verheddert. Dieses Kapitel soll dir ganz praxisnah zeigen, wie ihr euer Kommunikations-Werkzeug in den verschiedenen Phasen eurer Reise – während der Schwangerschaft, bei der Geburt und im turbulenten, aber wunderschönen ersten Jahr mit eurem Kind – so einsetzt, dass es euch stärkt, verbindet und glücklich macht. Packen wir's an!

Praxis-Zone Schwangerschaft – Gemeinsam den Kurs für euer Familienabenteuer festlegen

Die frohe Botschaft ist angekommen, vielleicht habt ihr schon die ersten Ultraschallbilder bestaunt und der Alltag beginnt sich langsam, aber sicher auf das große Ereignis auszurichten. Diese Monate vor der Geburt sind eine ganz besondere Zeit. Nicht nur, weil ein neues Leben heranwächst, sondern auch, weil ihr als Paar die einmalige Chance habt, euch in relativer Ruhe auf das vorzubereiten, was da kommt. Es ist die Zeit, in der ihr die Segel für euer Familienabenteuer gemeinsam setzen und den Kurs bestimmen könnt. Und dafür ist eine offene, ehrliche und liebevolle Kommunikation das A und O.

Die große Planung: Geburt, Orga & das liebe Geld – So werdet ihr zum unschlagbaren Planungs-Duo

Klar, die Schwangerschaft ist die Zeit der wachsenden Vorfreude, des Kugelbauch-Streichelns und der Fantasien darüber, wie euer kleiner Schatz wohl aussehen wird. Aber sie ist eben auch der perfekte Zeitpunkt, um ein paar ganz handfeste und manchmal auch ein bisschen knifflige Dinge gemeinsam unter die Lupe zu nehmen und zu klären. Wenn ihr das jetzt als Team angeht, mit offenen Karten und dem Willen, für beide gute Lösungen zu finden, dann nehmt ihr eine riesige Hypothek an potenziellem Stress und späteren Diskussionen von euren Schultern.

Das große Thema Geburt ist ein gutes Beispiel. Für viele Frauen ist das ein Ereignis, mit dem sie sich schon früh in der Schwangerschaft intensiv beschäftigen. Es könnte sein, dass deine Partnerin schon ganz genaue Vorstellungen hat: Sie hat von einer Freundin gehört, wie toll eine Geburt im Geburtshaus war, oder sie träumt davon, euer Baby in einer Gebärwanne auf die Welt zu bringen. Du wiederum hast vielleicht im Fernsehen mal eine dramatische Klinikgeburt gesehen, die dich eher abgeschreckt hat, oder du fühlst dich bei dem Gedanken an ein Geburtshaus etwas unsicher, weil du die maximale medizinische Sicherheit einer Klinik bevorzugen würdest. Das sind beides absolut nachvollziehbare Positionen. Was jetzt überhaupt nicht hilft, wäre ein abwehrendes „Also Schatz, ein Geburtshaus kommt für mich aber nicht in Frage!“ oder ein genervtes „Müssen wir da jetzt schon drüber reden?“. Damit würdet ihr euch nur in eine Sackgasse manövrieren.

Viel klüger ist es doch, wenn ihr euch zusammensetzt und einen echten Dialog führt. Du könntest anfangen mit: „Liebling, ich merke, das Thema Geburt beschäftigt dich sehr, und du hast da ja auch schon ein paar Ideen. Erzähl doch mal, was dich zum Beispiel an der Vorstellung eines Geburtshauses so reizt. Für mich klingt das erstmal ein bisschen ungewohnt, und ich mache mir vielleicht Sorgen, ob da im Notfall auch alles da ist, was wir brauchen könnten. Aber ich bin total offen, mir das mal genauer anzuschauen und deine Gedanken dazu zu hören." Deine Partnerin könnte dann von ihren Wünschen erzählen, von dem Bedürfnis nach einer möglichst selbstbestimmten, interventionsarmen Geburt in einer persönlichen Atmosphäre. Und du könntest deine Bedenken äußern, deine Bedürfnisse nach Sicherheit. Gemeinsam könntet ihr dann Informationen sammeln, vielleicht ein Geburtshaus besichtigen, mit eurer Hebamme sprechen, die Vor- und Nachteile verschiedener Geburtsorte und -methoden abwägen. Ziel ist es nicht, dass einer den anderen überstimmt, sondern dass ihr zu einer Entscheidung gelangt, die sich für euch beide gut und richtig anfühlt. Denn die Geburt ist ein gemeinsames Erlebnis, bei dem ihr euch als Team stark und verbunden fühlen sollt.

Ein wichtiger Gedanke, der euch bei diesen Gesprächen enorm helfen kann: Macht aus der sogenannten Geburtswunschliste nicht nur einen Katalog von Forderungen, sondern ein gemeinsames Projekt. **„Der Geburtswunsch-Zettel ist euer gemeinsames Drehbuch – schreibt es zusammen!"** Nehmt euch einen gemütlichen Abend Zeit, vielleicht bei einer Tasse Tee, und sprecht ganz offen darüber: Was sind deine, liebe Partnerin, tiefsten Wünsche für diesen besonderen Tag? Welche Atmosphäre brauchst du, um dich sicher und entspannt zu fühlen? Gibt es bestimmte Dinge, die dir Angst machen oder die du unbedingt vermeiden möchtest? Und du, werdender Vater: Wie siehst du deine Rolle vor? Was brauchst du, um eine echte Stütze sein zu können? Welche Fragen hast du vielleicht noch an das medizinische Personal oder zu bestimmten Abläufen? Schreibt all diese Dinge auf, nicht als starres Regelwerk, sondern als eine Art Leitfaden für euch und das Geburtsteam. Dieser Prozess des gemeinsamen Formulierens und Abwägens ist oft viel wertvoller als der Zettel selbst, weil er euch zwingt, euch intensiv miteinander auszutauschen und eure Bedürfnisse zu klären.

Kommen wir zum nächsten großen Planungspunkt: die ganze Organisation rund ums Baby. Von der Erstausstattung, die oft einem Wettrüsten gleicht, über die Frage, wie das Kinderzimmer aussehen soll, bis hin zu den ersten bürokratischen Hürden. Auch hier gibt es jede Menge Potenzial für unterschiedliche Ansichten und damit für Kommunikationsbedarf. Ein häufiges Thema ist die Erstausstattung. Du bist vielleicht eher der pragmatische Typ und denkst, ein solider, gebrauchter Kinderwagen vom Flohmarkt tut es vollkommen. Deine Partnerin hat sich aber vielleicht schon unsterblich in dieses eine, sündhaft teure Modell verliebt, das sie auf Instagram gesehen hat und das „einfach perfekt" wäre. Oder die zukünftigen Großeltern meinen es über alle Maßen gut und stehen plötzlich mit einem kompletten Set an rosa Rüschenstramplern vor der Tür, obwohl ihr euch doch eigentlich geschlechtsneutrale Kleidung gewünscht habt.

In solchen Situationen ist es Gold wert, wenn ihr als Paar eine gemeinsame Linie habt und diese auch kommunizieren könnt. Setzt euch zusammen und überlegt: Was brauchen wir für die erste Zeit mit dem Baby wirklich? Was sind unsere Prioritäten bei den Anschaffungen – ist es der Preis, die Qualität, das Design, die Nachhaltigkeit? Erstellt vielleicht eine gemeinsame Liste, auf der ihr eure „Must-haves" und „Nice-to-haves" festhaltet. Das hilft euch nicht nur, den Überblick zu behalten und das Budget nicht zu sprengen, sondern auch, nach außen hin als Einheit aufzutreten. Wenn die Schwiegermutter dann mit dem zehnten Schnuller ankommt, könnt ihr gemeinsam freundlich sagen: „Das ist unglaublich lieb von dir, Mama, aber wir sind mit Schnullern erstmal super versorgt. Vielleicht könnten wir stattdessen noch eine gute Babytrage gebrauchen?" Ein Kniff, der euch dabei hilft, den Überblick zu wahren und als Team zu agieren: **„Die Babyliste des Herzens (und des Verstandes): So einigt ihr euch auf das, was wirklich zählt – und kommuniziert das auch klar nach außen."** Es geht darum, dass ihr euch als Paar einig seid und eure Entscheidungen gemeinsam trefft und vertretet. Das gibt euch nicht nur Sicherheit, sondern stärkt auch euer Wir-Gefühl.

Und dann ist da noch ein Thema, das in vielen Beziehungen eher ungern angefasst wird, aber gerade jetzt, wo ihr eine Familie gründet, absolut essenziell ist: das liebe Geld. Die Ankunft eines Babys verändert nicht nur euren Alltag, sondern oft auch eure finanzielle Situation. Vielleicht arbeitet einer von euch eine Zeitlang weniger oder gar nicht, es kommen neue Ausgaben für Windeln, Nahrung, Kleidung und vieles mehr hinzu. Das kann, wenn man nicht offen darüber spricht, schnell zu Sorgen oder sogar zu handfestem Streit führen.

Nutzt also die Zeit der Schwangerschaft für einen ehrlichen und gründlichen Finanz-Check-up. Wie sieht eure aktuelle finanzielle Lage aus? Welche Einnahmen habt ihr, welche fixen Ausgaben? Welche zusätzlichen Kosten erwartet ihr durch das Baby? Wie wollt ihr die Elternzeit aufteilen, und welche finanziellen Auswirkungen hat das für euch beide? Vielleicht macht sich deine Partnerin Sorgen, ob das Geld reicht, wenn sie ein Jahr zu Hause bleibt. Vielleicht hast du Bedenken, wie sich eine längere berufliche Pause auf deine Karriere auswirkt, wenn du einen Teil der Elternzeit übernimmst. Das sind alles wichtige und berechtigte Überlegungen.

Eine ungute Dynamik entsteht, wenn ihr dieses Gespräch immer wieder vor euch her schiebt. Die unausgesprochenen Sorgen gären im Verborgenen, und irgendwann, vielleicht wenn das Baby da ist und der Stresspegel sowieso schon hoch ist, kommt es zur Explosion. Viel besser ist es doch, ihr nehmt euch jetzt bewusst Zeit dafür. Du könntest sagen: „Schatz, lass uns doch mal ganz in Ruhe darüber sprechen, wie wir uns das finanziell vorstellen, wenn das Baby da ist. Ich hab da ein paar Gedanken und vielleicht auch ein paar Sorgen, und ich würde gerne wissen, wie es dir damit geht." Dann legt ihr alles auf den Tisch: Eure Einkommenssituation, eure Sparpläne, eure Vorstellungen von Elterngeld und Elternzeit. Informiert euch gemeinsam über die verschiedenen staatlichen Unterstützungsmöglichkeiten. Rechnet verschiedene Szenarien durch. Vielleicht stellt ihr fest, dass eure Sorgen unbegründet sind, oder ihr findet gemeinsam Lösungen, wie ihr euer Budget an die neue Situation anpassen könnt. Ein guter Weg, um dieses manchmal etwas sperrige Thema anzugehen und es sogar zu einem positiven Paar-Erlebnis zu machen: Macht ein „Finanz-Date" daraus! Sucht euch einen Abend aus, an dem ihr ungestört seid, kocht euch etwas Leckeres (oder bestellt eure Lieblingspizza), vielleicht ein Glas alkoholfreien Sekt für die werdende Mama, und sprecht in entspannter Atmosphäre über eure gemeinsamen finanziellen Pläne und Ziele. **„Das Finanz-Date: Offene Karten für eine entspannte Familienkasse“** – das ist euer Weg, um finanzielle Klarheit zu schaffen, Sicherheit zu gewinnen und das Thema Geld von einem potenziellen Stressfaktor zu einem gemeinsamen Projekt zu machen, das euch als Team noch enger zusammenschweißt.

Herzenssachen – Erwartungen, Ängste und das große Gefühls-Update als Paar

Neben all diesen eher praktischen Planungsaspekten ist die Schwangerschaft aber vor allem auch eine Zeit der tiefen emotionalen Veränderungen und der inneren Vorbereitung auf eine völlig neue Rolle im Leben. Jeder von euch trägt ein ganzes Bündel an Erwartungen, Hoffnungen, Träumen, aber vielleicht auch an Unsicherheiten und Ängsten in sich. Und genau hier ist eine offene und einfühlsame Kommunikation nicht nur hilfreich, sondern der absolute Schlüssel, um euch gegenseitig auf dieser intensiven Reise zu begleiten und als Paar noch stärker zu werden.

Es lohnt sich, einmal darüber nachzudenken: Welche Bilder hast du im Kopf, wenn du an deine Rolle als Vater denkst? Siehst du dich als den besten Kumpel deines Kindes, der mit ihm durch dick und dünn geht? Als den geduldigen Erklärbären, der ihm die Welt zeigt? Oder vielleicht auch als den Fels in der Brandung, der seiner Familie Sicherheit und Halt gibt? All das sind wundervolle Vorstellungen. Und deine Partnerin? Sie hat sicherlich ähnliche Bilder von sich als Mutter im Kopf. Das Problem ist nur: Manchmal sind diese inneren Bilder und Erwartungen nicht nur sehr individuell, sondern auch unausgesprochen. Und dann kann es passieren, dass die Realität des Elternseins diese Bilder plötzlich ziemlich durcheinanderwirbelt.

Eine mögliche Erwartungshaltung könnte sein, dass du davon ausgehst, deine Partnerin würde nach der Geburt eures Kindes vor Mutterglück nur so strahlt und alles rund ums Baby quasi mit links und einem Lächeln auf den Lippen meistert – weil Mütter das eben so machen, oder? Wenn sie dann aber vielleicht mit dem Baby-Blues kämpft, sich unsicher und erschöpft fühlt, könntest du unbewusst enttäuscht oder irritiert reagieren, einfach weil deine Erwartung eine andere war. Oder umgekehrt: Deine Partnerin erwartet vielleicht, dass du von der ersten Sekunde an voller Begeisterung Windeln wechselst und Nachtschichten übernimmst. Wenn du dich aber erstmal etwas unbeholfen fühlst mit dem kleinen, zerbrechlich wirkenden Wesen, könnte das bei ihr zu Frustration führen.

Deshalb ist es so unglaublich wichtig, dass ihr schon während der Schwangerschaft miteinander über diese oft unbewussten Erwartungen sprecht. Was erhofft ihr euch von der Zeit mit dem Baby? Wie stellt ihr euch den Alltag vor? Welche Wünsche habt ihr an euch selbst als Mutter und Vater, aber auch an den Partner? Ein guter Gedanke hierzu, um diesen wichtigen Dialog anzustoßen: **„Das Elternrollen-Wunschkonzert: Sprecht über eure geheimen Drehbücher!“** Es geht nicht darum, dem anderen Vorschriften zu machen oder ihn in eine bestimmte Rolle zu drängen. Sondern darum, neugierig aufeinander zu sein, die inneren Landkarten abzugleichen und ein gemeinsames Verständnis dafür zu entwickeln, wie ihr diese neue Lebensphase als Team gestalten wollt. Das schafft nicht nur Klarheit, sondern auch eine tiefe emotionale Verbindung und beugt späteren Missverständnissen und Enttäuschungen vor.

Und dann sind da noch die Ängste. Ja, auch die dürfen und sollen ihren Platz haben in euren Gesprächen. Vater zu werden ist ein riesiges Abenteuer, und es ist völlig normal, wenn sich da neben all der Vorfreude auch mal ein mulmiges Gefühl oder die eine oder andere Sorge einschleicht. Vielleicht machst du dir Gedanken darüber, ob du der Verantwortung gewachsen bist. Ob du ein guter Vater sein wirst. Ob eure Beziehung sich verändern wird. Ob ihr das alles finanziell schafft. Ob du bei der Geburt die richtige Unterstützung für deine Partnerin sein kannst oder ob du vielleicht sogar selbst die Nerven verlierst. Und deine Partnerin? Sie kämpft vielleicht mit Ängsten vor den Schmerzen der Geburt, vor den körperlichen Veränderungen, vor der Überforderung durch ein schreiendes Baby, vor dem Verlust ihrer beruflichen Identität oder davor, den Erwartungen an eine „perfekte Mutter" nicht gerecht zu werden.

Diese Ängste sind wie kleine Schatten, die umso größer werden, je mehr man versucht, sie zu ignorieren oder wegzudrücken. Der beste Weg, mit ihnen umzugehen, ist, sie ans Licht zu holen und sie miteinander zu teilen. Eine Sorge, die dich vielleicht schon wochenlang begleitet und dir den Schlaf raubt, könnte sich leichter anfühlen, wenn du sie teilst. Wenn du dann den Mut fasst, dich deiner Partnerin anzuvertrauen, und merkst, dass sie dich versteht, dass sie deine Ängste ernst nimmt und vielleicht sogar ähnliche Befürchtungen hat, dann fällt oft eine riesige Last von deinen Schultern. Allein das Aussprechen kann schon unglaublich befreiend wirken. Und gemeinsam könnt ihr dann überlegen, was euch helfen könnte, diesen Ängsten zu begegnen. Vielleicht sind es weitere Informationen, Gespräche mit anderen Eltern, der Besuch eines Geburtsvorbereitungskurses oder einfach nur die liebevolle Bestätigung des Partners: „Wir schaffen das zusammen!" Was sich oft bewährt hat, um diesen wichtigen Schritt zu wagen: **„Eure gemeinsame Angst-Inventur: Aussprechen, was drückt, und gemeinsam leichter werden."** Schafft euch bewusst einen geschützten Rahmen, vielleicht bei einem Spaziergang oder einem gemütlichen Abend zu Hause, in dem ihr euch gegenseitig erzählt, was euch gerade am meisten beschäftigt oder vielleicht auch ein bisschen Angst macht. Ihr werdet merken: Geteilte Sorge ist wirklich oft halbe Sorge, und das Vertrauen, das durch solche offenen Gespräche wächst, ist ein unbezahlbarer Schatz für eure Beziehung.

Vergesst bei all dem nicht, dass die Schwangerschaft auch eine wunderbare Zeit ist, um eure Partnerschaft ganz bewusst zu pflegen. Genießt die Zeit zu zweit, bevor der kleine Wirbelwind euren Alltag auf den Kopf stellt. Sprecht darüber, was euch als Paar ausmacht, was ihr aneinander liebt und wie ihr diese Liebe auch in der turbulenten Babyzeit lebendig halten könnt. Welche kleinen Rituale sind euch wichtig? Wie könnt ihr euch auch mit Baby im Arm noch als Mann und Frau wahrnehmen und nicht nur als Mama und Papa? Das sind wichtige Weichenstellungen für eine erfüllte und glückliche Zukunft als Familie.

Praxis-Zone Geburt – Eure gemeinsame Stimme im Kreißsaal

Der Moment ist gekommen, die Wehen setzen ein, die Aufregung erreicht ihren Höhepunkt. Die Geburt eures Kindes ist ein archaisches, kraftvolles und emotional überwältigendes Ereignis. Für deine Partnerin bedeutet es, an ihre körperlichen und seelischen Grenzen zu gehen und darüber hinauszuwachsen. Und du bist jetzt in einer der wichtigsten Rollen deines Lebens: Du bist ihr Fels in der Brandung, ihr emotionaler Anker, ihr unermüdlicher Unterstützer und, ganz entscheidend, ihre Stimme, wenn sie ihre eigene vielleicht gerade nicht erheben kann. Deine Fähigkeit, klar, ruhig und einfühlsam zu kommunizieren – sowohl mit deiner Partnerin als auch mit dem medizinischen Team – kann den Unterschied machen zwischen einem Geburtserlebnis, das als chaotisch und fremdbestimmt empfunden wird, und einem, das als selbstbestimmt, positiv und stärkend in Erinnerung bleibt.

Im Dialog mit den Profis – So versteht und vertretet ihr eure Wünsche

Im Kreißsaal seid ihr umgeben von Fachleuten: Hebammen, Ärztinnen und Ärzte, die euch mit ihrer Expertise zur Seite stehen. Eine vertrauensvolle und klare Kommunikation mit diesem Team ist das A und O. Auch wenn du selbst vielleicht nervös bist oder dich in der ungewohnten Umgebung etwas unsicher fühlst, ist es wichtig, dass du dich als aktiven Teil des Geschehens verstehst. Trau dich, Fragen zu stellen! Wenn ein Arzt einen Fachbegriff verwendet, den du nicht verstehst, oder wenn eine Hebamme eine Maßnahme vorschlägt, deren Sinn sich dir nicht sofort erschließt, dann bitte um eine Erklärung. Ein einfaches „Entschuldigen Sie, könnten Sie uns das bitte noch einmal für Laien erklären?“ oder „Was genau bedeutet das jetzt für meine Frau und das Baby?“ ist absolut angebracht und zeigt nur, dass du verantwortungsbewusst handelst.

Im Kreißsaal kann es vorkommen, dass der Geburtsverlauf sich etwas verlangsamt, und die diensthabende Ärztin spricht von der Möglichkeit, die Wehen mit einem Tropf zu verstärken. Deine Partnerin ist gerade tief in einer Wehe und bekommt das vielleicht nur am Rande mit oder ist zu erschöpft, um darauf adäquat zu reagieren. Jetzt bist du gefragt. Du könntest als erstes versuchen, Blickkontakt mit deiner Partnerin herzustellen und ihr signalisieren, dass eine Entscheidung ansteht. Dann wendest du dich an die Ärztin: „Frau Doktor, meine Frau und ich hatten uns eigentlich eine möglichst interventionsarme Geburt gewünscht. Könnten Sie uns bitte erläutern, warum Sie den Wehentropf jetzt für notwendig halten, welche Vorteile er bringen würde und ob es vielleicht auch Alternativen oder noch etwas Zeit gäbe, abzuwarten?“ Durch solche Fragen schaffst du Raum für eine informierte Entscheidung, an der deine Partnerin, soweit es ihr möglich ist, beteiligt wird. Du agierst als ihr Sprachrohr und als Vermittler zwischen ihr und dem medizinischen Team. Ein guter Ratschlag für diese oft herausfordernden Kommunikationssituationen im Kreißsaal: **„Der Kreißsaal-Dolmetscher: So übersetzt du Fachchinesisch und stellst die richtigen Fragen für euch als Team.“** Es ist hilfreich, wenn ihr schon vorher besprochen habt, wie du in solchen Momenten für sie agieren sollst und welche Fragen oder Informationen ihr wichtig sind.

Die Fürsprecherrolle – Mehr als nur Händchenhalten

Es wird Phasen während der Geburt geben, da ist deine Partnerin so sehr mit der Wehenarbeit, mit Schmerz und Erschöpfung beschäftigt, dass sie ihre Wünsche und Bedürfnisse nicht mehr klar und deutlich äußern kann. In diesen Momenten bist du ihr wichtigster Anwalt, derjenige, der ihre Stimme erhebt und dafür sorgt, dass ihre im Geburtsplan festgehaltenen Vorstellungen so weit wie möglich respektiert werden. Das bedeutet nicht, dass du dich wie ein unnachgiebiger Terrier in jedes Detail verbeißen und jegliche medizinische Notwendigkeit ignorieren sollst. Es geht vielmehr darum, eine Balance zu finden: die Wünsche deiner Partnerin im Herzen zu tragen und sie immer dann ins Spiel zu bringen, wenn es angebracht ist, gleichzeitig aber auch offen und vertrauensvoll mit dem medizinischen Personal zusammenzuarbeiten.

Angenommen, ihr hattet im Geburtsplan notiert, dass deine Partnerin gerne verschiedene Geburtspositionen ausprobieren möchte, aber im Laufe der Geburt wird sie immer passiver und bleibt nur noch auf dem Rücken liegen. Dann kannst du sie vielleicht sanft ermutigen: „Schatz, erinnerst du dich, wir wollten doch mal die Seitenlage oder den Vierfüßlerstand probieren? Hättest du Lust, das jetzt zu versuchen? Ich helfe dir dabei." Oder das Licht im Kreißsaal ist grell und ungemütlich, obwohl sie sich eine gedämpfte Atmosphäre gewünscht hat. Ein freundliches Nachfragen bei der Hebamme, ob man das Licht etwas dimmen könnte, kann oft schon viel bewirken. Es könnte auch zu einer unerwarteten Wendung kommen, vielleicht wird ein Kaiserschnitt notwendig. Auch wenn das nicht euer Wunschszenario war, kannst du deine Partnerin unterstützen, indem du sicherstellst, dass sie alle Informationen bekommt, die sie für eine Entscheidung braucht, dass ihre Fragen beantwortet werden und dass sie sich auch in dieser Situation so weit wie möglich respektiert und ernst genommen fühlt. Du bist derjenige, der ihre Hand hält, ihr Mut zuspricht, aber eben auch derjenige, der für ihre Rechte und Wünsche eintritt. Ein Gedanke, der deine Rolle als Fels in der Brandung unterstreicht: **„Bodyguard der Bedürfnisse: So wirst du zur wichtigsten Stimme deiner Partnerin, wenn sie ihre eigene gerade nicht findet."** Deine ruhige, besonnene und gleichzeitig klare Kommunikation kann für deine Partnerin in diesen intensiven Stunden eine unschätzbare Hilfe sein und maßgeblich dazu beitragen, dass sie die Geburt trotz aller Anstrengungen als ein positives und selbstbestimmtes Erlebnis in Erinnerung behält.

Praxis-Zone Erstes Jahr – Euer Familien-Management als eingespieltes Team

Der kleine Erdenbürger ist da, die Welt steht Kopf, und ein völlig neuer, aufregender, manchmal chaotischer, aber vor allem wunderschöner Alltag beginnt. Herzlichen Glückwunsch, du bist jetzt Papa! Die ersten zwölf Monate mit eurem Baby sind eine Zeit der Wunder, des Lernens, des Staunens – und eine Zeit, die eure Partnerschaft und eure Kommunikationsfähigkeiten auf eine ganz neue Ebene hebt. Denn jetzt geht es darum, den Alltag mit all seinen kleinen und großen Herausforderungen als echtes Team zu wuppen,

Entscheidungen zu treffen, Verantwortung zu teilen und dabei die Liebe und Freude nicht zu kurz kommen zu lassen.

Das ABC des Elternseins – Gemeinsame Regeln, faire Aufgaben, starker Konsens

Mit einem Baby im Haus tauchen plötzlich unzählige Fragen auf, die vorher vielleicht gar kein Thema waren. Wie oft und wie lange sollte das Baby schlafen? Ist es okay, es auch mal kurz schreien zu lassen, oder muss man bei jedem Pieps sofort springen? Wann ist der richtige Zeitpunkt für den ersten Brei? Und wie um Himmels willen beruhigt man ein untröstlich weinendes Bündel Mensch am besten? In all diesen Fragen ist es Gold wert, wenn ihr als Eltern versucht, eine gemeinsame Linie zu finden oder zumindest einen Weg, wie ihr zu Entscheidungen kommt, die für euch beide und euer Kind passen.

Eine typische Situation im ersten Jahr mit Baby könnte das Thema Schlafen sein. Vielleicht ist euer Baby ein paar Monate alt, und das Zubettgehen wird zum abendlichen Diskussionspunkt. Du hast vielleicht gelesen, dass es gut für die Selbstständigkeit des Kindes ist, wenn es früh lernt, im eigenen Bettchen einzuschlafen. Deine Partnerin hingegen bevorzugt das Familienbett, weil sie das Gefühl hat, das Baby so nachts schneller beruhigen und besser auf seine Bedürfnisse eingehen zu können. Das sind zwei unterschiedliche, aber durchaus plausible Ansätze. Was jetzt passiert, wenn ihr nicht darüber sprecht? Vielleicht versucht jeder, seine Methode durchzusetzen, es kommt zu unterschwelligen Spannungen, und das Baby spürt die Unsicherheit.

Der bessere Weg ist ein offenes Gespräch. Setzt euch zusammen, wenn das Baby schläft und ihr einen ruhigen Moment habt. Jeder erklärt seine Sichtweise: „Ich mache mir Sorgen, dass das Baby sich zu sehr daran gewöhnt, bei uns zu schlafen, und wir es dann später schwer haben." – „Ich habe das Gefühl, es braucht meine Nähe, um gut schlafen zu können, und ich bin dann auch entspannter." Dann tauscht ihr euch über die jeweiligen Vor- und Nachteile aus, lest vielleicht gemeinsam noch einmal etwas zu dem Thema oder fragt eure Hebamme oder den Kinderarzt um Rat. Wichtig ist nicht, dass ihr am Ende die „einzig richtige" Lösung findet – die gibt es meistens sowieso nicht – sondern dass ihr einen Kompromiss erarbeitet, mit dem ihr euch beide für den Moment wohlfühlt und den ihr als Team tragt. Vielleicht einigt ihr euch darauf, es erstmal mit dem Beistellbettchen zu versuchen, oder ihr entscheidet euch für das Familienbett, vereinbart aber, das Thema in ein paar Monaten noch einmal neu zu bewerten. Eine wichtige Erkenntnis, die euch hilft, bei solchen Erziehungsfragen einen gemeinsamen Weg zu finden: **„Euer Familien-Kompass: So entwickelt ihr Erziehungsleitplanken, die euch beiden Sicherheit geben und die ihr auch nach außen gemeinsam vertretet."** Das gilt übrigens auch für die vielen gut gemeinten Ratschläge, die von allen Seiten auf euch einprasseln werden – von den eigenen Eltern, von Freunden, aus dem Internet. Hört sie euch an, bedankt euch freundlich, aber trefft eure Entscheidungen als Paar, als das Expertenteam für euer eigenes Kind.

Ein absoluter Dauerbrenner im ersten Babyjahr – und oft auch darüber hinaus – ist das Thema Aufgabenverteilung. Plötzlich gibt es gefühlt tausend neue Dinge zu erledigen:

Windeln im Akkord wechseln, Fläschchen zubereiten oder die stillende Mama versorgen, Babywäsche waschen, das Kind stundenlang herumtragen, um es zu beruhigen, den Haushalt irgendwie am Laufen halten und nebenbei vielleicht auch noch versuchen, ein paar Stunden Schlaf zu erwischen. Wenn hier nicht klar kommuniziert und fair geteilt wird, ist Frust vorprogrammiert.

Eine ganz häufige Falle ist der sogenannte „Mental Load", der meistens bei den Müttern landet. Das bedeutet, dass sie nicht nur viele der praktischen Aufgaben übernehmen, sondern auch ständig an alles denken müssen: Wann ist der nächste Impftermin? Sind noch genug Windeln da? Was kochen wir heute Abend? Welche Rechnungen müssen bezahlt werden? Diese unsichtbare Denkarbeit kann unglaublich anstrengend sein. Und manchmal tragen wir Männer, oft ganz unbewusst, dazu bei, dass diese Schieflage entsteht. Vielleicht, weil wir uns bestimmte Aufgaben nicht zutrauen („Du kannst das Baby viel besser beruhigen!"), oder weil wir einfach nicht sehen, was alles getan werden muss, oder weil wir warten, bis wir explizit um etwas gebeten werden.

Eine andere Falle ist das sogenannte „Gatekeeping", und das kann von beiden Seiten kommen. Vielleicht ist es die Mama, die (oft aus einem Perfektionsanspruch oder Unsicherheit heraus) jede Handlung des Vaters kritisch beäugt und korrigiert: „Nein, die Windel sitzt schief!", „Du hältst das Baby falsch!", „Lass mich das lieber machen, das geht schneller." Das Ergebnis? Der Vater fühlt sich entmutigt, inkompetent und zieht sich zurück. Oder es ist der Vater, der bestimmte Bereiche komplett an sich reißt und die Mutter nicht mehr teilhaben lässt, vielleicht bei der Finanzplanung oder bei handwerklichen Dingen rund ums Kind.

Wie kommt ihr aus diesem Dilemma heraus? Nur durch radikal ehrliche und regelmäßige Kommunikation! Setzt euch hin und sprecht darüber, wie ihr euch die Aufgabenverteilung vorstellt. Ein guter Ansatz, der hier wahre Wunder wirken kann, ist: **„Das Familien-Organigramm für Gleichberechtigung: Wer macht was – und wer denkt an was?"** Nehmt euch wirklich mal ein großes Blatt Papier und schreibt alle, aber auch wirklich alle Aufgaben auf, die im Alltag mit Baby und Haushalt anfallen – von den offensichtlichen Dingen wie Füttern und Wickeln bis hin zu den unsichtbaren Planungs- und Organisationsaufgaben. Ihr werdet überrascht sein, wie lang diese Liste wird! Und dann überlegt gemeinsam: Wer kann und möchte welche Aufgaben übernehmen? Wie könnt ihr euch gegenseitig entlasten? Wie könnt ihr sicherstellen, dass nicht einer von euch ständig das Gefühl hat, die Hauptverantwortung zu tragen? Es geht nicht darum, eine exakte 50/50-Aufteilung für jede einzelne Aufgabe zu finden, das ist oft unrealistisch. Aber es geht darum, ein System zu entwickeln, das sich für euch beide fair anfühlt und das euch als Team stärkt. Sprecht auch darüber, wie ihr euch gegenseitig Feedback gebt. Statt zu kritisieren, könnt ihr Wünsche äußern: „Ich würde mir wünschen, dass du heute Abend das Baby ins Bett bringst, damit ich mal ein langes Bad nehmen kann." Und ganz wichtig: Vertraut einander! Wenn deine Partnerin dir das Baby anvertraut, dann sei dir sicher, dass du das schaffst. Und wenn du eine Aufgabe übernimmst, dann versuche, sie eigenständig und nach bestem Wissen und Gewissen zu erledigen, ohne bei jedem Schritt nachzufragen. Das stärkt dein Selbstvertrauen und entlastet deine Partnerin.

Wenn's kracht, dann konstruktiv – Eure Streitkultur für stürmische Zeiten

Mal ganz unter uns: Es wird Momente geben, da liegen die Nerven blank. Schlafmangel ist eine anerkannte Foltermethode, ein schreiendes Baby kann auch die geduldigsten Eltern an den Rand des Wahnsinns treiben, und die riesige Umstellung im Alltag tut ihr Übriges. In solchen Phasen reicht oft eine winzige Kleinigkeit, ein unbedachtes Wort, eine vergessene Aufgabe, und schon kracht es gewaltig. Streit gehört zu jeder Beziehung dazu, auch und gerade in der intensiven Zeit des Elternwerdens und -seins. Die entscheidende Frage ist nicht, *ob* ihr streitet, sondern *wie* ihr streitet und, noch wichtiger, wie ihr danach wieder zueinander findet.

Viele junge Eltern kennen diese typischen Nächte: Das Baby ist unruhig, wacht ständig auf, du und deine Partnerin seid beide völlig übermüdet. Du murmelst vielleicht im Halbschlaf etwas wie: „Kannst du nicht mal...?" und deine Partnerin, die vielleicht schon seit Stunden wach ist und versucht, das Baby zu beruhigen, fühlt sich sofort angegriffen und missverstanden. Die Folge: laute Worte, Tränen, Türenknallen. Am nächsten Morgen fühlen sich beide schlecht, aber keiner weiß so recht, wie er aus der Nummer wieder rauskommt.

Was könnt ihr tun, um solche Eskalationen zu vermeiden oder zumindest konstruktiver damit umzugehen? Zunächst einmal: Akzeptiert, dass ihr beide unter Strom steht und eure Zündschnur kürzer ist als sonst. Versucht, auch im größten Ärger fair zu bleiben und auf verletzende Verallgemeinerungen („Immer musst du...!", „Nie hilfst du mir...!") zu verzichten. Die Zauberformel heißt auch hier: Ich-Botschaften. Statt deinem Partner Vorwürfe zu machen, beschreibe, wie du dich fühlst und was du dir wünschst: „Ich bin gerade total erschöpft und fühle mich hilflos, weil das Baby nicht aufhört zu weinen. Ich würde mir wünschen, dass wir uns jetzt abwechseln, damit jeder mal kurz durchatmen kann." Das ist ein riesiger Unterschied zu einem anklagenden „Warum kümmerst du dich nicht endlich mal?".

Wenn ihr merkt, dass ein Gespräch hitzig wird und ihr nur noch im Angriffs- oder Verteidigungsmodus seid, dann vereinbart ein klares „Time-out"-Signal. Das kann ein bestimmtes Wort sein oder eine Geste. Es bedeutet: „Stopp, wir unterbrechen das jetzt, bevor es komplett eskaliert. Wir reden später darüber, wenn wir uns beide etwas beruhigt haben." Das ist kein Davonlaufen, sondern ein Akt der Selbstbeherrschung und des Respekts voreinander. Und wenn ihr euch dann wieder etwas gesammelt habt, dann sprecht in Ruhe über den Konflikt. Was genau hat den Streit ausgelöst? Wie habt ihr euch dabei gefühlt? Was könnt ihr daraus lernen, um es beim nächsten Mal besser zu machen? Ein hilfreicher Gedanke für eine gesunde Streitkultur, auch wenn die Nächte kurz sind: **„Eure Paar-Friedenspfeife: So löst ihr Konflikte, ohne dass die Fetzen fliegen (oder zumindest nicht lange und nicht nachhaltig)."** Vielleicht entwickelt ihr sogar ein kleines Versöhnungsritual, das euch hilft, nach einem Streit wieder aufeinander zuzugehen – eine feste Umarmung, ein gemeinsames Lied, das euch verbindet, oder einfach nur die ehrliche Entschuldigung und das Eingeständnis, dass man vielleicht überreagiert hat. Wichtig ist, dass ihr lernt, Konflikte als Chance zu sehen, eure Beziehung zu vertiefen und eure Kommunikation weiterzuentwickeln.

Mehr als nur Mama und Papa – So bleibt ihr auch ein Liebespaar

Im Strudel des Babyalltags, zwischen Windelbergen, Fütterungszeiten und schlaflosen Nächten, kann es schnell passieren, dass man sich als Paar ein wenig aus den Augen verliert. Plötzlich dreht sich alles nur noch um das kleine neue Familienmitglied, und die Bedürfnisse der Partnerschaft rücken in den Hintergrund. Die Gespräche kreisen fast ausschließlich um Babys Verdauung oder seinen Schlaf-Wach-Rhythmus, Zärtlichkeiten werden seltener, und für romantische Stunden zu zweit scheint einfach keine Zeit und keine Energie mehr da zu sein. Das ist eine ganz normale Entwicklung, aber eine, der ihr aktiv entgegensteuern könnt und solltet. Denn eine lebendige, liebevolle Paarbeziehung ist nicht nur für euch als Individuen wichtig, sondern auch das beste und stabilste Fundament für euer Glück als Familie.

Es geht jetzt nicht darum, dass ihr von heute auf morgen wieder so leben müsst wie vor der Geburt eures Kindes – das wäre unrealistisch und auch gar nicht wünschenswert. Aber es geht darum, ganz bewusst kleine Inseln der Zweisamkeit in euren neuen Alltag einzubauen. Das müssen keine stundenlangen Unternehmungen sein. Oft sind es die kleinen, regelmäßigen Momente, die den Unterschied machen. Vielleicht nehmt ihr euch jeden Abend, wenn das Baby endlich schläft, zwanzig Minuten Zeit, um bei einer Tasse Tee (oder einem wohlverdienten Feierabendbier für dich) ganz bewusst miteinander zu reden – und zwar nicht nur über Organisatorisches, sondern darüber, wie es euch geht, was euch bewegt, was ihr am Tag Schönes erlebt habt. Vielleicht etabliert ihr ein gemeinsames Sonntagsfrühstück, bei dem das Telefon ausgeschaltet bleibt und ihr euch ungestört austauschen könnt, während das Baby zufrieden im Laufstall spielt oder im Tragetuch schlummert. Oder ihr schafft es, alle paar Wochen mal einen Babysitter zu engagieren – die Großeltern, eine gute Freundin, einen professionellen Dienst – und gönnt euch einen Abend nur für euch, sei es für einen Restaurantbesuch, einen Kinofilm oder einfach nur einen langen Spaziergang Hand in Hand.

Eine gute Methode, um diese wertvollen Momente nicht zu vergessen und kreativ zu werden: **„Die Schatztruhe der Zweisamkeit: Sammelt Momente, nicht nur Babysocken."** Was das bedeutet? Schreibt jeder für sich auf kleine Zettel, welche kleinen Dinge oder Unternehmungen ihm als Paar Freude machen würden – das kann ein gemeinsames Bad sein, eine Massage, zusammen ein Buch lesen, ein Spiel spielen, ein Lieblingsessen kochen. Diese Zettel kommen in eine gemeinsame „Schatztruhe" (eine schöne Dose oder Kiste tut's auch), und immer, wenn ihr das Bedürfnis nach Paarzeit habt oder einfach mal wieder eine kleine Freude braucht, zieht ihr einen Zettel und versucht, diesen Wunsch gemeinsam umzusetzen. Das bringt nicht nur Abwechslung, sondern sorgt auch dafür, dass die Bedürfnisse beider Partner berücksichtigt werden.

Und dann ist da natürlich noch das Thema körperliche Nähe und Sexualität. Auch das ist ein Bereich, der sich mit der Ankunft eines Babys oft stark verändert. Die Geburt selbst ist ein massiver körperlicher Einschnitt für deine Partnerin. Hormonelle Umstellungen, Müdigkeit, vielleicht auch Schmerzen oder Unsicherheiten bezüglich des eigenen Körpers können die Lust auf Sex beeinflussen. Und auch du als frischgebackener Papa bist vielleicht oft einfach nur k.o. oder hast Sorge, deine Partnerin zu bedrängen. Das Wichtigste ist auch hier: Sprecht miteinander! Und zwar offen, ehrlich und ohne Vorwürfe.

Es kann vorkommen, dass du die körperliche Nähe zu deiner Partnerin vermisst, dich aber nicht traust, es anzusprechen, aus Angst, sie unter Druck zu setzen. Sie wiederum fühlt sich vielleicht gerade gar nicht nach Sex, hat aber ein schlechtes Gewissen deswegen. So entsteht eine Spirale des Schweigens und der Missverständnisse. Viel besser ist es, wenn ihr einen Weg findet, über eure Wünsche, Bedürfnisse, aber auch über eure Grenzen und Unsicherheiten zu sprechen. Du könntest sagen: „Schatz, ich merke, dass wir im Moment weniger körperlich intim sind, und manchmal fehlt mir das. Ich verstehe total, dass du nach der Geburt und mit dem Baby viel um die Ohren hast und vielleicht einfach müde bist. Aber ich wollte dir sagen, dass ich dich liebe und begehre, und vielleicht finden wir ja auch andere Wege, uns nah zu sein?“ So ein Gespräch öffnet Türen. Vielleicht entdeckt ihr, dass Streicheln, Kuscheln, eine liebevolle Massage oder einfach nur eng umschlungen auf dem Sofa zu liegen, im Moment viel wichtiger und erfüllender für euch beide ist als der „große Akt“. Es geht darum, den Druck rauszunehmen und Intimität in all ihren Facetten wertzuschätzen. Ein wichtiger Hinweis für diesen oft sensiblen Bereich eurer Beziehung: **„Der Liebes-Talk für Fortgeschrittene: So sprecht ihr ehrlich über eure Wünsche und Bedürfnisse im Schlafzimmer (und außerhalb), ohne dass es peinlich wird.“** Wichtig ist, dass ihr im Gespräch bleibt, verständnisvoll füreinander seid und gemeinsam herausfindet, was sich für euch als Paar in dieser neuen Lebensphase gut und richtig anfühlt. Denn kleine Zärtlichkeiten, liebevolle Blicke, ein anerkennendes Wort für das, was der andere täglich leistet – all das sind wichtige Bausteine, die eure Liebe und Verbundenheit nähren und euch als Paar stark machen.

Warum euer Teamgeist Gold wert ist (für euch und euer Kind!)

Du hast es wahrscheinlich schon gemerkt: Eine funktionierende Kommunikation und eine gelebte Partnerschaft, in der ihr euch als echtes Team versteht, sind keine „Soft Skills“, die man mal eben so nebenbei mitnimmt. Sie sind das knallharte Fundament für euer Glück als Familie. Und das hat auch handfeste psychologische Gründe. Wenn du als Mann das Gefühl hast, dass deine Meinung zählt, dass du in Entscheidungen einbezogen wirst, dass deine Partnerin dir vertraut und ihr gemeinsam an einem Strang zieht, dann wächst dein Selbstvertrauen in deine Vaterrolle enorm. Du fühlst dich nicht als das fünfte Rad am Wagen oder als derjenige, der nur Anweisungen ausführt, sondern als kompetenter, wichtiger und unverzichtbarer Teil des Teams. Dieses Gefühl der Selbstwirksamkeit – „Ich kann das, ich werde gebraucht, wir schaffen das zusammen!“ – ist ein unglaublich starker Motor für dein Engagement und deine Freude am Vatersein. Es motiviert dich, dich noch mehr einzubringen, Verantwortung zu übernehmen und die Zeit mit deiner Familie aktiv und liebevoll zu gestalten. So entsteht eine positive Aufwärtsspirale: Eure gute Kommunikation stärkt euer Teamgefühl, euer Teamgefühl stärkt dein väterliches Selbstbewusstsein, und dein gestärktes Selbstbewusstsein wirkt sich wiederum positiv auf eure Kommunikation und die gesamte Familienatmosphäre aus.

Und was bedeutet das für euer Kind? Nun, Kinder sind wie kleine Seismografen. Sie haben unglaublich feine Antennen für die Stimmungen und Schwingungen in ihrer Familie. Wenn ein Kind erlebt, dass seine Eltern liebevoll, respektvoll und wertschätzend miteinander umgehen, dass sie Konflikte fair lösen und sich gegenseitig unterstützen, dann gibt ihm das ein tiefes, unerschütterliches Gefühl von Sicherheit, Geborgenheit und emotionaler Stabilität. Es lernt sozusagen am lebenden Beispiel, wie gute Beziehungen funktionieren, wie man mit Gefühlen umgeht und wie man Probleme gemeinsam meistert. Diese frühen Erfahrungen prägen sein eigenes Beziehungsverhalten und sein Selbstwertgefühl nachhaltig. Experten für kindliche Entwicklung sind sich einig: Eine stabile, liebevolle und von gegenseitigem Respekt geprägte Beziehung der Eltern ist einer der wichtigsten Schutzfaktoren für eine gesunde psychische und emotionale Entwicklung von Kindern.

Denk also immer daran: Eure Kommunikation ist weit mehr als nur der Austausch von Worten. Sie ist das Fundament, auf dem euer gesamtes Familienhaus gebaut ist. Sie ist das Öl im Getriebe, das dafür sorgt, dass euer Alltag auch in turbulenten Zeiten einigermaßen rund läuft. Sie ist der Kompass, der euch hilft, auch bei Nebel und Sturm den richtigen Kurs zu halten. Und sie ist die Quelle unzähliger kleiner und großer Glücksmomente, die eure Verbindung zueinander immer tiefer und stärker machen. Deshalb hier noch ein abschließender Gedanke für dieses Kapitel, den du dir wirklich zu Herzen nehmen solltest: **„Eure Gespräche sind die Superkraft eurer Familie – setzt sie weise, liebevoll und mutig ein, jeden einzelnen Tag aufs Neue!“** Es ist eine Fähigkeit, die ihr gemeinsam entwickeln und pflegen könnt, eine Fähigkeit, die euch nicht nur durch das erste Jahr mit eurem Baby tragen wird, sondern die euch ein Leben lang als starkes, glückliches und unzertrennliches Team verbinden wird. Und das ist doch ein ziemlich großartiges Ziel, oder?

Fähigkeit 3: Praktische Kompetenz & Alltagsmanagement

Jetzt wird's aber mal so richtig handfest! Nachdem die emotionale und kommunikative Seite beleuchtet wurde, geht es nun an die ganz praktischen Dinge des Papa-Alltags. Es ist der Bereich, in dem du zeigen kannst, was für ein Anpacker in dir steckt und wie du die täglichen Herausforderungen mit einem Baby souverän meisterst. Keine Sorge, das hier ist kein Lehrgang für Fortgeschrittene, sondern eine Starthilfe, die dir zeigt, dass Wickeln, Füttern und der ganze Organisationskram keine unüberwindbaren Hürden sind. Im Gegenteil: Wenn du hier erstmal eine gewisse Routine entwickelt hast, gibt dir das nicht nur ein enormes Gefühl der Sicherheit und Kompetenz, sondern es sind auch genau diese Momente der tätigen Fürsorge, die eine unglaublich tiefe und besondere Verbindung zu deinem Kind schaffen. Also, Ärmel hoch, wir packen es an!

Es geistern ja gerne mal diese etwas angestaubten Bilder durch die Köpfe: der Vater, der etwas unbeholfen und mit leicht panischem Blick vor dem Wickeltisch steht, während das Baby fröhlich in die Luft strampelt und die Windel partout nicht dahin will, wo sie hingehört. Oder der Mann, der sich kaum traut, das Neugeborene anzufassen, aus lauter Sorge, diesem kleinen, zarten Wesen irgendwie wehzutun. Solche Vorstellungen sind oft mehr Klischee als Realität. Die Wahrheit ist: Praktische Fähigkeiten im Umgang mit einem Baby sind nicht angeboren und schon gar nicht exklusiv dem weiblichen Geschlecht vorbehalten. Das sind Dinge, die du lernen kannst, und zwar richtig gut! Es braucht ein bisschen Übung, eine Prise Geduld und den Willen, sich darauf einzulassen.

Warum ist das eigentlich so wichtig, dass du dich hier reinfuchst? Zunächst einmal ist da natürlich der Aspekt der Unterstützung für deine Partnerin. Sie hat während der Schwangerschaft und der Geburt Unglaubliches geleistet, und ihr Körper braucht Zeit, um sich zu erholen. Wenn du von Anfang an einen aktiven Part in der Säuglingspflege und im Alltagsmanagement übernimmst, entlastest du sie nicht nur körperlich, sondern zeigst ihr auch, dass ihr ein echtes Team seid. Das stärkt eure Partnerschaft ungemein. Mindestens genauso entscheidend ist aber, was dein Engagement für deine Beziehung zu deinem Kind bedeutet. Jedes Windelwechseln, jedes Fläschchengeben, jedes beruhigende Wiegen ist eine Gelegenheit für direkten Kontakt, für Nähe, für Interaktion. Dein Baby lernt deinen Geruch, deine Stimme, die Art, wie du es berührst und hältst, als etwas Vertrautes und Sicheres kennen. Diese unzähligen kleinen Momente sind der Nährboden für eine feste und liebevolle Vater-Kind-Bindung.

Und dann ist da noch ein ganz wichtiger Punkt: der Abbau eigener Berührungsängste und Unsicherheiten. Es ist absolut menschlich und verständlich, wenn du dich zu Beginn etwas unbeholfen oder unsicher fühlst, besonders wenn du vorher wenig oder gar keinen Kontakt zu Säuglingen hattest. Vielleicht ist es das erste Mal, dass du ein so kleines Wesen im Arm hältst oder eine Windel aus nächster Nähe betrachtest. Das ist kein Grund zur Panik! Die meisten frischgebackenen Väter kennen dieses Gefühl. Das Entscheidende ist, dass du dich nicht davon abschrecken lässt, sondern es einfach wagst. Mit jeder Windel, die du erfolgreich gewechselt hast, mit jedem Bad, nach dem dein Baby zufrieden gluckst, mit jedem Fläschchen, das du geduldig gegeben hast, wächst deine Sicherheit. Du wirst merken: „Hey, das klappt ja! Ich kann das!" Dieses Gefühl, die Bedürfnisse deines Kindes erkennen und stillen zu können, diese sogenannte Selbstwirksamkeit, ist ein unglaublich starker Booster für dein Selbstvertrauen als Vater. Es zeigt dir, dass du eine kompetente und wichtige Bezugsperson für dein Kind bist – von Anfang an.

Praxis-Zone Schwangerschaft: Das Basislager errichten – Gemeinsam für den Start bereit

Die Schwangerschaft ist nicht nur die Zeit, in der dein Baby im Bauch deiner Partnerin heranwächst. Es ist auch die Phase, in der ihr als Paar die praktischen Vorbereitungen für das neue Leben zu dritt treffen könnt. Jetzt habt ihr noch die Ruhe und die Kapazitäten, um das gemeinsame „Nest" zu bauen, wichtige Anschaffungen zu planen und deiner Partnerin zu zeigen, dass du als tatkräftiger Unterstützer an ihrer Seite stehst. Diese gemeinsame Vorbereitung schweißt zusammen und nimmt viel von dem Druck, der entstehen kann, wenn man erst nach der Geburt merkt, was alles noch fehlt oder ungeklärt ist.

Die Partnerin im Fokus: Unterstützung, die wirklich ankommt

Der Körper deiner Partnerin vollbringt während der Schwangerschaft Höchstleistungen. Das ist oft mit allerlei Wehwehchen, Müdigkeit und körperlichen Einschränkungen verbunden. Deine praktische Unterstützung im Alltag kann ihr in dieser Zeit eine enorme Erleichterung verschaffen und ihr gleichzeitig das Gefühl geben, dass du ihre Bedürfnisse siehst und ernst nimmst. Es geht dabei nicht darum, zu warten, bis sie um Hilfe bittet, sondern proaktiv deine Unterstützung anzubieten.

Ein ganz wichtiger Bereich ist die Entlastung bei körperlich anstrengenden Tätigkeiten. Das fängt beim wöchentlichen Großeinkauf an – biete an, die schweren Tüten und Getränkekisten zu tragen. Auch im Haushalt gibt es immer wieder Dinge, die für eine Schwangere beschwerlich sein können: Vielleicht steht das Fensterputzen an, das Staubsaugen in gebückter Haltung wird mühsam, oder es müssen Möbel gerückt werden, weil das Kinderzimmer vorbereitet wird. Ein einfaches „Schatz, lass das mal meine Sorge sein, du ruhst dich jetzt aus" kann da schon Gold wert sein. Es geht nicht darum, ihr alles abzunehmen oder sie zu entmündigen. Vielmehr signalisierst du damit: „Ich sehe, dass es für dich gerade anstrengender ist, und ich bin da, um dir zu helfen."

Aber nicht nur die großen Kraftakte zählen. Oft sind es die kleinen, liebevollen Gesten im Alltag, die eine große Wirkung haben. Vielleicht hat deine Partnerin mit geschwollenen Füßen zu kämpfen – eine wohltuende Fußmassage am Abend kann da Wunder wirken. Oder du übernimmst ganz selbstverständlich das Kochen, wenn du merkst, dass sie nach einem langen Tag müde und erschöpft ist. Auch das gemeinsame Zubereiten der Mahlzeiten kann eine schöne Tätigkeit sein, bei der du ihr die anstrengenderen Parts abnimmst. Ein wichtiger Gedanke hierbei ist: **Zeige ihr, dass du ihre Leistung siehst**

und wertschätzt – auch durch tatkräftige Unterstützung im Alltag. Diese praktischen Liebesbeweise schaffen eine Atmosphäre der Geborgenheit und des Verständnisses und sind eine wunderbare Art, eure Verbindung als Paar zu stärken, noch bevor das Baby da ist. Es geht darum, ein aufmerksamer und präsenter Partner zu sein, der nicht nur emotionalen Beistand leistet, sondern auch ganz konkret mit anpackt, wo es nötig ist.

Operation Nestbau: Kinderzimmer, Erstausstattung & Co. – Was braucht ihr wirklich?

Ein ganz zentraler und oft auch sehr freudvoller Aspekt der Schwangerschaft ist die Vorbereitung des „Nests“ für euer Baby. Das bedeutet meistens, ein Kinderzimmer einzurichten oder zumindest eine gemütliche Ecke für das Kleine zu gestalten und die notwendige Erstausstattung zu besorgen. Das kann ein wunderbares gemeinsames Projekt sein, das die Vorfreude so richtig anfacht, aber es birgt auch Potenzial für unterschiedliche Vorstellungen und manchmal auch für Stress, wenn man sich im Dschungel der Möglichkeiten verliert.

Die Gestaltung des Kinderzimmers ist für viele Paare ein echtes Herzensprojekt. Deine Partnerin hat vielleicht schon seit Wochen auf Pinterest oder Instagram nach Inspirationen gesucht und genaue Vorstellungen von Wandfarben, Möbeln und süßen Deko-Accessoires. Du wiederum hast vielleicht eher praktische Aspekte im Blick, legst Wert auf Funktionalität und Sicherheit oder hast ein bestimmtes Budget im Kopf. Hier ist es wichtig, dass ihr eure Ideen austauscht und versucht, einen gemeinsamen Stil zu finden, mit dem ihr euch beide wohlfühlt. Vielleicht malt ihr das Zimmer gemeinsam, baut die neuen Möbel zusammen auf oder bastelt ein Mobile über dem Bettchen. Solche gemeinsamen Aktivitäten schaffen nicht nur ein schönes Zuhause für euer Baby, sondern auch wertvolle Erinnerungen für euch als Paar.

Ein deutlich komplexeres Feld ist oft die Anschaffung der Erstausstattung. Der Markt für Babyprodukte ist schier unüberschaubar, und die Werbung suggeriert einem oft, dass man unzählige Dinge unbedingt braucht, um eine gute Mutter oder ein guter Vater zu sein. Als werdende Eltern kann man da schnell den Überblick verlieren oder sich von der Fülle der Angebote überfordert fühlen. Welcher Kinderwagen ist nun der beste? Wie viele Bodys und Strampler braucht ein Neugeborenes wirklich? Sind teure Markenprodukte immer besser als günstigere Alternativen? Und was ist mit all den technischen Gadgets wie Babyfon mit Videoüberwachung, selbsterwärmenden Fläschchenwärmern oder Windeleimern, die jede Windel einzeln luftdicht verpacken?

Bevor ihr nun in einen unkontrollierten Kaufrausch verfallt, ist es klug, gemeinsam eine Strategie zu entwickeln. Eine humorvolle Betrachtung der manchmal absurden Produktvielfalt kann schon mal helfen, die Sache etwas entspannter anzugehen. Dann geht es an die gemeinsame Recherche. Sprecht mit Freunden, die schon Kinder haben, fragt eure Hebamme um Rat, lest Testberichte und überlegt, welche Kriterien euch bei den einzelnen Anschaffungen wirklich wichtig sind. Geht es euch primär um Sicherheit und Schadstofffreiheit? Spielt der Preis eine große Rolle? Legt ihr Wert auf nachhaltige Produkte oder ein bestimmtes Design?

Ein Kniff, der sich hier bewährt hat und der euch hilft, als Team den Überblick zu behalten und gleichzeitig das Budget zu schonen: **Erstellt die „Weniger-ist-oft-mehr“-Liste für die Erstausstattung – gemeinsam erarbeitet, schont sie Nerven und Geldbeutel.** Überlegt ganz genau, was ihr für die allererste Zeit mit eurem Baby wirklich benötigt. Das sind in der Regel: ein sicherer Schlafplatz (Beistellbett, Stubenwagen oder Babybett), eine Grundausstattung an Kleidung in den kleinsten Größen (Bodys, Strampler, Shirts, Söckchen, Mützchen), ausreichend Windeln, eine Wickelkommode oder eine Wickelauflage, Pflegeprodukte (Waschlappen, milde Seife, eventuell eine Creme), ein oder zwei Babydecken, Spucktücher und, falls ihr nicht stillt oder zufüttern wollt, Fläschchen und Sauger. Viele andere Dinge, wie Spielzeug, Hochstuhl oder eine riesige Auswahl an Outfits, kann man auch noch besorgen, wenn das Baby schon da ist und man merkt, was man tatsächlich braucht oder was zum eigenen Lebensstil passt. Oft kann man auch gut erhaltene gebrauchte Sachen von Freunden, Familie oder auf Flohmärkten finden.

Es ist nicht unwahrscheinlich, dass es bei der Auswahl bestimmter Produkte zu Diskussionen kommt. Ein typisches Beispiel ist der Kinderwagen. Vielleicht favorisiert deine Partnerin ein schickes, aber auch sehr teures Modell, das sie irgendwo gesehen hat, während du eine praktischere und preisgünstigere Variante im Sinn hast. Anstatt nun einen Streit vom Zaun zu brechen, versucht, die Bedürfnisse des anderen zu verstehen. Du könntest das Gespräch eröffnen mit: „Ich sehe, dieser Kinderwagen hat es dir angetan. Was genau gefällt dir daran so gut? Welche Funktionen sind dir besonders wichtig?“ Vielleicht stellt sich heraus, dass es ihr vor allem um ein bestimmtes Design oder eine spezielle Handhabung geht. Dann könnt ihr gemeinsam nach Alternativen suchen, die vielleicht beides vereinen – ihre Wünsche und eure Budgetvorstellungen. Solche Kompromissfindungen sind ein wichtiges Training für eure spätere Elternschaft, in der ihr ständig gemeinsame Entscheidungen treffen müsst. Der gemeinsame Nestbau soll schließlich ein positives Erlebnis sein, das euch als Paar noch näher zusammenbringt.

Praxis-Zone Erstes Jahr: Wickel-Weltmeister, Brei-Dompteur & Tröste-Profi – Dein Alltag mit Baby

Das große Warten hat ein Ende, euer Baby ist da! Mit seiner Ankunft beginnt ein völlig neues Kapitel, ein Alltag, der aufregend, wunderschön, manchmal aber auch ganz schön anstrengend und chaotisch sein kann. Jetzt ist die Zeit gekommen, deine praktischen Fähigkeiten als Papa voll unter Beweis zu stellen und weiterzuentwickeln. Keine Panik, du musst nicht über Nacht zum Super-Papa mutieren, der alles perfekt im Griff hat. Es geht vielmehr darum, dich neugierig und offen auf diese neue Rolle einzulassen, die vielen kleinen und großen Herausforderungen anzunehmen und die unzähligen Gelegenheiten zu nutzen, um dein Baby liebevoll zu versorgen und eine tiefe, unerschütterliche Bindung zu ihm aufzubauen. Jeder Handgriff, den du souveräner beherrschst, jede Situation, in der du deinem Kind Sicherheit und Geborgenheit vermitteln kannst, wird dein Selbstvertrauen als Vater stärken und dir zeigen: Du bist genau der Papa, den dein Kind braucht!

Die Wickel-Arena: Mehr als nur Saubermachen

Das Wickeln – für viele Männer, die zum ersten Mal Vater werden, ist das ein Thema, das durchaus mit einer gewissen Ehrfurcht, vielleicht sogar mit einer leichten Beklemmung verbunden ist. Die Vorstellung von unvorhersehbaren „Inhalten" in der Windel, von zappeligen kleinen Beinchen, die einem die Arbeit erschweren, und der allgemeinen Sorge, etwas falsch oder ungeschickt zu machen, kann schon mal für ein mulmiges Gefühl sorgen. Aber sei ganz beruhigt: Das Windelwechseln ist keine Geheimwissenschaft, sondern ein Handwerk, das jeder lernen kann. Mit ein bisschen Übung, Geduld und der richtigen Einstellung wirst du im Handumdrehen zum souveränen Wickel-Profi, dem so schnell nichts mehr aus der Ruhe bringt.

Der Einstieg in die „Wickel-Arena" darf und soll sogar mit einer Prise Humor erfolgen. Es ist absolut wahrscheinlich, dass die ersten Versuche sich noch etwas holprig anfühlen. Vielleicht sitzt die Windel nicht auf Anhieb perfekt, vielleicht nutzt dein Baby den Moment der Freiheit für eine kleine, unerwartete Pipi-Fontäne direkt in deine Richtung, oder der Inhalt der Windel übertrifft deine kühnsten Erwartungen. Das gehört alles dazu! Versuche, es locker zu sehen und vielleicht sogar gemeinsam mit deiner Partnerin darüber zu lachen. Das Wichtigste ist, dass du dich von kleinen Pannen nicht entmutigen lässt und einfach dranbleibst.

Um dir den Start etwas zu erleichtern, hier eine kleine, entspannte Anleitung für den Windelwechsel:

Der erste Schritt ist immer eine gute Vorbereitung. Lege alles, was du brauchst, in Griffweite bereit, bevor du dein Baby auf den Wickeltisch legst. Dazu gehören: eine frische Windel, Feuchttücher oder ein weicher Waschlappen mit einer Schale lauwarmem Wasser, eventuell eine milde Wundschutzcreme (besonders wenn der Po etwas gerötet ist) und ein Windeleimer oder ein verschließbarer Mülleimer für die benutzte Windel. Sorge dafür, dass die Umgebung angenehm warm ist, damit dein Baby nicht friert – eine Wärmelampe über dem Wickeltisch kann hier sehr hilfreich sein, ist aber kein Muss.

Dann kommt dein kleiner Schatz auf die Wickelunterlage. Ganz wichtig: Lasse dein Baby niemals, auch nicht für eine Sekunde, unbeaufsichtigt auf dem Wickeltisch liegen! Die Gefahr, dass es herunterfällt, ist einfach zu groß. Sprich während des gesamten Vorgangs ruhig und liebevoll mit ihm. Erzähle ihm, was du gerade tust, auch wenn es die Worte noch nicht versteht – deine Stimme wirkt beruhigend. Öffne die Verschlüsse der alten Windel. Hebe den Po deines Babys sanft an, indem du seine Füßchen mit einer Hand umfasst und die Beine leicht nach oben hältst. Ziehe die volle Windel heraus und lege sie vorerst zusammengefaltet beiseite.

Jetzt geht es ans Saubermachen. Reinige den gesamten Windelbereich gründlich mit den Feuchttüchern oder dem feuchten Waschlappen. Bei Mädchen ist es ganz wichtig, immer von vorne (Scheide) nach hinten (Po) zu wischen, um zu verhindern, dass Darmbakterien in die Harnröhre gelangen und Infektionen verursachen. Bei Jungs solltest du auch die Hautfalten unter dem Hodensack und um den Penis herum sanft reinigen. Sei dabei immer behutsam, aber gründlich. Wenn der Po sehr verschmutzt ist, kann es manchmal einfacher sein, ihn kurz unter fließendem, lauwarmem Wasser im Waschbecken abzuspülen (natürlich nur, wenn du dich dabei sicher fühlst und dein Baby gut festhalten kannst).

Nachdem alles sauber ist, tupfe den Babypopo vorsichtig trocken, besonders in den Hautfalten. Lass, wenn möglich, noch für einen kurzen Moment etwas Luft an die Haut, das beugt Wundsein vor. Wenn der Po gerötet ist oder du Wundsein vorbeugen möchtest, kannst du nun eine dünne Schicht Wundschutzcreme auftragen.

Nun kommt die frische Windel. Breite sie unter dem Po deines Babys aus. Die Seite mit den Klebeverschlüssen kommt nach hinten. Ziehe das Vorderteil der Windel zwischen den Beinchen nach oben über den Bauch und schließe die Klebestreifen an den Seiten. Achte darauf, dass die Windel gut anliegt, aber nicht einschneidet. Eine gute Faustregel ist, dass noch zwei deiner Finger bequem zwischen den Windelbund und den Bauch deines Babys passen sollten. Überprüfe auch, ob die Auslaufbündchen an den Beinen gut nach außen gestülpt sind, damit nichts daneben geht.

Und was, wenn es zu einer der berüchtigten „Windel-Explosionen“ kommt, bei denen der Stuhlgang sich scheinbar unaufhaltsam bis in den Nacken oder die Kniekehlen verteilt hat? Das ist zweifellos eine der weniger glamourösen Seiten des Elternseins, aber auch das ist zu bewältigen. Die Devise lautet: Ruhe bewahren! Versuche, dein Baby so auszuziehen, dass du die Sauerei nicht noch weiter verteilst – oft ist es hilfreich, Bodys und Shirts von oben nach unten über die Schultern und Arme abzustreifen, anstatt sie über den Kopf zu ziehen. Dann geht es ans gründliche Reinigen, vielleicht direkt in der Badewanne oder unter der Dusche. Sieh es sportlich – auch das gehört zum Papa-Alltag dazu und wird dich bald nicht mehr schocken.

Ein ganz wichtiger Gedanke bei all dem: **Wickeln ist nicht nur ein notwendiges Übel, um dein Baby sauber zu halten, sondern eine wunderbare und intensive Chance für Nähe, Zärtlichkeit und spielerische Interaktion mit deinem Kind.** Nutze diese regelmäßigen Momente auf dem Wickeltisch ganz bewusst. Schau deinem Baby in die Augen, lächle es an, sprich mit ihm in einer sanften, liebevollen Stimme. Sing ihm ein Lied vor, mach lustige Pustegeräusche auf seinem Bauch oder kitzle sanft seine Füßchen. Du wirst sehen, wie dein Baby auf deine Zuwendung reagiert, wie es vielleicht anfängt zu glucksen oder dich mit großen Augen anstrahlt. Diese alltäglichen Pflegesituationen sind gefüllt mit kleinen, aber unschätzbar wertvollen Bindungsmomenten.

Viele junge Väter machen die Erfahrung, dass die ersten Wickelversuche noch etwas unkoordiniert wirken. Vielleicht zappelt das Baby besonders stark, man ist selbst noch unsicher mit den einzelnen Handgriffen, oder die Windel erweist sich als unerwartet widerspenstig. Das ist absolut kein Grund zur Sorge oder gar zum Aufgeben! Deine Partnerin hat möglicherweise schon etwas mehr Übung oder eine andere Technik entwickelt. Lasst euch davon nicht verunsichern oder gar in einen Konkurrenzkampf verwickeln. Bittet sie, euch ihre Kniffe in Ruhe zu zeigen, oder schaut euch gemeinsam gut gemachte Anleitungsvideos im Internet an. Das Entscheidende ist, dass ihr beide lernt, euer Baby sicher, liebevoll und stressfrei zu wickeln. Mit jeder Wiederholung wirst du geschickter, schneller und souveräner. Und bald gehört das Wickeln zu den vielen kleinen Routinen, die du als Papa mit links meisterst.

Badespaß statt Untergang: Die kleine Plansch-Olympiade

Das Babybad – für viele Eltern ein ganz besonderes Ritual, ein Moment der Entspannung und des gemeinsamen Vergnügens. Für andere ist es anfangs vielleicht auch mit einer gewissen Nervosität verbunden. Die Vorstellung, das kleine, glitschige Baby sicher zu halten, die richtige Wassertemperatur zu treffen und dafür zu sorgen, dass sich das Kind wohlfühlt, kann durchaus Respekt einflößen. Aber keine Sorge, auch hier gilt: Mit einer guten Vorbereitung, ein paar einfachen Handgriffen und einer entspannten Einstellung wird das Baden schnell zu einem Highlight in eurem Familienalltag.

Bevor das eigentliche Planschvergnügen beginnt, ist eine sorgfältige Vorbereitung das A und O. Lege alles, was du während und nach dem Bad benötigst, in unmittelbare Griffweite, damit du dein Baby später nicht alleine lassen musst. Dazu gehören: eine saubere Babybadewanne oder ein spezieller Badeeimer (viele Neugeborene fühlen sich in der Enge eines Eimers besonders geborgen und sicher), ein zuverlässiges Badethermometer, ein oder zwei weiche Waschlappen, ein mildes Babybad oder Babyöl (optional, denn gerade in den ersten Wochen reicht oft klares Wasser völlig aus, um die zarte Babyhaut nicht unnötig zu reizen), ein großes, kuscheliges Handtuch (ein echter Geheimtipp ist es, dieses vorher auf der Heizung anzuwärmen – dein Baby wird es lieben!), eine frische Windel und die komplette Kleidung für danach. Ganz wichtig ist auch, dass die Raumtemperatur im Badezimmer angenehm warm ist (etwa 23-25 Grad Celsius), damit dein kleiner Schatz während und nach dem Bad nicht auskühlt und sich unwohl fühlt. Schließe eventuell Fenster und Türen, um Zugluft zu vermeiden.

Ist alles vorbereitet, füllst du die Babywanne oder den Eimer mit Wasser. Die ideale Wassertemperatur für ein Babybad liegt bei etwa 37 Grad Celsius, also Körpertemperatur. Überprüfe die Temperatur unbedingt sorgfältig mit dem Badethermometer. Eine zusätzliche, altbewährte Methode ist der Ellenbogentest: Tauche deinen Ellenbogen ins Wasser – fühlt es sich dort angenehm warm an, weder zu heiß noch zu kühl, dann ist die Temperatur meistens genau richtig. Gib nicht zu viel Wasser in die Wanne; es reicht, wenn der Körper deines Babys gut bedeckt ist, wenn es liegt oder sitzt.

Jetzt kommt der spannende Moment: Nimm dein Baby sicher in den Arm. Sprich leise und beruhigend mit ihm, um es auf das bevorstehende Bad einzustimmen. Eine bewährte Halteposition ist der sogenannte Hebammen- oder Sicherheitsgriff: Dein Unterarm liegt unter dem Nacken und dem Köpfchen deines Babys, deine Hand umfasst sicher seine dir ferne Schulter. Mit deiner anderen Hand stützt du seinen Po. Lass es nun ganz langsam und vorsichtig mit den Füßchen zuerst ins Wasser gleiten. Gib ihm Zeit, sich an das neue Gefühl zu gewöhnen. Viele Babys lieben das warme Wasser und fangen an, sich sichtlich zu entspannen und zufrieden zu strampeln. Andere sind vielleicht anfangs etwas skeptisch oder weinen sogar ein wenig – das ist oft nur eine kurze Phase der Unsicherheit. Bleib ruhig und gelassen, deine Entspannung überträgt sich auf dein Kind.

Halte dein Baby während des gesamten Bades sicher fest und lasse es niemals alleine, auch nicht für den Bruchteil einer Sekunde! Auch wenn du spezielle Badesitze oder -liegen verwendest, die dir zusätzliche Unterstützung bieten können, ersetzen diese niemals deine aufmerksame und haltende Hand.

Wasche dein Baby nun sanft mit dem Waschlappen. Beginne am besten mit dem Gesicht (nur mit klarem Wasser, ohne Seife) und arbeite dich dann von oben nach unten vor. Vergiss dabei nicht die kleinen Hautfalten am Hals, unter den Achseln, in den Leistenbeugen und zwischen den Fingern und Zehen – dort sammelt sich gerne mal Schmutz oder Schweiß. Für die Haare kannst du, falls nötig, ein ganz mildes Babyshampoo verwenden, aber auch hier reicht oft klares Wasser. Sei besonders vorsichtig im Bereich der Augen und Ohren.

Ein Babybad sollte am Anfang nicht zu lange dauern, etwa fünf bis maximal zehn Minuten sind völlig ausreichend, damit dein Baby nicht auskühlt und seine Haut nicht zu sehr austrocknet. Achte auf die Signale deines Kindes: Wenn es anfängt zu frieren, unruhig wird oder weint, ist es Zeit, das Bad zu beenden.

Nach dem Bad hebst du dein Baby vorsichtig aus der Wanne und wickelst es sofort in das bereitliegende, vorgewärmte Handtuch. Trockne es sanft, aber gründlich ab – tupfen ist besser als rubbeln, um die empfindliche Haut nicht zu reizen. Achte auch hier wieder besonders auf die Hautfalten, damit keine Feuchtigkeit zurückbleibt, die zu Hautreizungen führen könnte.

Ein wunderschönes Ritual nach dem Baden kann eine kleine Babymassage sein. Mit ein paar Tropfen mildem Babyöl kannst du sanft die Ärmchen, Beinchen, den Bauch und den Rücken deines Kindes massieren. Das ist nicht nur gut für die Haut, sondern fördert auch die Entspannung, das Körpergefühl und die intensive Bindung zwischen euch. **Was viele Väter merken:** Mit ein wenig Übung und einer entspannten Herangehensweise wird das Babybad schnell zu einem der schönsten gemeinsamen Rituale. Es ist eine Zeit der Ruhe, der Nähe und des puren Vergnügens für dich und dein Kind. Und keine Sorge, falls dein Baby anfangs ein kleiner Wassermuffel ist – oft brauchen die Kleinen einfach ein paar Anläufe, um sich an das neue Element zu gewöhnen. Deine Geduld und deine liebevolle Zuwendung sind dabei der Schlüssel zum Erfolg.

Anzieh-Roulette: Der tägliche Kampf mit Stramplern und Co.

Jeder, der schon einmal versucht hat, ein neugeborenes oder auch ein schon etwas älteres, aber dafür umso mobileres Baby an- oder auszuziehen, weiß: Diese eigentlich so simple Alltagshandlung kann sich manchmal zu einer echten kleinen Geduldsprobe entwickeln, ja fast schon zu einer sportlichen Herausforderung. Die kleinen Ärmchen scheinen genau dann steif zu werden, wenn sie durch den Ärmel sollen, die Beinchen strampeln wild in der Luft, wenn die Hose in Sicht kommt, und der Kopf scheint auf mysteriöse Weise immer genau dann größer zu werden, wenn er durch den engen Halsausschnitt eines Pullovers bugsiert werden muss. Und kaum hat man eine Socke mühsam über das Füßchen gezogen, ist die andere schon wieder zielsicher abgestrampelt. Willkommen beim Anzieh-Roulette! Aber keine Panik, auch hier gibt es ein paar Kniffe und eine gute Portion Gelassenheit, die dir helfen, diese tägliche Aufgabe zu meistern, ohne dass du oder dein Baby dabei ins Schwitzen geraten.

Der erste wichtige Punkt ist die Auswahl der Kleidung. Achte schon beim Kauf darauf, dass die Sachen nicht nur niedlich aussehen, sondern vor allem praktisch und babygerecht sind. Weite Halsausschnitte, am besten solche, die sich mit Druckknöpfen an einer oder beiden Schultern erweitern lassen (sogenannte amerikanische Ausschnitte oder Schlupfkragen), sind Gold wert. Wickelbodys, die du nicht über den empfindlichen Kopf ziehen musst, sondern die wie ein Hemdchen vorne oder seitlich geschlossen werden, sind gerade in den ersten Monaten eine riesige Erleichterung. Strampler und Schlafanzüge sollten idealerweise Druckknöpfe im Schritt und an den Beinen haben, das macht das nächtliche Wickeln deutlich einfacher. Hosen mit einem weichen, breiten und dehnbaren Gummibund sind bequemer für den Babybauch als solche mit festen Knöpfen oder Reißverschlüssen. Vermeide generell zu enge Kleidung, komplizierte Verschlüsse, harte Kanten oder kratzige Etiketten, die die zarte Babyhaut reizen könnten.

Wenn es dann ans eigentliche An- oder Ausziehen geht, schaffe eine angenehme und ruhige Atmosphäre. Sorge dafür, dass dein Baby warm liegt und nicht friert – eine Wickelunterlage auf dem Boden mit einer Decke darunter oder der Wickeltisch unter einer Wärmelampe sind ideal. Sprich während des gesamten Vorgangs ruhig, sanft und liebevoll mit deinem kleinen Schatz. Erkläre ihm mit einfachen Worten, was du gerade tust, auch wenn es dich noch nicht versteht. Deine Stimme wirkt beruhigend und gibt ihm Sicherheit. Ein kleiner Trick, der oft Wunder wirkt: Wärme die Kleidungsstücke, die direkt auf die Haut kommen (wie Body oder Shirt), vorher kurz auf der Heizung oder mit einem Föhn (auf niedriger Stufe und mit genügend Abstand!) an. Die meisten Babys lieben dieses Gefühl von warmer Kleidung auf ihrer Haut.

Beim Anziehen von Oberteilen, die über den Kopf gezogen werden müssen, ist folgende Technik hilfreich: Rolle den Halsausschnitt mit deinen Fingern so weit wie möglich auf, sodass eine große Öffnung entsteht. Stütze dann sanft den Hinterkopf deines Babys und ziehe den aufgerollten Ausschnitt vorsichtig von hinten über den Kopf nach vorne. Achte darauf, dass Nase und Mund dabei immer frei bleiben. Für die Ärmel gilt: Fasse mit deiner Hand von außen durch den Ärmel, ergreife sanft das Händchen deines Babys und ziehe den Arm vorsichtig hindurch. Vermeide es, an den zarten Gelenken zu zerren. Bei Hosen ist es oft einfacher, wenn du zuerst deine Finger durch ein Hosenbein schiebst, das Füßchen greifst und es dann behutsam durchziehst, bevor du das Gleiche mit dem anderen Bein machst.

Ein einfacher Trick, um das Anziehen für euch beide angenehmer zu gestalten: Baue kleine Spiele ein, singe ein lustiges Lied oder mache alberne Geräusche. Das lenkt dein Baby ab, macht ihm gute Laune und verwandelt das Anziehen von einer lästigen Pflichtübung in einen kleinen, spielerischen Moment der Interaktion. Du kannst zum Beispiel so tun, als würden die Socken kleine Tiere sein, die an den Füßchen knabbern, oder du kannst beim Anziehen jedes Körperteils benennen und es sanft küssen. Deiner Fantasie sind da keine Grenzen gesetzt!

Und wenn dein Baby mal so richtig unkooperativ ist, weint oder sich mit aller Kraft gegen das Anziehen wehrt? Dann versuche, ruhig zu bleiben. Manchmal hilft es, eine kurze Pause zu machen, dein Baby zu trösten und es dann noch einmal zu probieren. Vielleicht ist es gerade müde, hungrig oder einfach nur schlecht gelaunt. Zwinge es nicht mit Gewalt in die Kleidung, das führt nur zu noch mehr Stress für euch beide. Wenn es gar nicht geht, ist es manchmal auch okay, das Anziehen auf einen späteren Zeitpunkt zu verschieben, sofern es die Situation zulässt. Wichtig ist, dass du lernst, die Signale deines Babys zu deuten und geduldig zu bleiben. Mit der Zeit werdet ihr beide ein eingespieltes Team, und das Anzieh-Roulette wird seinen Schrecken verlieren. Du wirst sehen, irgendwann geht das An- und Ausziehen fast wie von selbst, und du wunderst dich vielleicht sogar, warum du dir darüber am Anfang so viele Gedanken gemacht hast.

Fütter-Zeiten: Von Milch-Magie bis zum ersten Brei-Abenteuer

Die Ernährung deines Babys ist ein ganz zentrales Thema im ersten Lebensjahr und bietet unzählige Möglichkeiten für innige Momente und den Aufbau eurer Beziehung. Egal, ob deine Partnerin stillt und du sie dabei unterstützt, oder ob du deinem Baby das Fläschchen gibst – jede Mahlzeit ist eine Chance für Nähe, Geborgenheit und liebevolle Zuwendung. Und wenn dann später die Zeit des ersten Breis anbricht, beginnt ein neues, spannendes Abenteuer voller neuer Geschmäcker und lustiger Kleckereien.

Wenn dein Baby das Fläschchen bekommt, sei es mit abgepumpter Muttermilch oder mit Säuglingsnahrung, kannst du diese Momente genauso intensiv für den Bindungsaufbau nutzen wie eine stillende Mutter. Die richtige Zubereitung des Fläschchens ist dabei wichtig: Achte genau auf die Dosierungsanleitung auf der Verpackung der Säuglingsnahrung und verwende immer frisch abgekochtes und auf die empfohlene Temperatur (meist um die 37 Grad) abgekühltes Wasser. Überprüfe die Temperatur des Fläschchens immer an der Innenseite deines Handgelenks, bevor du es deinem Baby gibst – es sollte sich angenehm warm, aber nicht heiß anfühlen.

Nimm dein Baby beim Füttern liebevoll in den Arm, sorge für eine ruhige und entspannte Atmosphäre. Halte es leicht aufrecht, nicht ganz flach liegend, um das Verschlucken zu erleichtern. Lass den Sauger des Fläschchens immer vollständig mit Milch gefüllt sein, damit dein Baby nicht zu viel Luft schluckt. Achte auf die Signale deines Kindes: Es wird dir zeigen, wann es satt ist, indem es langsamer trinkt, den Kopf wegdreht oder einschläft. Zwinge es niemals, das Fläschchen leer zu trinken. Und ganz wichtig: Das berühmte Bäuerchen danach nicht vergessen! Nimm dein Baby sanft über deine Schulter oder setze es auf deinen Schoß und klopfe oder streiche ihm sanft den Rücken, bis die überschüssige Luft entweichen kann. Diese Fütterungsmomente sind eine wunderbare Gelegenheit, deinem Baby tief in die Augen zu schauen, mit ihm zu kuscheln und ihm all deine Liebe zu zeigen.

Wenn deine Partnerin stillt, kannst du sie auf vielfältige Weise unterstützen und trotzdem eine enge Bindung zu deinem Baby aufbauen. Sei für sie da, sorge dafür, dass sie es beim Stillen bequem hat, bringe ihr ein Glas Wasser oder einen kleinen Snack, falls sie Hunger oder Durst hat. Schaffe eine ruhige und entspannte Umgebung, damit sie sich ganz auf das Stillen konzentrieren kann. Übernimm in dieser Zeit vielleicht andere Aufgaben, wie das Wickeln oder das Beruhigen des Babys, wenn es unruhig ist. Und auch wenn du nicht direkt fütterst, kannst du die Zeit nach dem Stillen nutzen, um mit deinem Baby zu kuscheln, es zu tragen oder ihm ein Bäuerchen zu entlocken. Deine emotionale Unterstützung und deine praktische Hilfe sind für eine stillende Mutter Gold wert und zeigen ihr, dass ihr auch hier ein starkes Team seid.

Irgendwann zwischen dem fünften und siebten Lebensmonat beginnt dann meist das große Abenteuer Beikost. Der erste Brei ist für viele Babys (und auch für die Eltern!) ein aufregender Meilenstein. Beginne langsam und geduldig, am besten mit einem einfachen Gemüsebrei (z.B. Karotte, Pastinake oder Kürbis) zur Mittagszeit. Biete deinem Baby anfangs nur ein paar kleine Löffelchen an und steigere die Menge allmählich, wenn es den Brei gut annimmt. Sei nicht enttäuscht, wenn dein Baby den Löffel anfangs skeptisch beäugt, das Gesicht verzieht oder den Brei wieder ausspuckt. Das ist völlig normal! Es muss sich erst an den neuen Geschmack und die neue Konsistenz gewöhnen. Manchmal braucht es zehn oder mehr Anläufe, bis ein neues Lebensmittel akzeptiert wird.

Mach aus den Breimahlzeiten keine strenge Pflichtübung, sondern ein entspanntes und lustvolles Erlebnis. Lass dein Baby den Brei ruhig auch mal mit den Fingern erkunden (das wird eine ziemliche Sauerei, aber es gehört dazu!). Akzeptiere, wenn es nach ein paar Löffeln genug hat, und zwinge es niemals zum Essen. Ein wichtiger Gedanke bei der Beikosteinführung: **Essen soll Freude machen – für dein Baby und für dich. Geduld, eine entspannte Haltung und eine gute Portion Humor sind hier die besten Zutaten.** Freu dich über jeden kleinen Fortschritt und sei nicht beunruhigt, wenn es mal nicht so klappt wie im Lehrbuch.

Ein typisches Szenario beim Beikoststart: Du hast liebevoll einen gesunden Gemüsebrei gekocht, dein Baby sitzt erwartungsvoll im Hochstuhl, aber sobald der Löffel sich seinem Mund nähert, presst es die Lippen fest zusammen oder dreht den Kopf weg. Vielleicht probiert es einen Happs und spuckt ihn angewidert wieder aus. Was nun? Wichtig ist, jetzt nicht ungeduldig zu werden oder gar zu schimpfen. Biete den Löffel noch ein- oder zweimal freundlich an. Wenn dein Baby weiterhin ablehnt, beende die Mahlzeit für dieses Mal und probiere es am nächsten Tag oder mit einem anderen Gemüse erneut. Manchmal ist es einfach nicht der richtige Zeitpunkt, das Baby ist vielleicht müde oder noch nicht wirklich hungrig. Oder es mag die Konsistenz oder den Geschmack dieser bestimmten Sorte nicht. Bleib dran, sei kreativ und vertraue darauf, dass dein Kind mit der Zeit auf den Geschmack kommen wird. Und vergiss nicht, immer eine Kamera für die lustigen Brei-Gesichter bereitzuhalten!

Trösten & Beruhigen: Deine Superkraft als Papa-Fels

Ein Baby weint – das ist seine Hauptsprache, um mitzuteilen, dass ihm etwas fehlt, es sich unwohl fühlt oder einfach nur Nähe und Geborgenheit braucht. Als Vater ist es eine deiner wichtigsten und schönsten Aufgaben, dein Kind in solchen Momenten zu trösten und zu beruhigen, ihm Sicherheit zu geben und ihm zu zeigen: „Ich bin für dich da." Das ist eine echte Superkraft, die du mit der Zeit immer besser beherrschen wirst.

Zunächst ist es hilfreich, die verschiedenen Gründe für das Weinen deines Babys besser zu verstehen. Ist es hungrig? Ist die Windel voll? Ist es müde und findet nicht in den Schlaf? Hat es vielleicht Bauchweh oder zahnt es gerade? Oder sehnt es sich einfach nur nach deiner körperlichen Nähe und Zuwendung? (Hier kannst du gedanklich an das anknüpfen, was du in Fähigkeit 1 über emotionale Intelligenz und das Deuten von Signalen gelernt hast, ohne dass ich es hier explizit wiederhole). Je besser du die Signale deines Babys deuten lernst, desto gezielter kannst du auf seine Bedürfnisse eingehen.

Es gibt eine ganze Palette an bewährten Beruhigungsstrategien, und oft ist es eine Frage des Ausprobierens, was bei deinem Baby am besten wirkt. Viele Babys lieben es, getragen zu werden. Ein Tragetuch oder eine ergonomische Tragehilfe können hier wahre Wunder wirken, denn die Enge und die Bewegung erinnern sie an die Zeit im Mutterleib. Sanftes Wiegen im Arm, auf dem Pezziball oder in einer Federwiege hat oft eine sehr beruhigende Wirkung. Auch monotone Geräusche, das sogenannte „weiße Rauschen“ (z.B. das Geräusch eines Föhns, eines Staubsaugers oder spezielle Apps), können helfen, ein überreiztes Baby zur Ruhe zu bringen. Singen oder Summen in einer tiefen, ruhigen Stimme kann ebenfalls magisch wirken – dein Baby liebt den Klang deiner Stimme, auch wenn du glaubst, nicht singen zu können! Pucken, also das sanfte Einwickeln des Babys in ein Tuch, kann gerade bei Neugeborenen, die noch sehr mit dem sogenannten Moro-Reflex (unkontrollierte Zuckungen der Ärmchen) zu kämpfen haben, ein Gefühl von Sicherheit und Begrenzung vermitteln und ihnen helfen, sich zu entspannen. Manchmal reicht auch schon ein Spaziergang an der frischen Luft im Kinderwagen oder in der Trage, um ein quengeliges Baby wieder zufriedenzustellen.

Was sich oft zeigt und was du dir immer wieder vergegenwärtigen kannst: **Manchmal braucht dein Baby einfach nur deine präsente, liebevolle Nähe und die Sicherheit deiner Arme, um sich wieder zu beruhigen.** Deine ruhige Ausstrahlung, dein Herzschlag, den es spürt, wenn es auf deiner Brust liegt – all das sind unglaublich starke Trostspender. Unterschätze niemals die Kraft deiner väterlichen Präsenz!

Der Umgang mit langanhaltendem Babyschreien, besonders in den ersten Monaten (Stichwort „Dreimonatskoliken“ oder Regulationsstörungen), kann allerdings auch für die geduldigsten Eltern zu einer echten Zerreißprobe werden. Wenn du merkst, dass du an deine Grenzen kommst, dass du wütend oder hilflos wirst, ist es ganz wichtig, dir selbst eine Pause zu gönnen und Unterstützung zu suchen. Lege dein Baby sicher in sein Bettchen und verlasse kurz den Raum, um tief durchzuatmen und dich zu sammeln. Bitte deine Partnerin, dich abzulösen, oder hole dir Hilfe von Freunden, Familie oder einer Schreiambulanz. Es ist keine Schande, sich überfordert zu fühlen – es ist ein Zeichen von Stärke, sich dann Hilfe zu suchen. (Wie du mit solchem Stress noch besser umgehen kannst, darauf gehen wir in Fähigkeit 4 noch genauer ein).

Organisation ist (fast) alles: So navigierst du durch den neuen Alltag

Mit einem Baby verändert sich der Alltag von Grund auf. Was vorher vielleicht spontan und flexibel war, braucht jetzt oft ein bisschen mehr Planung und Struktur, um nicht im Chaos zu versinken. Aber keine Sorge, es geht nicht darum, dein Leben in einen starren Zeitplan zu pressen, sondern darum, ein paar clevere Organisationshilfen zu nutzen, die dir und deiner Familie den Alltag erleichtern.

Eine gewisse Tagesstruktur kann sowohl für dein Baby als auch für dich sehr hilfreich sein. Babys lieben Rituale und wiederkehrende Abläufe, denn sie geben ihnen Sicherheit und Orientierung. Das bedeutet nicht, dass du alles auf die Minute genau planen musst, aber ungefähre Zeiten für Mahlzeiten, Schlafenszeiten und Spieleinheiten können helfen, einen Rhythmus zu finden. Beobachte dein Baby genau: Wann ist es meistens müde? Wann hat es Hunger? Versuche, dich an seinen natürlichen Bedürfnissen zu orientieren und daraus nach und nach eine flexible Routine zu entwickeln.

Ein absolutes Must-have für unterwegs ist eine gut gepackte Wickeltasche. Mit der Zeit wirst du zum echten Profi im Wickeltaschen-Tetris. Was unbedingt hineingehört: ausreichend Windeln, Feuchttücher, eine Wickelunterlage, Wundschutzcreme, Ersatzkleidung für dein Baby (und vielleicht auch ein frisches Shirt für dich – man weiß ja nie!), Spucktücher, eventuell ein Fläschchen mit Milch oder Wasser, ein kleiner Snack für dich und das Lieblingsspielzeug deines Babys. Eine gut sortierte Wickeltasche erspart dir unterwegs viel Stress und Sucherei.

Auch Ausflüge, sei es nur zum Supermarkt oder ein längerer Besuch bei den Großeltern, wollen mit Baby gut geplant sein. Überlege vorher: Wann ist die beste Zeit für den Ausflug, passend zum Schlaf- und Fütterrhythmus deines Babys? Was musst du alles mitnehmen? Gibt es vor Ort eine Möglichkeit zum Wickeln oder Stillen/Füttern? Eine kleine Checkliste kann hier sehr nützlich sein.

Ein Thema, das viele junge Eltern umtreibt, ist der Schlafmangel. Es ist eine der größten Herausforderungen im ersten Jahr. Versucht, euch hier als Team gut abzusprechen. Vielleicht könnt ihr euch die Nächte aufteilen, sodass jeder mal ein paar Stunden am Stück schlafen kann. Nutzt die Schlafphasen eures Babys tagsüber, um selbst ein kurzes Powernap einzulegen – der Haushalt kann auch mal warten! Jede Stunde Schlaf ist Gold wert.

Ein Ratschlag, der vielen Eltern hilft, den Alltag mit Baby etwas gelassener zu sehen: **Akzeptiere das Chaos, aber versuche, kleine Inseln der Ordnung und Struktur zu schaffen. Und ganz wichtig: Perfektion ist der Feind des Guten!** Es muss nicht immer alles blitzblank sein, und es ist völlig okay, wenn mal nicht alles nach Plan läuft. Das Wichtigste ist, dass es euch und eurem Baby gut geht.

Sicherheit geht vor: Ein kindersicheres Zuhause schaffen

Sobald dein Baby anfängt, mobil zu werden – und das geht oft schneller, als man denkt! – wird das Thema Sicherheit in den eigenen vier Wänden brandaktuell. Dein kleiner Entdecker wird alles Greifbare in den Mund stecken, Schubladen ausräumen, an Kabeln ziehen und versuchen, sich an Möbeln hochzuziehen. Jetzt ist es an der Zeit, eure Wohnung oder euer Haus kindersicher zu machen.

Am besten begibst du dich dafür mal selbst auf Entdeckungsreise – und zwar auf allen Vieren! Versuche, die Welt aus der Perspektive deines Kindes zu sehen. Was wirkt interessant? Wo könnte es sich verletzen? Typische Gefahrenquellen sind zum Beispiel ungesicherte Steckdosen (hier helfen Kindersicherungen), lose herumliegende Kabel (Stolper- und Strangulationsgefahr!), scharfe Kanten an Möbeln (Kantenschutz anbringen!), kleine Gegenstände, die verschluckt werden könnten (alles, was durch eine Klopapierrolle passt, ist potenziell gefährlich!), giftige Zimmerpflanzen in Reichweite, ungesicherte Treppen (Treppenschutzgitter installieren!), heiße Herdplatten oder Backofentüren und Reinigungsmittel oder Medikamente, die nicht kindersicher aufbewahrt werden.

Gehe Raum für Raum durch und überlege, welche präventiven Maßnahmen sinnvoll sind. Das bedeutet nicht, dass du dein Zuhause in eine sterile Hochsicherheitszone verwandeln musst, aber ein paar grundlegende Vorkehrungen können viele Unfälle verhindern. Wichtig zu wissen ist: **Die Neugier und der Entdeckungsdrang deines Kindes wachsen oft schneller, als du „Stopp!" sagen kannst. Eine gute Vorsorge ist hier der beste Schutz.** Beziehe auch deine Partnerin in diese Sicherheitsüberlegungen mit ein – vier Augen sehen oft mehr als zwei. Und sprecht auch mit älteren Geschwisterkindern darüber, wie sie dazu beitragen können, das Zuhause für das Baby sicher zu machen.

Warum dein praktisches Engagement Gold wert ist

Vielleicht denkst du jetzt: Puh, das ist ja eine ganze Menge an praktischen Dingen, die da auf mich zukommen. Aber sieh es mal so: Jede dieser Tätigkeiten, jedes Wickeln, jedes Füttern, jedes Trösten, jedes kindersichere Umgestalten eurer Wohnung ist weit mehr als nur eine zu erledigende Aufgabe. Es ist eine Investition – eine Investition in die Beziehung zu deinem Kind, in dein eigenes Selbstverständnis als Vater und in das Wohl eurer ganzen Familie.

Wenn du dich von Anfang an aktiv in die Pflege und Versorgung deines Babys einbringst, stärkst du auf eine ganz fundamentale Weise die Vater-Kind-Bindung. Dein Kind erlebt dich als eine verlässliche, fürsorgliche und kompetente Bezugsperson. Es lernt, dass es sich bei dir genauso sicher und geborgen fühlen kann wie bei seiner Mutter. Durch die tägliche körperliche Nähe, durch deine Berührungen, deine Stimme, deine liebevolle Zuwendung beim Wickeln, Baden oder Füttern entsteht ein tiefes emotionales Band zwischen euch, das ein Leben lang halten wird. Du wirst zu einem vertrauten Hafen, zu dem dein Kind immer kommen kann.

Gleichzeitig hat dein praktisches Engagement einen enormen Einfluss auf dein eigenes Gefühl der Selbstwirksamkeit. Jedes Mal, wenn du es schaffst, dein weinendes Baby zu beruhigen, wenn du souverän eine Windel wechselst oder geduldig den ersten Brei fütterst, erlebst du: „Ich kann das! Ich bin ein guter Vater!" Diese Erfolgserlebnisse sind unglaublich wichtig für dein Selbstvertrauen und deine Zufriedenheit in deiner neuen Rolle. Sie helfen dir, eventuelle Unsicherheiten abzubauen und dich den Herausforderungen des Papa-Alltags gewachsen zu fühlen.

Und nicht zuletzt profitiert auch deine Partnerin und eure Paarbeziehung von deinem aktiven Mitwirken. Wenn sie sieht, dass du Verantwortung übernimmst, dass du sie entlastest und ihr als echtes Team agiert, stärkt das ihr Vertrauen in dich und eure gemeinsame Zukunft als Eltern. Es schafft Raum für ihre eigene Erholung, reduziert Stress und beugt dem Gefühl vor, mit allem alleine dazustehen. Eine faire Aufgabenverteilung und gegenseitige Unterstützung sind das A und O für eine zufriedene und stabile Partnerschaft, auch und gerade in der turbulenten Zeit mit einem kleinen Kind.

Du legst mit deinem praktischen Engagement also nicht nur den Grundstein für eine liebevolle Beziehung zu deinem Kind, sondern du investierst auch in dein eigenes Wohlbefinden und in das Glück eurer gesamten Familie. Die Quintessenz dieses Kapitels lässt sich vielleicht so zusammenfassen: **Jedes Mal, wenn du dein Baby wickelst, fütterst oder tröstest, baust du nicht nur praktische Fähigkeiten auf, sondern investierst direkt in die emotionale Verbindung zu deinem Kind und in dein eigenes starkes Papa-Ich.** Und das ist ein Einsatz, der sich immer lohnt!

Fähigkeit 4: Stressbewältigung & Resilienz

Jetzt kommen wir zu einer Fähigkeit, die für dich als werdender Vater so etwas wie dein inneres Navigationssystem und dein seelischer Airbag in einem ist. Es geht um die Meisterschaft, auch dann die Ruhe zu bewahren und handlungsfähig zu bleiben, wenn das Leben mit Kind mal wieder alle Pläne über den Haufen wirft, die Nächte zum Tag werden und du das Gefühl hast, dass das liebevolle Chaos die Oberhand gewinnt. Das Leben als Papa ist ein unglaubliches Geschenk, es ist randvoll mit Liebe, mit Momenten puren Glücks und unvergesslichen Augenblicken. Aber, und das gehört genauso zur Wahrheit, es ist auch ein Abenteuer, das dich immer wieder fordern und an deine Grenzen führen wird. Genau an diesem Punkt setzt deine Fähigkeit zur Stressbewältigung und deine innere Widerstandskraft – die sogenannte Resilienz – an. Sie sind nicht nur Schlüssel, um gut durch diese intensive Zeit zu navigieren, sondern auch, um an ihr zu wachsen, sie mit all ihren Schattierungen anzunehmen und die Freude daran nicht zu verlieren.

Was Resilienz wirklich bedeutet und warum sie dein Papa-Super-Skill ist

Der Begriff „Resilienz" schwirrt ja immer mal wieder durch die Gegend. Im Kern beschreibt er die psychische Widerstandsfähigkeit eines Menschen. Man kann es sich als eine Art seelisches Immunsystem vorstellen, das uns hilft, mit den unvermeidlichen Stürmen des Lebens, mit Stress, mit Rückschlägen und Krisen umzugehen, ohne daran zu zerbrechen. Ein resilienter Mensch ist nicht jemand, der keine Probleme kennt oder dem alles egal ist. Ganz im Gegenteil. Er erlebt genauso Tiefschläge und schwierige Phasen wie jeder andere auch. Der entscheidende Unterschied liegt in seiner Reaktion darauf. Er ist wie ein erfahrener Segler, der weiß, dass er den Wind nicht ändern kann, aber gelernt hat, die Segel entsprechend zu setzen. Er lässt sich von hohen Wellen vielleicht durchschütteln, gerät auch mal ins Trudeln, aber er schafft es, das Steuer wieder herumzureißen, den Kurs zu korrigieren und weiterzufahren – oft mit neuen Erkenntnissen und einer gestärkten inneren Haltung.

Und warum ist diese Fähigkeit für dich als Papa so ungemein wertvoll, ja fast schon ein Super-Skill? Weil der Alltag mit einem Kind, so bereichernd er ist, dich unweigerlich mit Situationen konfrontieren wird, die deine Geduld, deine Energie und deine Nerven auf die Probe stellen. Der chronische Schlafmangel in den ersten Monaten kann dich mürbe machen. Ein Baby, das stundenlang schreit und sich durch nichts beruhigen lässt, kann pure Verzweiflung auslösen. Die neue, riesige Verantwortung, die Sorge um das Wohlergehen deines Kindes, die unausweichlichen Veränderungen in deiner Partnerschaft, vielleicht auch mal finanzielle Unsicherheiten oder der Spagat zwischen Familie und Beruf – all das sind potenzielle Stressquellen. Wenn du in diesen Momenten auf eine gut entwickelte Resilienz zurückgreifen kannst, bist du klar im Vorteil. Du kannst Stress besser abfedern, du findest schneller wieder zu deiner inneren Ruhe zurück, du bleibst auch unter Druck handlungsfähiger und kannst so bewusster und positiver auf dein Kind und deine Partnerin eingehen. Es geht darum, nicht zum Spielball der Umstände zu werden, sondern zum Gestalter deines eigenen emotionalen Zustands und damit auch zum Stabilitätsanker für deine Familie.

Zwei ganz wichtige Gefährten auf deiner Reise zu mehr innerer Stärke sind eine gehörige Portion Geduld und die Fähigkeit, auch mal herzhaft zu lachen. Geduld wirst du brauchen – mit deinem Baby, das die Welt und seine eigenen Bedürfnisse erst noch entschlüsseln muss und sich oft nur durch Weinen verständlich machen kann. Du wirst Geduld brauchen mit deiner Partnerin, die ebenfalls eine gewaltige Umstellung durchlebt und vielleicht emotionaler oder verletzlicher ist als sonst. Und, das ist ein ganz entscheidender Punkt, du wirst Geduld mit dir selbst brauchen! Niemand erwartet von dir, dass du vom ersten Tag an alles perfekt machst. Vatersein ist ein Weg des Lernens, des Ausprobierens, des Fehler-Machens und des Daran-Wachsens. Der Humor wiederum ist dein bester Freund, wenn es mal wieder drunter und drüber geht. Die Fähigkeit, die kleinen und großen Absurditäten des Elternalltags mit einem Augenzwinkern zu sehen, über dich selbst zu schmunzeln, wenn dir das fünfte Mal die Milch überkocht, während du versuchst, das schreiende Baby zu beruhigen und gleichzeitig das Telefon klingelt – das nimmt vielen Situationen die Spitze und hilft dir, die Dinge nicht zu tragisch zu nehmen.

Praxis-Zone Schwangerschaft: Mentale Vorbereitung auf stürmische Zeiten

Die Schwangerschaft wird oft als eine Zeit der Glückseligkeit und harmonischen Vorfreude idealisiert. Diese wundervollen Momente gibt es zuhauf! Aber es ist auch eine Phase des Umbruchs, der Veränderung, die durchaus ihre eigenen Stressmomente, Unsicherheiten und Belastungen mit sich bringen kann – und das nicht nur für deine Partnerin, sondern genauso für dich als werdenden Vater. Deine Fähigkeit, schon jetzt, in dieser Vorbereitungszeit, einen konstruktiven Umgang mit deinen eigenen Sorgen, mit Erwartungen von außen oder auch mit unerwarteten Nachrichten zu entwickeln, ist wie ein mentales Trainingslager für die Herausforderungen, die das Leben als Papa später für dich bereithält.

Den eigenen Sorgen auf den Grund gehen: Konkrete Strategien für innere Klarheit

Die Nachricht, dass du Vater wirst, löst eine Welle der Freude und Aufregung aus, das ist klar. Aber oft mischen sich darunter auch leisere Töne: Gedanken über die Zukunft, über die neue Verantwortung, vielleicht auch ganz konkrete Sorgen oder Ängste. „Schaffe ich das alles finanziell?" „Werde ich ein guter Vater sein, so wie ich es mir vorstelle?" „Wie wird sich unsere Beziehung als Paar verändern, wenn wir plötzlich zu dritt sind?" „Was, wenn bei der Geburt Komplikationen auftreten?" Solche Überlegungen sind nicht nur normal, sondern auch ein Zeichen dafür, dass du dich verantwortungsbewusst mit deiner neuen Rolle auseinandersetzt.

Der erste und oft schon sehr befreiende Schritt ist, diese Sorgen nicht einfach wegzuschieben oder mit einem lapidaren „Wird schon schiefgehen" beiseitezuschieben, sondern sie aktiv anzuschauen. Eine sehr effektive Methode, um hier mehr Klarheit zu gewinnen und den oft diffusen Ängsten ihre Macht zu nehmen, ist eine strukturierte

Selbstreflexion, die du ganz praktisch angehen kannst. Nimm dir dafür einmal ganz bewusst etwa eine halbe Stunde Zeit, an einem Ort, an dem du wirklich ungestört bist. Du brauchst nur einen Block und einen Stift.

Beginne damit, alles, was dir an Sorgen, Befürchtungen oder auch nur an unklaren, beunruhigenden Gedanken rund um die Schwangerschaft, die bevorstehende Geburt und deine zukünftige Vaterrolle durch den Kopf schießt, einfach frei von der Leber weg aufzuschreiben. Zensiere dich dabei nicht, bewerte nichts, sondern lass die Gedanken fließen, so wie sie kommen. Es geht nicht darum, literarische Meisterwerke zu verfassen, sondern darum, das Gedankenkarussell in deinem Kopf zu verlangsamen und die oft schwer greifbaren Sorgen sichtbar zu machen. Du wirst vielleicht feststellen, dass allein dieser Akt des Aufschreibens schon eine gewisse Erleichterung bringt, weil die Dinge nicht mehr nur als nebulöse Bedrohung im Inneren wabern. Dieser Prozess des Externalisierens, des Auslagerns deiner Sorgen auf ein Blatt Papier, schafft eine erste Distanz und macht sie greifbarer für eine weitere Bearbeitung.

Wenn du deine Liste beisammenhast, schau sie dir in Ruhe an. Versuche nun, ein wenig Ordnung in das Ganze zu bringen. Welche dieser Sorgen fühlen sich besonders drängend an? Welche tauchen immer wieder auf? Markiere vielleicht die drei bis fünf Punkte, die dich aktuell am stärksten beschäftigen. Für jede dieser Top-Sorgen nimmst du dir nun ein separates Blatt Papier. Schreibe die Sorge als Überschrift darüber. Und dann beginnst du, diese Sorge genauer unter die Lupe zu nehmen, indem du dir folgende Fragen schriftlich beantwortest. Diese Analyse hilft dir, von einer allgemeinen Beunruhigung zu einer konkreteren Einschätzung zu gelangen. Frage dich also: *Was genau ist meine eigentliche Befürchtung hinter dieser Sorge?* Versuche, das so präzise wie möglich zu formulieren. Statt nur „Angst vor der Geburt“ könntest du schreiben: „Ich befürchte, bei der Geburt meiner Partnerin nicht wirklich helfen zu können und mich hilflos zu fühlen.“ Dann frage dich weiter: *Auf einer Skala von 1 bis 10 (wobei 10 sehr wahrscheinlich ist): Wie wahrscheinlich ist es, dass diese spezifische Befürchtung tatsächlich eintritt?* Versuche, hier eine realistische Einschätzung vorzunehmen. Oft neigen wir dazu, die Wahrscheinlichkeit negativer Ereignisse zu überschätzen. Die nächste Frage zielt darauf ab, den Schrecken des Unbekannten zu reduzieren: *Wenn diese Befürchtung tatsächlich eintreten würde – was wäre das absolut Schlimmste, das passieren könnte?* Spiele dieses „Worst-Case-Szenario“ einmal durch. Oft stellt man fest, dass selbst der schlimmste anzunehmende Fall nicht das Ende der Welt bedeuten würde. Und schließlich, um das Gefühl der Ohnmacht zu durchbrechen und die eigene Handlungsfähigkeit auch in schwierigen Situationen zu erkennen, frage dich: *Und wenn dieser schlimmste Fall eintreten würde: Welche konkreten Handlungsmöglichkeiten hätte ich dann? Welche Ressourcen (innere Stärken, Menschen, die mich unterstützen, etc.) könnte ich aktivieren, um damit umzugehen?*

Nachdem du deine Top-Sorgen so analysiert hast, kommt ein weiterer wichtiger Schritt: die Unterscheidung zwischen dem, was du kontrollieren kannst, und dem, was außerhalb deines direkten Einflussbereichs liegt. Viele unserer Ängste und Sorgen beziehen sich auf Dinge, die wir nicht oder nur sehr bedingt steuern können – der genaue Verlauf der

Geburt ist so ein Beispiel, oder die Gesundheit unseres Kindes bis ins letzte Detail. Es ist eine wichtige Erkenntnis und ein Zeichen von Reife, zu akzeptieren, dass wir nicht alles im Griff haben können. Das bewahrt uns davor, unnötig Energie in fruchtlose Grübeleien oder Kontrollversuche zu stecken.

Konzentriere dich stattdessen voll auf die Aspekte deiner Sorgen, bei denen du tatsächlich etwas tun, etwas verändern, etwas gestalten kannst. Und hier wird es jetzt ganz praktisch: Für jeden dieser beeinflussbaren Aspekte überlegst du dir mindestens einen, besser zwei oder drei, ganz konkrete, kleine und vor allem umsetzbare Schritte, die du in naher Zukunft angehen kannst, um die Situation zu verbessern, dir mehr Sicherheit zu verschaffen oder das Problem aktiv anzugehen.

Nehmen wir das Beispiel der finanziellen Sorgen. Ein erster konkreter Schritt könnte sein, dass du dich mit deiner Partnerin zusammensetzt und ihr gemeinsam einen detaillierten Kassensturz macht: Was sind eure Einnahmen, was eure fixen Ausgaben, welche zusätzlichen Kosten erwartet ihr? Ein zweiter Schritt wäre, euch gründlich über Elterngeld, Kindergeld und eventuelle weitere staatliche Unterstützungsleistungen zu informieren und die Anträge dafür schon einmal vorzubereiten. Ein dritter Schritt könnte sein, einen Termin bei einer Schuldner- oder Familienberatungsstelle zu vereinbaren, um euch professionell beraten zu lassen, falls die Sorgen sehr groß sind.

Oder nehmen wir die Angst, bei der Geburt nicht die erhoffte Unterstützung für deine Partnerin sein zu können. Ein erster Schritt wäre hier, ganz offen und ehrlich mit deiner Partnerin über diese Angst zu sprechen. Ein zweiter Schritt könnte der gemeinsame Besuch eines guten Geburtsvorbereitungskurses sein, der explizit auch die Rolle und die Aufgaben des Partners thematisiert. Ein dritter Schritt wäre, dich selbstständig über die Phasen der Geburt zu informieren, über Atemtechniken, Massagegriffe oder andere Möglichkeiten, wie du deine Partnerin aktiv unterstützen kannst.

Der Clou bei dieser Methode ist, dass du aus einer passiven Sorgenhaltung in eine aktive Gestaltungsposition kommst. Du übernimmst wieder das Steuer. Halte diese konkreten Handlungsschritte unbedingt schriftlich fest und, ganz wichtig, nimm dir vor, den ersten kleinen Schritt für jede deiner Top-Sorgen innerhalb der nächsten sieben Tage tatsächlich umzusetzen. Das schafft Erfolgserlebnisse, reduziert das Gefühl der Hilflosigkeit und stärkt dein Vertrauen in deine eigenen Fähigkeiten. Ein wichtiger Gedanke, der dich hierbei unterstützen kann: **Du musst deine Sorgen nicht alleine bewältigen – sprich darüber, analysiere sie und entwickle konkrete Handlungsstrategien, um wieder Oberwasser zu gewinnen.**

Neben dieser eher kognitiven Herangehensweise gibt es auch sehr wirksame körperorientierte Techniken, um mit akuter Anspannung, Nervosität oder aufkommender Panik umzugehen. Eine davon, die du jederzeit und fast überall unauffällig anwenden kannst, ist die sogenannte **„Box-Atmung“ oder „Quadrat-Atmung“**, die auch von Spezialeinheiten oder Leistungssportlern genutzt wird, um in Stresssituationen schnell wieder zur Ruhe zu finden. Die Übung ist denkbar einfach und erfordert keine Vorkenntnisse. Suche dir zunächst einen bequemen Sitz oder Stand. Wenn du möchtest, kannst du deine Augen sanft schließen, es funktioniert aber auch mit offenen Augen, falls die Situation das erfordert. Atme nun langsam und tief durch die Nase ein und zähle dabei innerlich bis vier. Versuche, die Atmung bis in deinen Bauch fließen zu lassen und spüre, wie sich deine Bauchdecke dabei sanft hebt. Halte anschließend die Luft an und zähle dabei ebenfalls innerlich bis vier. Versuche, während dieser Phase der Atempause eine gewisse Entspannung in deinen Schultern und deinem Kiefer zu finden. Atme nun langsam und vollständig durch den Mund oder die Nase wieder aus – je nachdem, was sich für dich angenehmer anfühlt – und zähle dabei wieder bis vier. Spüre, wie sich deine Bauchdecke senkt und wie die Anspannung deinen Körper verlässt. Mache dann eine kurze Atempause, bevor du wieder mit dem Einatmen beginnst, und zähle auch hier innerlich bis vier. Du kannst dir dabei vorstellen, wie du mit deinem Atem die vier gleich langen Seiten eines Quadrats nachfährst: Einatmen (Seite 1 des Quadrats), Luft anhalten (Seite 2), Ausatmen (Seite 3) und schließlich die Atempause (Seite 4). Wiederhole diesen Zyklus aus Einatmen, Anhalten, Ausatmen und Pause fünf bis zehn Mal oder so lange, bis du eine deutliche Beruhigung und Entspannung in deinem Körper wahrnimmst. Diese Technik hilft, deinen Herzschlag zu verlangsamen, den Blutdruck zu regulieren und deinem gesamten vegetativen Nervensystem das Signal „Entspannung" zu senden. Es ist eine gute Idee, diese Atemübung regelmäßig zu praktizieren, auch in Momenten, in denen du dich nicht gestresst fühlst. So machst du dich mit dem Ablauf vertraut und kannst im Bedarfsfall schneller und effektiver darauf zurückgreifen.

Dem Druck von außen standhalten: Souverän abgrenzen und eigene Wege gehen

Sobald die Neuigkeit von der Schwangerschaft die Runde macht, kann es passieren, dass du und deine Partnerin euch plötzlich im Zentrum einer wahren Flut von Ratschlägen, gut gemeinten Tipps, persönlichen Erfahrungsberichten und manchmal auch unverblümten Erwartungen aus eurem sozialen Umfeld wiederfindet. Die eigenen Eltern kramen vielleicht ihre Erziehungsmethoden von vor dreißig Jahren hervor und präsentieren sie als das Nonplusultra. Freunde, die selbst gerade erst Eltern geworden sind, erklären euch mit Inbrunst, welcher Kinderwagen der einzig wahre ist oder welche Schlafroutine bei ihrem Kind Wunder gewirkt hat. Und manchmal fühlen sich sogar flüchtige Bekannte oder Arbeitskollegen berufen, euch mit ihren Ansichten zur gesunden Ernährung in der Schwangerschaft oder zur perfekten Vorbereitung auf die Geburt zu beglücken.

Dieser oft unaufgeforderte Input von außen kann, auch wenn er in den meisten Fällen sicherlich gut gemeint ist, einen erheblichen Druck erzeugen. Er kann zu Verunsicherung führen, Zweifel säen und euch das Gefühl geben, es allen recht machen zu müssen. Besonders wenn die Ratschläge sich widersprechen oder so gar nicht zu euren eigenen Vorstellungen und Werten passen, kann das ziemlich stressig sein.

Hier ist es für euch als Paar von entscheidender Bedeutung, eine gemeinsame Haltung zu entwickeln und zu lernen, euch auf eine gesunde Weise abzugrenzen. Ihr müsst nicht jeden Rat annehmen oder euch für eure Entscheidungen rechtfertigen. Es ist euer Leben, eure Schwangerschaft, euer zukünftiges Kind – und damit auch eure Verantwortung und euer

Recht, euren eigenen, individuellen Weg zu finden. Eine Strategie, die euch dabei helfen kann, souverän mit diesem äußeren Erwartungsdruck umzugehen, ist die **„Dankbar-Filtern-und-Entscheiden-Methode“**. Diese Methode besteht aus drei Schritten, die euch helfen, respektvoll, aber bestimmt eure eigenen Grenzen zu wahren.

Der erste Schritt ist das **dankbare Annehmen** der Ratschläge, zumindest auf der äußeren Kommunikationsebene. Wenn euch jemand einen Rat gibt, und sei er noch so unpassend oder überflüssig, ist die erste Reaktion idealerweise eine freundliche und wertschätzende. Denkt daran, die meisten Menschen meinen es wirklich gut und wollen euch an ihrer Erfahrung teilhaben lassen oder ihre Unterstützung anbieten. Ein einfaches „Danke, das ist ein interessanter Gedanke, den du da einbringst“ oder „Vielen Dank für deinen Tipp, das ist lieb, dass du an uns denkst, wir werden mal darüber nachdenken“ signalisiert, dass ihr den Rat gehört habt und die gute Absicht dahinter erkennt. Das entschärft oft schon viele Situationen und vermeidet unnötige Diskussionen oder das Gefühl beim Gegenüber, vor den Kopf gestoßen worden zu sein oder dass seine Lebenserfahrung nichts zählt.

Nachdem ihr den Rat äußerlich dankbar entgegengenommen habt, folgt der zweite, ebenso wichtige Schritt: das **innerliche Filtern**. Nicht jeder Ratschlag, der für jemand anderen goldrichtig war, muss auch für euch und eure spezifische Situation passen. Hier ist es wichtig, dass ihr euch als Paar austauscht und den Rat kritisch hinterfragt. Stellt euch gemeinsam Fragen wie: Ist dieser Tipp für uns und unsere aktuelle Lebenslage überhaupt relevant und umsetzbar? Fühlt sich dieser Weg für uns beide stimmig und authentisch an? Entspricht er unseren Werten, unseren Überzeugungen und den Bedürfnissen, die wir für unser Kind sehen? Manchmal kann ein Rat von außen tatsächlich eine wertvolle Anregung sein, eine neue Perspektive eröffnen, auf die man selbst noch nicht gekommen ist. Oftmals aber entpuppt er sich bei genauerer Betrachtung als veraltet, als unpassend für eure individuelle Familiensituation oder schlichtweg als die persönliche Meinung eines anderen, die ihr nicht teilen müsst und wollt. Es ist wichtig, hier eine gute Unterscheidungsfähigkeit zu entwickeln und euch nicht von jedem Windhauch verunsichern zu lassen.

Der dritte Schritt ist dann das **gemeinsame Entscheiden und das klare (aber freundliche) Kommunizieren eurer Linie als Paar**. Die letztendliche Entscheidung darüber, welche Ratschläge ihr annehmt und welche nicht, trefft immer ihr als Eltern – gemeinsam und im partnerschaftlichen Dialog. Wenn ihr euch nach sorgfältiger Überlegung entschieden habt, einen anderen Weg zu gehen als den, der euch vielleicht von euren Eltern, Schwiegereltern oder Freunden besonders vehement nahegelegt wurde, dann steht zu dieser Entscheidung. Ihr müsst euch dafür nicht ausführlich rechtfertigen oder in endlose, energieraubende Diskussionen verstricken lassen. Wenn Nachfragen kommen oder jemand versucht, euch doch noch von seiner Meinung zu überzeugen, könnt ihr freundlich, aber bestimmt eure Position vertreten. Ein Satz wie: „Wir haben uns das wirklich gut überlegt und als Paar für uns gemeinsam entschieden, dass wir es gerne so und so machen möchten. Wir wissen, dass ihr es nur gut meint und eure Erfahrungen wertvoll sind, aber dieser Weg fühlt sich für uns als Familie im Moment am besten und richtigsten an“ ist oft schon ausreichend, um Klarheit zu schaffen. Manchmal, besonders wenn es um sehr persönliche oder intime Entscheidungen geht, kann auch ein einfaches „Das ist etwas, das wir gerne für uns als Paar entscheiden und regeln möchten, wir bitten um euer Verständnis“ klare Grenzen setzen, ohne verletzend zu sein.

Ein hilfreicher Leitsatz, der euch als Paar stärkt und euch hilft, dem äußeren Druck standzuhalten: **Ihr seid die Experten für eure eigene Familie. Vertraut auf euer gemeinsames Bauchgefühl, informiert euch fundiert bei Quellen, denen ihr vertraut, und trefft dann die Entscheidungen, die sich für euch richtig und gut anfühlen.** Das Wissen, dass ihr als Team zusammensteht und euren eigenen, authentischen Weg geht, gibt euch unglaublich viel Kraft und Selbstvertrauen für die kommende Zeit.

Mit unerwarteten Nachrichten umgehen: Stabilität in unsicheren Zeiten finden

Die Schwangerschaft ist eine Zeit voller Hoffnung und positiver Erwartungen. Man malt sich die Zukunft in den schönsten Farben aus, freut sich auf ein gesundes Baby und eine unbeschwerte Familienzeit. Doch manchmal hält das Leben auch Wendungen bereit, mit denen man nicht gerechnet hat, die einem den Boden unter den Füßen wegzuziehen scheinen. Es kann vorkommen, dass bei einer Vorsorgeuntersuchung ein auffälliger Befund mitgeteilt wird, der weitere, oft belastende Untersuchungen und möglicherweise schwierige Entscheidungen nach sich zieht. Vielleicht treten bei deiner Partnerin unerwartete gesundheitliche Komplikationen auf, die eine engmaschige medizinische Betreuung oder sogar einen längeren Klinikaufenthalt notwendig machen. Oder es gibt andere unvorhergesehene Ereignisse im familiären oder beruflichen Umfeld, die plötzlich alles durcheinanderwirbeln und große Sorgen, Ängste und eine tiefe Verunsicherung auslösen.

Solche Situationen sind ohne Frage eine extreme emotionale Belastungsprobe für euch als Paar und für dich als werdenden Vater. Das Gefühl, den Boden unter den Füßen zu verlieren, Angst, Trauer, Wut, Ohnmacht oder Hilflosigkeit sind in solchen Momenten völlig normale und verständliche Reaktionen. Es gibt keine einfachen Patentrezepte, um mit solchen Krisen umzugehen, aber es gibt Strategien und Haltungen, die euch helfen können, diese schweren Zeiten gemeinsam durchzustehen und eure innere Stabilität so gut wie möglich zu wahren.

Das Wichtigste zuerst: Erlaubt euch, all die Emotionen zu fühlen, die in euch hochkommen. Unterdrückt nichts, redet die Situation nicht krampfhaft schön. Es ist okay und sogar notwendig, traurig zu sein, wenn es Anlass zur Trauer gibt. Es ist okay, Angst zu haben, wenn die Zukunft ungewiss ist. Es ist okay, wütend auf das Schicksal zu sein. Versucht, diese Gefühle nicht zu bewerten, sondern sie als Teil eures Menschseins anzunehmen. Sprecht offen und ehrlich miteinander darüber, wie es euch geht, was euch am meisten belastet, welche Befürchtungen ihr habt. Sei für deine Partnerin da, höre ihr aufmerksam und ohne vorschnelle Ratschläge zu, nimm sie einfach in den Arm, wenn sie Trost braucht. Und ganz wichtig: Erlaube auch dir, deine eigenen Gefühle zu zeigen und Unterstützung bei ihr oder anderen vertrauten Menschen zu suchen. Auch du als Mann darfst schwach sein, auch du darfst weinen, auch du darfst sagen: „Ich weiß gerade nicht weiter.“ Das gemeinsame Durchleben und Teilen dieser schweren Emotionen, die gegenseitige Empathie und Unterstützung, kann eure Verbindung als Paar auf eine ganz neue, tiefere und unglaublich starke Ebene heben.

Wenn es sich um medizinische Diagnosen, komplizierte Befunde oder schwierige Behandlungsentscheidungen handelt, ist Information ein entscheidender Schlüssel zur Wiedergewinnung von Handlungsfähigkeit. Bittet eure Ärzte, euch alles ganz genau, in verständlicher Sprache und in aller Ruhe zu erklären. Nehmt euch Zeit für diese Gespräche, macht euch Notizen, schreibt eure Fragen auf, bevor ihr zu einem Termin geht, damit ihr nichts Wichtiges vergesst. Habt keine Scheu, auch kritische oder für euch vielleicht „dumme" Fragen zu stellen. Es geht um eure Gesundheit, um die Gesundheit eures Kindes, um eure Zukunft. Holt euch gegebenenfalls eine Zweitmeinung von einem anderen Facharzt oder einer spezialisierten Klinik ein, um eure Entscheidungsgrundlage zu verbreitern. Je besser ihr die medizinische Situation versteht, desto eher könnt ihr aus dem Gefühl der Ohnmacht und des Ausgeliefertseins herauskommen und wieder zu informierten, selbstbestimmten Akteuren werden.

In Krisenzeiten ist es umso wichtiger, sich nicht zu isolieren und das Gefühl zu haben, alles alleine schaffen zu müssen. Aktiviert euer soziales Unterstützungsnetzwerk! Sprecht mit engen Freunden oder Familienmitgliedern, denen ihr wirklich vertraut, die euch ein offenes Ohr schenken, euch emotionalen Beistand leisten und euch vielleicht auch ganz praktische Hilfe im Alltag anbieten können. Überlegt gemeinsam: Wer aus unserem Umfeld könnte uns jetzt am besten unterstützen? Wer kann uns zuhören, ohne uns gleich mit Ratschlägen zu überschütten? Wer kann uns vielleicht mal eine Mahlzeit kochen oder andere alltägliche Dinge abnehmen, damit wir den Kopf freibekommen? Und scheut euch auf gar keinen Fall, professionelle Hilfe in Anspruch zu nehmen, wenn ihr merkt, dass die Belastung zu groß wird. Es gibt eine Vielzahl von spezialisierten Beratungsstellen, beispielsweise bei Pränataldiagnostik, für Familien in Krisensituationen oder für Paare in belastenden Lebensphasen. Auch Psychotherapeuten, Seelsorger oder Selbsthilfegruppen können in dieser schweren Zeit kompetente und einfühlsame Begleiter sein. Sich in einer Krise Unterstützung zu suchen, ist kein Zeichen von Schwäche, sondern ein Ausdruck von Stärke, Mut und Verantwortungsbewusstsein für sich selbst und die eigene Familie.

Wenn die Gesamtsituation komplex und die Zukunft ungewiss erscheint, kann das Gefühl der Überwältigung lähmend sein. Hier kann die **„Salamitaktik" oder Schritt-für-Schritt-Strategie** helfen. Versucht, die große, bedrohlich wirkende Herausforderung in kleinere, überschaubare und handhabbare Teilschritte zu zerlegen. Fragt euch: Was ist jetzt, in diesem Moment oder an diesem Tag, der nächste logische und notwendige Schritt? Was können wir heute oder in dieser Woche ganz konkret tun, um die Situation ein kleines bisschen zu verbessern, mehr Klarheit zu gewinnen oder uns selbst etwas Gutes zu tun? Konzentriert euch immer nur auf diesen nächsten überschaubaren Schritt, anstatt euch von der Last aller möglichen zukünftigen Probleme und Eventualitäten erdrücken zu lassen. Das gibt euch das Gefühl, zumindest einen Teil der Kontrolle zurückzugewinnen, aktiv zu handeln und nicht in einer passiven Opferrolle zu verharren. Jeder kleine gemeisterte Schritt ist ein Erfolg und gibt Kraft für den nächsten.

Auch und gerade in schwierigen und belastenden Zeiten ist es von entscheidender Bedeutung, gut für sich selbst zu sorgen und die eigenen Kraftquellen nicht versiegen zu lassen. Das ist kein Egoismus, sondern eine Notwendigkeit, um handlungsfähig zu bleiben und für deine Partnerin und euer ungeborenes Kind da sein zu können. Überlegt gemeinsam: Was hat uns in früheren Krisen oder stressigen Phasen geholfen, wieder aufzutanken? Was gibt uns Trost, neue Energie und ein Gefühl von innerer Ruhe? Das kann für jeden etwas anderes sein: Für den einen ist es vielleicht intensive Bewegung an der frischen Luft, ein langer Spaziergang im Wald oder eine Runde Joggen. Für den anderen ist es eher die stille Einkehr, das Hören von beruhigender Musik, das Lesen eines guten Buches, kreative Tätigkeiten wie Malen oder Schreiben, Meditation oder Gebet. Für wieder andere ist es der Austausch mit guten Freunden, ein gemeinsames Essen oder einfach nur bewusste Momente der Entspannung und des Nichtstuns. Versucht, euch trotz aller Sorgen und Belastungen regelmäßig solche kleinen Auszeiten und Kraftinseln im Alltag zu schaffen. Sie sind wie kleine Tankstellen für eure Seele und helfen euch, die Batterien wieder aufzuladen.

Selbst wenn die Situation im Moment sehr düster und vielleicht sogar ausweglos erscheint, versucht, den Funken Hoffnung und Zuversicht nicht ganz erlöschen zu lassen. Manchmal entwickeln sich Dinge anders, als man zunächst befürchtet. Manchmal tun sich unerwartet neue Wege, überraschende Lösungen oder unerwartete Unterstützungsmöglichkeiten auf. Manchmal entdeckt man in sich selbst, in der Partnerschaft oder im Zusammenhalt mit lieben Menschen ungeahnte Kräfte und Ressourcen. Der Glaube daran, dass auch schwere Zeiten vorübergehen und dass es wieder bessere, lichtere Tage geben wird, kann eine immense innere Stärke und eine wichtige Orientierung in der Krise verleihen.

Eine sehr hilfreiche Technik, um mit plötzlich auftretenden, überwältigenden Emotionen wie starker Angst, Panik oder massivem Stress in einer akuten Krisensituation besser umgehen zu können und sich schnell wieder im Hier und Jetzt zu verankern, ist die sogenannte **„Grounding-Übung 5-4-3-2-1“**. Diese Übung kannst du jederzeit und fast überall unauffällig durchführen, um aus der Spirale negativer Gedanken und Gefühle auszusteigen und dich wieder handlungsfähiger zu fühlen. Nimm dir dafür einen Moment Zeit und versuche, dich auf deine Sinne zu konzentrieren. Atme zunächst ein paar Mal tief und bewusst ein und aus. Dann beginne, **fünf Dinge** zu benennen, die du gerade um dich herum sehen kannst. Schau dich dabei bewusst um und nimm auch Details wahr – das kann ein Bild an der Wand sein, eine Pflanze auf dem Fensterbrett, die Farbe des Teppichs, ein Buch auf dem Tisch, die Maserung deiner eigenen Hände. Anschließend richte deine Aufmerksamkeit auf deinen Tastsinn und benenne **vier Dinge**, die du gerade fühlen oder spüren kannst. Das kann die Kleidung auf deiner Haut sein, der Stuhl oder Sessel, auf dem du sitzt, der feste Boden unter deinen Füßen, der Windhauch auf deinem Gesicht, die Wärme einer Tasse Kaffee in deiner Hand oder die Textur eines Gegenstandes, den du berührst. Im nächsten Schritt konzentrierst du dich auf deinen Hörsinn und benennst **drei Dinge**, die du gerade hören kannst. Lausch bewusst auf die Geräusche in deiner

Umgebung, sowohl die lauten als auch die leisen. Das kann das Ticken einer Uhr sein, das Zwitschern von Vögeln draußen, das ferne Rauschen des Verkehrs, deine eigene Atmung oder vielleicht leise Musik im Hintergrund. Danach fokussiere dich auf deinen Geruchssinn und versuche, **zwei Dinge** zu identifizieren, die du gerade riechen kannst. Vielleicht riecht es nach frisch gebrühtem Kaffee, nach dem Waschmittel deiner Kleidung, nach dem Parfüm deiner Partnerin oder einfach nur nach der spezifischen Luft im Raum. Wenn du im Moment nichts Bestimmtes riechst, kannst du dich auch an zwei deiner Lieblingsgerüche erinnern und sie dir lebhaft vorstellen. Und zum Schluss benenne **eine Sache**, die du gerade schmecken kannst oder einen angenehmen Geschmack, an den du dich gerne erinnerst. Das kann der Geschmack deines Frühstücks sein, eines Kaugummis oder deines Lieblingsgetränks. Alternativ kannst du an dieser Stelle auch eine positive Eigenschaft an dir selbst benennen, etwas, das du an dir magst oder gut kannst, zum Beispiel: „Ich bin geduldig" oder „Ich bin ein liebevoller Partner." Diese einfache Übung lenkt deine Aufmerksamkeit von den inneren Stressoren und Sorgen auf die konkrete äußere Realität deiner Sinne und hilft deinem Nervensystem, sich zu beruhigen und wieder in einen ausgeglicheneren Zustand zu finden. Sie ist ein sehr wirkungsvolles Werkzeug, um akute Stressspitzen abzufedern und wieder einen klareren Kopf zu bekommen.

Der Umgang mit unerwarteten Krisen und Schicksalsschlägen ist immer eine Grenzerfahrung und eine immense Herausforderung. Es gibt keine Garantie dafür, dass alles immer so verläuft, wie man es sich wünscht. Aber die Art und Weise, wie ihr als Paar diese Herausforderungen annehmt, wie ihr miteinander kommuniziert, euch gegenseitig stützt und Trost spendet, wie ihr gemeinsam nach Wegen und Lösungen sucht und eure inneren und äußeren Ressourcen mobilisiert, kann eure Beziehung auf eine noch tiefere, resilientere und unglaublich verbundene Ebene heben.

Praxis-Zone Geburt: Der emotionale Marathon im Kreißsaal – So bleibst du der Fels in der Brandung

Die Geburt eures Kindes – dieser Moment, auf den ihr neun Monate lang gewartet, gehofft, euch vorbereitet habt. Es ist zweifellos einer der intensivsten, emotionalsten und transformierendsten Augenblicke im Leben eines Paares. Ein wahres Feuerwerk der Gefühle ist da vorprogrammiert: von überschäumender Vorfreude und Aufregung über tiefe Anspannung und Konzentration bis hin zu Momenten der Erschöpfung, vielleicht auch der Angst, und schließlich, hoffentlich, unbändiger Freude, Erleichterung und purer Liebe. Während deine Partnerin die körperliche Schwerstarbeit leistet und dabei oft an ihre Grenzen und darüber hinaus geht, bist du ihr wichtigster Verbündeter, ihr emotionaler Fels in der oft stürmischen Brandung der Wehen. Doch vergiss nicht: Auch für dich als werdenden Vater ist die Geburt ein emotionaler Marathon, eine Achterbahnfahrt der Gefühle, bei der es gilt, die eigene innere Balance zu wahren und gleichzeitig eine kraftvolle Unterstützung für deine Partnerin zu sein.

Die eigenen Emotionen anerkennen und konstruktiv kanalisieren

Es ist eine absolute Selbstverständlichkeit, dass auch du während der Geburt eures Kindes von einer ganzen Bandbreite an Emotionen erfasst wirst. Es wäre eher ungewöhnlich, wenn es nicht so wäre! Diese Gefühle können sehr intensiv sein und sich schnell abwechseln. Es ist möglich, dass du eine prickelnde **Aufregung** und die fast greifbare **Vorfreude** darauf spürst, euer gemeinsames Baby endlich in den Armen halten zu können, es zum ersten Mal zu sehen, zu riechen, zu spüren. Gleichzeitig ist da oft eine gehörige Portion **Nervosität** und **Anspannung**. Wird alles gut verlaufen? Werde ich meiner Partnerin eine echte Hilfe sein können? Was erwartet mich im Kreißsaal? Auch **Angst und Sorge** können sich beimischen: vielleicht die Sorge um das Wohlergehen deiner Partnerin, wenn sie starke Schmerzen hat; die Angst vor möglichen Komplikationen oder vor dem Unbekannten, besonders wenn es eure erste Geburt ist. Ein Gefühl der **Hilflosigkeit** kann aufkommen, wenn du siehst, wie deine Partnerin unter den Wehen leidet und du ihr den Schmerz nicht abnehmen kannst. Die Intensität des gesamten Geschehens, die manchmal sterile Krankenhausatmosphäre, die medizinischen Geräte, die Geräusche – all das kann zu einem Gefühl der **Überwältigung** führen. Und wenn sich die Geburt über viele Stunden hinzieht, kann sich auch **Ungeduld** oder **Erschöpfung** bei dir breitmachen. Schließlich, und das sind die Momente, die alles andere in den Schatten stellen: die tiefe **Rührung**, die unermessliche **Liebe** und die pure **Freude**, wenn euer Kind geboren ist, wenn du seinen ersten Schrei hörst oder es zum ersten Mal in deinen Armen hältst. Tränen sind hier nicht nur erlaubt, sondern fast schon vorprogrammiert!

Der allererste und wichtigste Schritt im Umgang mit dieser emotionalen Flut ist, all diese Gefühle bei dir selbst wahrzunehmen, sie anzuerkennen und sie als völlig normalen und menschlichen Teil dieses außergewöhnlichen Erlebnisses zu akzeptieren. Versuche nicht, den coolen, unberührten Typen zu spielen, wenn dir innerlich ganz anders zumute ist. Es ist kein Zeichen von Schwäche, nervös zu sein, Angst zu haben oder vor Glück zu weinen! Im Gegenteil, es zeigt, dass du mit ganzem Herzen bei der Sache bist. Wenn du versuchst, deine Emotionen zu unterdrücken oder zu überspielen, staut sich innerlich nur noch mehr Spannung an, die sich dann vielleicht in unangemessener Gereiztheit oder übermäßiger Nervosität entlädt.

Was kannst du also ganz konkret tun, um mit dieser emotionalen Achterbahnfahrt während der Geburt besser umzugehen und trotzdem eine Stütze für deine Partnerin zu sein? Die **Kraft des Atems gezielt einzusetzen**, ist dein persönlicher Anker. Sobald du merkst, dass Anspannung, Nervosität oder Angst in dir aufsteigen, lenke deine Aufmerksamkeit ganz bewusst auf deine Atmung. Die „Box-Atmung“ (Einatmen auf 4, halten auf 4, Ausatmen auf 4, Pause auf 4), die wir schon besprochen haben, ist hier ein hervorragendes Werkzeug. Oder du konzentrierst dich einfach auf ein paar langsame, tiefe Atemzüge, die bis in deinen Bauch gehen. Schließe vielleicht für einen Moment die Augen, atme tief durch die Nase ein, spüre, wie sich deine Bauchdecke hebt, halte die Luft kurz an und atme dann langsam und vollständig durch den Mund wieder aus, während du dir vorstellst, wie mit dem Ausatemstrom auch Anspannung und Sorgen deinen Körper verlassen. Wiederhole das fünf bis zehn Mal. Diese einfache Technik kann dir helfen, dein Nervensystem zu beruhigen, deinen Herzschlag zu normalisieren und wieder einen klareren Kopf zu bekommen. Du kannst diese Atemübungen immer wieder zwischendurch einstreuen, besonders in den Wehenpausen deiner Partnerin.

Realistische Erwartungen zu haben, dient als Puffer gegen Enttäuschungen. Nicht jede Geburt verläuft nach Lehrbuch oder wie in den romantischen Filmen. Geburten können unvorhersehbar sein, sie können lange dauern, sie können sehr schmerzhaft sein, und es kann immer wieder zu unerwarteten Wendungen oder medizinisch notwendigen Interventionen kommen. Wenn du dich mental darauf einstellst, dass nicht alles exakt nach Plan laufen muss und dass es verschiedene Wege gibt, wie euer Kind sicher auf die Welt kommen kann, bist du innerlich flexibler und kannst besser mit Abweichungen von euren ursprünglichen Wünschen umgehen. Das bewahrt dich vor Enttäuschungen und hilft dir, auch in herausfordernden Situationen handlungsfähig zu bleiben.

Wissen gibt Sicherheit, aber vermeide es, dich verrückt zu machen. Ein guter, partnerschaftlicher Geburtsvorbereitungskurs, in dem du nicht nur Informationen über den Ablauf einer Geburt erhältst, sondern auch ganz praktische Tipps für deine Rolle als unterstützender Partner bekommst, kann dir enorm viel Sicherheit geben. Wenn du verstehst, was in den verschiedenen Phasen der Geburt im Körper deiner Partnerin passiert und welche Unterstützungsmöglichkeiten es gibt, fühlst du dich weniger hilflos und kannst aktiver teilhaben. Aber Achtung: Vermeide es, dich kurz vor oder während der Geburt mit Schauergeschichten aus Internetforen oder von übereifrigen Bekannten verrückt zu machen. Vertraue auf das Fachwissen des medizinischen Personal, auf die Kraft deiner Partnerin und auf die gute Vorbereitung, die ihr als Paar getroffen habt.

Kleine Pausen für dich selbst einzuplanen, wenn möglich und nötig, ist die Kunst des Auftankens im Marathon. Eine Geburt ist oft ein langer Prozess, der sich über viele Stunden, manchmal sogar Tage, erstrecken kann. Es ist absolut entscheidend, dass auch du bei Kräften bleibst, um deine Partnerin kontinuierlich unterstützen zu können. Sprich deshalb im Vorfeld mit deiner Partnerin und auch mit der betreuenden Hebamme darüber, wie du dir zwischendurch kurze Auszeiten nehmen kannst, ohne dass sich deine Partnerin alleingelassen fühlt. Vielleicht gibt es eine andere vertraute Person (eine Freundin, die Mutter deiner Partnerin), die sie für eine halbe Stunde begleiten kann, während du dir einen Kaffee holst, etwas isst, eine Runde um den Block gehst, um frische Luft zu schnappen, oder einfach nur kurz die Augen schließt. Das ist kein Egoismus und kein Zeichen mangelnder Unterstützung, sondern eine notwendige Maßnahme der Selbstfürsorge, damit du bis zum großen Finale fit und präsent bleibst.

Den Fokus zu halten, ist deine Mission als Papa-Begleiter. In all dem Trubel und den intensiven Emotionen kann es hilfreich sein, dich immer wieder bewusst daran zu erinnern, was deine Hauptaufgabe in diesem Moment ist: Du bist hier, um deine Partnerin nach besten Kräften zu unterstützen, ihr Sicherheit und Geborgenheit zu vermitteln, ihre Wünsche und Bedürfnisse im Blick zu haben und euer gemeinsames Kind liebevoll auf dieser Welt willkommen zu heißen. Dieser klare Fokus auf deine Rolle als unterstützender Begleiter kann dir helfen, deine eigenen Ängste oder Unsicherheiten etwas in den Hintergrund treten zu lassen und deine Energie auf das Wesentliche zu lenken.

Ein wichtiger Gedanke, der dich während der gesamten Geburt begleiten kann: **Deine emotionale Stabilität und deine ruhige Zuversicht sind eines der größten Geschenke, die du deiner Partnerin in diesen Stunden machen kannst. Indem du deine eigenen Gefühle konstruktiv managst, schaffst du einen sicheren und haltgebenden Raum, der es ihr erleichtert, sich ganz auf den Geburtsprozess einzulassen und ihre eigenen Kräfte zu mobilisieren.**

Deine Partnerin unterstützen und dabei selbst nicht untergehen

Deine primäre Rolle im Kreißsaal ist ohne Frage die des unterstützenden Partners. Deine Partnerin leistet Unglaubliches und braucht jetzt deine volle Aufmerksamkeit, deine Ermutigung, deine liebevolle Präsenz und deine praktische Hilfe. Aber auch hier ist es wichtig, dass du ein Gespür für deine eigenen Grenzen entwickelst und gut für dich sorgst, denn nur wenn du selbst einigermaßen im Gleichgewicht bist, kannst du ihr langfristig eine echte Stütze sein.

Du kannst deine Partnerin verbal unterstützen und positive Bestärkung geben, denn deine Worte haben jetzt eine immense Kraft. Lobe sie für ihre Stärke, erinnere sie daran, wie gut sie das macht, sprich ihr Mut zu. Vermeide unbedingt jegliche Form von negativen Äußerungen oder Zeichen von Ungeduld. Auch wenn du selbst vielleicht nervös oder unsicher bist – versuche, das in diesen Momenten nicht zu zeigen. Deine Zuversicht und dein Optimismus sind ansteckend und geben ihr unendlich viel Kraft.

Auch körperliche Unterstützung ist jetzt gefragt. Halte ihre Hand, massiere ihren Rücken, hilf ihr, eine angenehme Position zu finden, reiche ihr Getränke oder feuchte Tücher für die Stirn. Deine Berührungen können unglaublich tröstend und schmerzlindernd wirken. Wenn sie in den Wehen die richtige Atmung vergisst, atme ruhig und tief mit ihr. Deine rhythmische Atmung kann ihr helfen, wieder in den Takt zu finden. Du solltest außerdem als ihr Fürsprecher agieren und ihre Wünsche gegenüber dem medizinischen Personal vertreten, wenn sie es selbst gerade nicht kann.

Es kann jedoch vorkommen, dass du dich an einem bestimmten Punkt wirklich überfordert fühlst, dir schlecht wird oder du merkst, dass du kurz davor bist, die Nerven zu verlieren. Erkenne deine eigenen Grenzen und kommuniziere dies, falls nötig. Das ist keine Schande und kann passieren! Das Wichtigste ist: Sprich es sofort ehrlich an! Sag der Hebamme oder den Ärzten Bescheid. Es ist viel besser, wenn du dich für einen Moment hinsetzt oder kurz den Raum verlässt (in Absprache!), als wenn du versuchst, tapfer durchzuhalten und dann plötzlich neben deiner Partnerin zusammenklappst. Das würde ihr nur zusätzliche Sorgen bereiten. Die Profis im Kreißsaal kennen solche Situationen und werden verständnisvoll reagieren. Es ist keine Schwäche, um Hilfe zu bitten oder eine Pause zu brauchen – es ist verantwortungsbewusst.

Der Kreißsaal ist ein Ort der Extreme. Deine Fähigkeit, in diesem emotionalen Sturm einen kühlen Kopf zu bewahren, deine eigenen Reaktionen zu steuern und gleichzeitig einfühlsam für deine Partnerin da zu sein, ist ein Meisterstück der Resilienz.

Praxis-Zone Erstes Jahr: Die täglichen Belastungsproben – So bleibst du auch im Papa-Marathon fit

Das erste Jahr mit eurem Baby ist eine unglaublich intensive und wunderschöne Zeit, aber sie ist eben auch oft geprägt von neuen Herausforderungen, die dich als Vater und euch als Paar an eure Grenzen bringen können. Schlafmangel, ein langanhaltend schreiendes Baby, die ständige Verantwortung, Phasen der Unsicherheit und das Gefühl, den eigenen Ansprüchen nicht gerecht zu werden – all das sind typische Stressoren, mit denen es umzugehen gilt. Deine Fähigkeit zur Stressbewältigung und Resilienz ist jetzt gefragter denn je.

Strategien gegen den Schlafmangel-Blues: Mehr als nur Kaffee

Schlafmangel ist wahrscheinlich einer der größten und am meisten unterschätzten Stressfaktoren im ersten Babyjahr. Wenn du über Wochen und Monate hinweg jede Nacht nur wenige Stunden Schlaf bekommst, zehrt das an deinen körperlichen und seelischen Reserven. Du bist schneller gereizt, unkonzentriert, deine Geduldsschwelle sinkt, und selbst kleine Alltagsprobleme können sich plötzlich wie unüberwindbare Berge anfühlen.

Der erste Schritt im Umgang mit Schlafmangel ist Akzeptanz: Es ist eine Phase, die irgendwann vorbeigeht, auch wenn es sich manchmal nicht so anfühlt. Versuche, nicht gegen die Müdigkeit anzukämpfen, sondern Strategien zu entwickeln, um trotzdem so gut wie möglich durch den Tag zu kommen. Eine ganz wichtige Maßnahme ist hier die Teamarbeit mit deiner Partnerin. Sprecht euch ab, wer wann welche Schlafzeiten bekommt. Eine Möglichkeit ist ein **Schichtdienst mit System**, eine echte Paar-Kooperation. Hier könntet ihr zum Beispiel feste Schichten vereinbaren. Einer übernimmt die erste Nachthälfte, beispielsweise von 22 bis 2 Uhr, der andere die zweite, etwa von 2 bis 6 Uhr. So hat jeder die Chance auf ein paar Stunden ununterbrochenen Schlaf. Das funktioniert natürlich am besten, wenn das Baby auch mal ein Fläschchen mit abgepumpter Muttermilch oder Säuglingsnahrung akzeptiert. Ein anderes Modell, besonders fürs Wochenende geeignet, könnte das „Jeder eine Nacht"-Prinzip sein. Hierbei könnte einer von euch eine Nacht komplett „frei" bekommen und im Gästezimmer oder auf der Couch schlafen, um richtig durchzuschlafen, während der andere die volle Verantwortung übernimmt. In der nächsten Nacht wird dann gewechselt. Wichtig ist, dass ihr eine Regelung findet, die für euch beide fair ist und funktioniert. Sprecht offen darüber, wer gerade besonders erschöpft ist und eine längere Schlafphase braucht.

Nutze auch jede Gelegenheit für **Powernaps – die Kunst des strategischen Nickerchens**. Wenn dein Baby tagsüber schläft, leg dich auch hin! Selbst 20-30 Minuten können schon einen großen Unterschied machen und dir helfen, deine Akkus wieder etwas aufzuladen. Vergiss den Haushalt oder die To-Do-Liste – Schlaf hat jetzt Priorität. Das ist oft leichter gesagt als getan, weil man vielleicht denkt, man müsse die Zeit produktiv nutzen. Hier hilft ein Umdenken: Schlaf *ist* produktiv, denn er macht dich zu einem besseren und geduldigeren Vater.

Ein weiterer wichtiger Punkt ist das **Herunterschrauben der eigenen Ansprüche**, eine Art Perfektionismus-Detox. Es ist absolut okay, wenn die Wohnung in den ersten Monaten nicht aussieht wie aus dem Möbelkatalog. Es ist okay, wenn du nicht jeden Tag ein frisch gekochtes Drei-Gänge-Menü auf den Tisch zauberst. Reduziere deine Erwartungen an dich selbst und an die äußere Ordnung. Konzentriere dich auf das Wesentliche: das Wohl deines Babys und euer Wohlbefinden als Familie.

Zögere nicht, **Hilfe anzunehmen und aktiv einzufordern**; dein Unterstützer-Netzwerk ist eine wertvolle Ressource. Wenn Freunde oder Familie ihre Hilfe anbieten, beispielsweise mal das Baby für einen Spaziergang nehmen, damit ihr schlafen könnt, oder euch eine Mahlzeit vorbeibringen, nimm sie dankbar an! Und scheue dich nicht, auch aktiv um Unterstützung zu bitten. Manchmal sind Großeltern oder Freunde froh, wenn sie konkret helfen können.

Achte auch auf einen **gesunden Lebensstil**, soweit es eben möglich ist. Auch wenn es schwerfällt, versuche, dich einigermaßen gesund zu ernähren und ausreichend zu trinken. Vermeide zu viel Koffein, besonders am Abend. Regelmäßige Bewegung an der frischen Luft, und sei es nur ein flotter Spaziergang mit dem Kinderwagen, kann helfen, die Müdigkeit etwas zu bekämpfen und den Kreislauf anzukurbeln.

Manchmal braucht man einfach einen schnellen, kleinen Schub, eine Art **„Notfall-Tankstelle" für kurze Energiekicks**. Das kann eine kalte Dusche sein, deine Lieblingsmusik laut auf den Ohren für fünf Minuten (natürlich nicht, wenn das Baby schläft und du alleine bist), ein kurzes Telefonat mit einem guten Freund, das dich auf andere Gedanken bringt, oder einfach nur ein paar intensive Dehnübungen, um den Körper wieder zu spüren. Finde heraus, was dir ganz persönlich kurzfristig ein bisschen Energie zurückgibt und dich erfrischt.

Ein wichtiger Gedanke, um mit dem Schlafmangel umzugehen: **Diese Phase ist intensiv, aber sie ist nicht für immer. Sei nachsichtig mit dir und deiner Partnerin und feiert jeden kleinen Fortschritt auf dem Weg zu ruhigeren Nächten.**

Umgang mit langanhaltendem Babyschreien: Strategien für starke Nerven

Ein Baby, das über längere Zeit untröstlich schreit, kann Eltern an den Rand ihrer Belastbarkeit bringen. Man fühlt sich hilflos, verzweifelt, vielleicht auch wütend oder schuldig, weil man sein Kind nicht beruhigen kann. Diese Gefühle sind menschlich, aber es ist entscheidend, einen Weg zu finden, damit umzugehen, ohne die Nerven zu verlieren.

Zuerst gilt es natürlich, die üblichen Verdächtigen auszuschließen: Hat dein Baby Hunger, eine volle Windel, ist ihm zu heiß oder zu kalt, hat es Schmerzen (z.B. Bauchweh, Zähne)? Die Beruhigungsstrategien aus Fähigkeit 3 (Tragen, Wiegen, Singen etc.) sind hier dein erstes Repertoire.

Manchmal, besonders in den ersten drei bis vier Lebensmonaten, gibt es aber Phasen, in denen Babys viel und intensiv schreien, ohne dass ein klarer Grund erkennbar ist (oft als „Dreimonatskoliken" oder besser gesagt Regulationsstörungen bezeichnet). Das Baby ist dann oft schwer zu beruhigen und wirkt untröstlich. In solchen Situationen ist deine Selbstregulation und Stressbewältigung extrem gefordert.

Hier sind konkrete Strategien, die dir helfen können, wenn du merkst, dass du an deine Grenzen stößt. Eine absolute Grundregel für akute Überforderung ist die **„STOPP"-Regel**, um sicherzustellen, dass du niemals die Kontrolle verlierst – und ganz besonders, um die Gefahr des Schüttelns abzuwenden. Wenn du merkst, dass Wut oder Verzweiflung in dir hochkochen, lege dein Baby immer zuerst an einem **s**icheren Ort ab, beispielsweise in sein Bettchen oder den Laufstall, wo ihm nichts passieren kann. Verlasse dann für ein paar Minuten den Raum, um **t**ief durchzuatmen. Gehe in ein anderes Zimmer, öffne vielleicht ein Fenster, trinke ein Glas Wasser und versuche, dich bewusst von der akuten Situation zu distanzieren und dich körperlich und mental zu beruhigen. Es ist absolut in Ordnung und viel besser für dein Kind, wenn es für kurze Zeit sicher schreit, als dass du in deiner Überforderung die Beherrschung verlierst. **Unter gar keinen Umständen darfst du dein Baby schütteln!** Dies kann zu schwersten, lebensgefährlichen Hirnverletzungen führen. Suche dann **O**rientierung. Erinnere dich daran, dass dein Baby nicht schreit, um dich zu ärgern oder zu provozieren, sondern weil es ihm nicht gut geht, es Schmerzen hat oder seine Bedürfnisse nicht anders ausdrücken kann. Es braucht deine Hilfe, auch wenn du gerade nicht genau weißt, wie diese aussehen soll. Und schließlich, hole dir **P**artner oder professionelle Hilfe. Bitte deine Partnerin, dich abzulösen, wenn sie verfügbar ist. Wenn du alleine bist oder ihr beide am Ende eurer Kräfte seid, rufe eine vertraute Person an – einen Freund, ein Familienmitglied, einen Notfallkontakt. Sprich offen über deine Verzweiflung und bitte um Unterstützung. Es gibt auch spezielle Beratungs-Hotlines für Eltern von Schreibabys oder sogenannte Schreiambulanzen, die professionelle und oft sehr zeitnahe Hilfe anbieten. Scheue dich niemals, diese Unterstützung in Anspruch zu nehmen!

Darüber hinaus kann es helfen, eine **reizarme Umgebung** für dein Baby zu schaffen, wenn es sehr unruhig ist. Oft sind schreiende Babys überreizt von zu vielen Eindrücken. Gedämpftes Licht, eine leise Umgebung ohne laute Musik oder laufenden Fernseher können manchmal schon zu einer ersten Beruhigung beitragen.

Körperkontakt und rhythmische Bewegung sind oft sehr wirksam. Viele Babys lassen sich durch die Kombination aus Enge, Wärme und sanfter, gleichmäßiger Bewegung beruhigen. Trage dein Baby im Tragetuch oder einer ergonomischen Tragehilfe eng an deinem Körper und gehe langsam im Zimmer auf und ab oder wiege dich sanft hin und her. Die Begrenzung durch das Tuch und das Spüren deines Herzschlags und deiner Körperwärme können sehr beruhigend wirken und an die Zeit im Mutterleib erinnern.

Eine Methode, die auf ähnlichen Prinzipien beruht und von dem amerikanischen Kinderarzt Dr. Harvey Karp entwickelt wurde, ist die **„5 S"-Methode**. Sie kombiniert fünf Elemente, die das Baby an die Geborgenheit und die Reize im Mutterleib erinnern sollen und besonders bei unruhigen Neugeborenen einen Versuch wert sein können. Das erste „S" steht für **S**wathe (Pucken), also das enge, aber nicht zu feste Einwickeln des Babys in ein spezielles Pucktuch oder eine dünne Decke. Das gibt ihm Begrenzung und kann unkontrollierte Armbewegungen (den Moro-Reflex) reduzieren. Das zweite „S" ist die **S**ide/Stomach Position (Seiten- oder Bauchlage). Halte dein Baby dabei sicher auf deiner Schulter oder auf deinen Unterarmen in Seiten- oder Bauchlage (aber Achtung:

Zum Schlafen sollte ein Baby immer und ausschließlich auf den Rücken gelegt werden, um dem plötzlichen Kindstod vorzubeugen!). Das dritte „S" steht für **S**hush (Zischen). Mache laute, monotone, zischende Geräusche direkt am Ohr deines Babys – diese sollen dem lauten Rauschen des Blutes und der Verdauungsgeräusche im Mutterleib ähneln. Das vierte „S" ist **S**wing (Schaukeln). Bewege dein Baby sanft, aber mit einer gewissen Frequenz und kleinen Amplituden hin und her, während du es sicher hältst. Und das fünfte „S" steht für **S**uck (Saugen). Biete deinem Baby einen Schnuller, deinen sauberen kleinen Finger oder, falls gestillt wird, die Brust zum Saugen an, denn das Saugbedürfnis ist bei Babys sehr stark ausgeprägt und wirkt beruhigend. Es kann hilfreich sein, sich diese Methode genauer anzuschauen und auszuprobieren, ob sie bei deinem Baby eine positive Wirkung zeigt.

Manchmal kann es auch nützlich sein, ein **Schrei-Tagebuch** zu führen, besonders wenn das Schreien sehr ausgeprägt ist und du dir Sorgen machst. Notiere über einige Tage hinweg, wann dein Baby schreit, wie lange es ungefähr dauert, wie intensiv es ist und was in der Situation davor oder währenddessen passiert ist (z.B. nach dem Füttern, vor dem Schlafen, bei bestimmten Geräuschen). Vielleicht entdeckst du dadurch bestimmte Muster, Auslöser oder auch Dinge, die deinem Baby in solchen Momenten besonders gut helfen. Ein solches Tagebuch kann auch eine wertvolle Grundlage für ein Gespräch mit deinem Kinderarzt oder einer Beratungsstelle sein.

Ein wichtiger Gedanke, der dir durch diese anstrengenden Phasen helfen kann: **Du tust dein Bestes, und es ist nicht deine Schuld, wenn dein Baby viel schreit. Diese intensiven Phasen sind meistens vorübergehend. Suche dir aktiv Entlastung und sei gut und nachsichtig mit dir selbst.**

Umgang mit Phasen der Unsicherheit und dem Gefühl der Überforderung: Du bist nicht allein!

Das erste Jahr mit einem Baby ist ein kontinuierlicher Lern- und Anpassungsprozess, für dein Kind, aber auch für dich als Vater. Es gibt immer wieder neue Entwicklungsschübe, neue Fähigkeiten, die dein Baby erwirbt, und damit auch neue Herausforderungen und Fragen für dich. Es wird Phasen geben, in denen alles wie am Schnürchen läuft, dein Baby ein zufriedener kleiner Sonnenschein ist und du dich in deiner Vaterrolle absolut sicher und kompetent fühlst. Und dann gibt es wieder Zeiten, in denen du dich vielleicht unsicher fühlst, an deinen Fähigkeiten zweifelst, dich fragst, ob du alles richtig machst, oder einfach nur das überwältigende Gefühl hast, der Situation und den Anforderungen nicht mehr ganz gewachsen zu sein. Vielleicht schläft dein Baby plötzlich viel schlechter, obwohl es vorher ein guter Schläfer war. Vielleicht verweigert es vehement den Brei, den es gestern noch mit Begeisterung gegessen hat. Vielleicht ist es extrem anhänglich und weint, sobald du auch nur versuchst, kurz den Raum zu verlassen.

Solche Phasen der Unsicherheit und das Gefühl der Überforderung sind absolut normale und menschliche Begleiter des Elternseins. Fast alle Eltern, egal wie erfahren oder selbstbewusst sie nach außen wirken, kennen diese Momente. Entscheidend ist nicht, sie krampfhaft zu vermeiden oder zu überspielen, sondern einen konstruktiven Umgang damit zu finden:

Ein ganz wichtiger Schritt ist, **darüber zu sprechen und dein soziales Netz als Ressource zu nutzen!** Teile deine Gefühle, deine Unsicherheiten und deine Fragen mit deiner Partnerin. Oft hilft es schon ungemein, einfach nur auszusprechen, was einen belastet, und zu hören, dass es dem anderen vielleicht ähnlich geht oder dass sie deine Unsicherheit versteht und dir den Rücken stärkt. Tausche dich auch aktiv mit anderen Vätern aus – sei es im Freundes- oder Kollegenkreis, in speziellen Vätergruppen, in der Krabbelgruppe oder auch in seriösen Online-Foren für Eltern. Du wirst schnell feststellen: Du bist mit deinen Sorgen und Fragen absolut nicht allein! Viele andere Väter machen ganz ähnliche Erfahrungen und kämpfen mit ähnlichen Herausforderungen. Dieses Gefühl der Verbundenheit und des geteilten Erlebens kann enorm entlastend sein und dir neue Perspektiven eröffnen.

Eine weitere wichtige Säule ist **Information und Wissen – die Macht der Aufklärung**. Oft entstehen Unsicherheiten oder das Gefühl der Überforderung aus einem Mangel an Wissen oder aus falschen Erwartungen. Informiere dich über die normale kindliche Entwicklung in den verschiedenen Altersstufen. Lese gute, fundierte Ratgeber (so wie diesen hier!), besuche vielleicht Elternkurse zu bestimmten Themen (z.B. Babyschlaf, Beikost), sprich mit deiner Hebamme, deinem Kinderarzt oder anderen Fachleuten, denen du vertraust. Je besser du verstehst, warum dein Baby sich in bestimmten Phasen so verhält, wie es sich verhält – beispielsweise während eines sogenannten Entwicklungsschubs, wenn es zahnt, wenn es anfängt zu fremdeln oder wenn es mit der Entwicklung von Trennungsangst kämpft – desto gelassener und kompetenter kannst du damit umgehen. Wissen reduziert Unsicherheit und gibt dir Handlungssicherheit.

Ein ganz zentraler Punkt für deine innere Balance ist die **Akzeptanz von Unvollkommenheit und die Verabschiedung vom Perfektionismus-Anspruch – der „Gut-Genug-Papa" sein zu dürfen.** Du musst nicht perfekt sein! Es gibt nicht den einen, allgemeingültigen richtigen Weg, ein guter Vater zu sein. Jedes Kind ist ein Individuum mit eigenen Bedürfnissen und einem eigenen Temperament, jede Familie ist einzigartig, und jede Eltern-Kind-Beziehung ist ein ganz persönlicher Prozess. Erlaube dir, Fehler zu machen – sie sind unvermeidliche und oft auch wertvolle Lernchancen. Konzentriere dich nicht krampfhaft auf das, was vielleicht nicht optimal klappt oder was andere vermeintlich besser machen, sondern richte deinen Blick auf die vielen kleinen und großen Dinge, die gut laufen, auf die positiven Momente mit deinem Kind, auf die Fortschritte, die ihr gemeinsam macht. Sei nachsichtig und geduldig mit dir selbst, genauso wie du es mit deinem Kind bist. Ein zentraler Leitsatz, der dir zu mehr Gelassenheit verhelfen kann: **Du musst kein perfekter Vater sein, um ein großartiger Vater zu sein – deine Liebe, deine Präsenz, deine Geduld und deine Bereitschaft, für dein Kind da zu sein, von ihm zu lernen und dich auf dieses Abenteuer einzulassen, sind das, was wirklich zählt.**

Um dich in Phasen der Überforderung nicht zu verlieren, ist es hilfreich, den **Fokus auf die kleinen Erfolge und positiven Momente zu richten – die Kraft der positiven Verstärkung für dich selbst.** In stressigen Zeiten neigen wir oft dazu, nur noch das zu sehen, was nicht funktioniert, was anstrengend ist, was uns Sorgen macht. Dabei übersehen wir leicht die vielen kleinen Freuden, die schönen Augenblicke und die Dinge, die uns gut gelungen sind. Nimm dir deshalb ganz bewusst jeden Tag ein paar Minuten Zeit, um die positiven Aspekte deines Papa-Alltags wahrzunehmen und zu genießen: das erste bewusste Lächeln deines Babys, das zufriedene Glucksen, wenn du mit ihm spielst, das erste Mal, dass es nach deiner Hand greift, ein ruhiger Moment des innigen Kuschelns auf dem Sofa, ein Entwicklungsschritt, den es gemeistert hat. Diese positiven Erlebnisse sind wie kleine Sonnenstrahlen, die dir Kraft geben und deine Batterien wieder aufladen. Du könntest dir sogar ein kleines „Glücksmomente-Tagebuch" anlegen und jeden Abend drei Dinge notieren, die an diesem Tag schön waren oder für die du dankbar bist. Das hilft, den Fokus zu verschieben und die positiven Aspekte des Elternseins bewusster wahrzunehmen.

Und schließlich, ein Punkt, der oft zu kurz kommt, aber für deine Resilienz unerlässlich ist: **Selbstfürsorge nicht vergessen – deine eigene Tankstelle regelmäßig aufsuchen.** Nur wenn es dir selbst einigermaßen gut geht, wenn deine eigenen Grundbedürfnisse nach Schlaf, Nahrung, Bewegung, sozialem Austausch und kleinen Auszeiten befriedigt sind, kannst du auch langfristig gut, geduldig und liebevoll für dein Kind und deine Partnerin da sein. Achte auf deine eigenen Bedürfnisse und versuche, dir bewusst kleine Freiräume im Alltag zu schaffen, in denen du etwas tust, das dir guttut, dich entspannt und dir neue Energie gibt – sei es Sport treiben, ein Hobby pflegen, dich mit guten Freunden treffen oder einfach nur mal ein paar Minuten Ruhe für dich allein haben, um ein Buch zu lesen oder Musik zu hören. (Auf dieses wichtige Thema der Selbstfürsorge gehen wir in Fähigkeit 7 noch einmal ganz ausführlich ein).

Humor als Bewältigungsstrategie – Lachen ist die beste Medizin (auch für müde Papas)

Bei all den Herausforderungen, dem chronischen Schlafmangel, den Momenten der Anspannung und der großen Verantwortung solltest du eines niemals aufgeben oder verlieren: deinen Sinn für Humor! Die Fähigkeit, die komischen und manchmal auch wirklich absurden Seiten des Elternseins zu sehen, über kleine Pannen des Alltags lachen zu können und die Dinge nicht immer allzu bierernst zu nehmen, ist ein unschätzbar wertvoller Stresspuffer, ein echtes Überlebenselixier und eine ganz wichtige Ressource für deine Resilienz.

Das Leben mit einem Baby ist nämlich, bei aller Liebe und allem Glück, oft auch eine Quelle unfreiwilliger Komik. Es gibt unzählige Situationen, die, wenn man sie mit ein bisschen Abstand und einer Prise Selbstironie betrachtet, einfach nur zum Brüllen sind. Da ist die Windel, die genau in dem Moment ausläuft oder „explodiert", wenn du gerade das Haus im besten Sonntagsstaat verlassen willst, um die Schwiegereltern zu besuchen. Da ist der liebevoll und mit viel Mühe zubereitete erste Karottenbrei, der nicht im Mund deines Babys landet, sondern mit sichtlichem Vergnügen und beeindruckender Reichweite an die frisch gestrichene Küchenwand gespuckt wird. Da sind die schlaftrunkenen Konversationen, die du um drei Uhr nachts mit deiner Partnerin führst, während ihr beide versucht, das schreiende Baby zu beruhigen, und bei denen ihr am nächsten Morgen nicht mehr wisst, wer was gesagt hat, aber sicher seid, dass es keinen logischen Sinn ergeben hat. Oder die Momente, in denen dein kleiner Schatz mit todernster Miene die erstaunlichsten und lautesten Körpergeräusche von sich gibt, meistens dann, wenn es gerade mucksmäuschenstill ist.

Versuche, solche Situationen nicht nur als ärgerlich, peinlich oder anstrengend abzuspeichern, sondern auch ihre humorvolle Seite zu entdecken. Teile diese lustigen Anekdoten und „Papa-Pannen“ mit deiner Partnerin – gemeinsames Lachen über die kleinen und großen Absurditäten des Alltags verbindet ungemein, baut Stress ab und schafft eine Atmosphäre der Leichtigkeit. Erzähle sie deinen Freunden, besonders denen, die selbst Kinder haben – du wirst sehen, sie können ähnliche Geschichten beisteuern, und das Lachen wird noch größer. Manchmal hilft es auch, sich bewusst humorvolle Inhalte zum Thema Elternsein anzuschauen – sei es ein lustiger Eltern-Blog, ein augenzwinkernder Comic-Strip über das Familienleben oder ein Kabarettprogramm, das die Freuden und Leiden junger Eltern aufs Korn nimmt. Lachen ist tatsächlich eine der besten und gesündesten Arten, um Spannungen abzubauen und wieder eine positive Perspektive zu gewinnen.

Humor bedeutet aber auch, und das ist vielleicht noch wichtiger, über sich selbst lachen zu können. Als frischgebackener Papa wirst du unweigerlich immer wieder in Situationen geraten, in denen du dich vielleicht etwas ungeschickt anstellst, einen Fehler machst, dich ahnungslos fühlst oder einfach nur grandios scheiterst bei dem Versuch, alles perfekt zu machen. Vielleicht versuchst du, das Baby mit einem komplizierten Tragetuch zu binden und siehst am Ende aus wie eine schlecht verschnürte Mumie, während das Baby eher irritiert als beruhigt wirkt. Vielleicht singst du deinem Kind mit voller Inbrunst ein Schlaflied vor und merkst erst nach der dritten Strophe, dass du den Text von „Alle meine Entchen“ mit dem von „Hänschen klein“ vermischt hast. Nimm solche Momente mit einem Schmunzeln! Es ist ein Zeichen von wahrer Stärke, von Souveränität und Gelassenheit, wenn du deine eigenen kleinen Unzulänglichkeiten und Missgeschicke nicht zu ernst nimmst, sondern sie als Teil des menschlichen Lern- und Wachstumsprozesses im Abenteuer Vaterschaft siehst. Ein guter Tipp, um mehr Leichtigkeit und Humor in euren Familienalltag zu bringen: **Führt als Familie ein kleines „Pannen-und-Glücksmomente-Buch“. Schreibt oder malt ab und zu gemeinsam die lustigsten, skurrilsten, peinlichsten, aber auch die schönsten und berührendsten Erlebnisse mit eurem Baby auf. Klebt vielleicht auch Fotos dazu. Wenn ihr später, vielleicht wenn euer Kind schon älter ist, in diesem Buch blättert, werdet ihr oft herzhaft lachen müssen und euch dankbar an all die kleinen und großen Abenteuer erinnern, die ihr als Familie gemeinsam gemeistert und erlebt habt.** Humor ist ein wunderbares Ventil, um Druck abzulassen, eine positive und liebevolle Atmosphäre zu schaffen und die Freude am Elternsein auch und gerade in den anstrengenden und herausfordernden Zeiten nicht zu verlieren.

Der „genug gute Vater“ und die Kraft der Resilienz für die ganze Familie

Ein unglaublich entlastendes, stärkendes und für deine Resilienz als Vater absolut zentrales Konzept ist das des „genug guten Vaters“. Dieser Begriff geht ursprünglich auf den bekannten englischen Kinderarzt und Psychoanalytiker Donald W. Winnicott zurück, der damit die Idee der „genug guten Mutter“ prägte. Übertragen auf dich als Vater bedeutet das: Es ist für die gesunde, glückliche und stabile Entwicklung deines Kindes nicht nur nicht notwendig, sondern auch gar nicht möglich und erstrebenswert, dass du ein perfekter, fehlerfreier, allwissender und rund um die Uhr gut gelaunter Super-Papa bist, der jede Situation mit spielerischer Leichtigkeit meistert und niemals an seine Grenzen stößt.

Diese Jagd nach einem unerreichbaren Idealbild von Perfektion im Elternsein ist nicht nur zutiefst unrealistisch, sondern erzeugt auch einen enormen inneren Druck – bei dir selbst, aber auch bei deiner Partnerin und letztlich in der gesamten Familie. Dieser Druck kann zu chronischem Stress, zu Schuldgefühlen, zu Versagensängsten und zu dem ständigen Gefühl führen, den eigenen Ansprüchen oder den vermeintlichen Erwartungen anderer niemals gerecht werden zu können. Das ist Gift für deine Resilienz und für das entspannte Miteinander in eurer Familie.

Dein Kind braucht aber keine perfekten Roboter-Eltern, die wie auf Knopfdruck funktionieren. Es braucht vielmehr echte, authentische, fühlende und liebevolle Menschen als Bezugspersonen, von denen es lernen kann, dass das Leben nicht immer nur geradlinig und einfach ist, dass Fehler zum Lernen und Wachsen dazugehören, dass man auch mal traurig, wütend, unsicher oder müde sein darf, ohne deswegen weniger wertvoll oder weniger geliebt zu werden.

„Genug gut“ als Vater zu sein, bedeutet:

Du bist liebevoll präsent und emotional verfügbar für dein Kind. Du nimmst dir Zeit für bewusste Interaktion, für Spiel, für Kuschelmomente.

Du gehst feinfühlig auf die Signale und Bedürfnisse deines Kindes ein und versuchst, es nach bestem Wissen und Gewissen zu verstehen und angemessen darauf zu reagieren.

Du gibst deinem Kind ein tiefes Gefühl von Sicherheit, Halt, Geborgenheit und bedingungsloser Annahme. Es weiß und spürt: „Papa ist für mich da, egal was kommt. Ich bin ihm wichtig, so wie ich bin.“

Du bist authentisch und menschlich. Das heißt, du darfst auch mal Fehler machen, du darfst zugeben, wenn du etwas nicht weißt, du darfst deine eigenen Bedürfnisse haben und Grenzen setzen. Du musst nicht immer die perfekte Lösung parat haben oder jede Situation souverän meistern.

Du bist bereit zu lernen, dich weiterzuentwickeln, dich auf dein Kind einzulassen und gemeinsam mit ihm und deiner Partnerin an den Herausforderungen des Familienlebens zu wachsen.

Indem du dir selbst erlaubst, ein „genug guter Vater“ zu sein, anstatt einem unerreichbaren Ideal hinterherzujagen, nimmst du nicht nur dir selbst eine riesige Last von den Schultern und stärkst deine eigene psychische Gesundheit. Du schaffst auch eine Atmosphäre der Akzeptanz, der Nachsichtigkeit und der liebevollen Unvollkommenheit in eurer Familie. Das ist ein Umfeld, in dem sich dein Kind sicher, frei und ohne übermäßigen Leistungsdruck entfalten kann. Es ist ein Umfeld, das Resilienz fördert – bei dir und bei deinem Kind.

Und genau hier schließt sich der Kreis zu unserer Ausgangsfrage nach der Bedeutung von Resilienz für dich als Vater und für eure Familie. Wenn du aktiv daran arbeitest, deine eigenen Stressbewältigungskompetenzen zu stärken, wenn du lernst, dich von Rückschlägen nicht entmutigen zu lassen, sondern sie als Lernchancen zu begreifen, wenn du flexibel und kreativ auf die ständigen Veränderungen und Unvorhersehbarkeiten im Leben mit einem Baby reagierst und dabei deinen Humor und deine grundsätzliche Zuversicht nicht verlierst – dann tust du nicht nur etwas für dein eigenes Wohlbefinden. Du wirst auch zu einem resilienteren, ausgeglicheneren und stärkeren Partner für deine Frau und zu einem liebevollen, geduldigen und widerstandsfähigen Vater für dein Kind.

Deine persönliche Resilienz hat direkte und positive Auswirkungen auf die gesamte Familienatmosphäre. Wenn du gelassener und stressresistenter bist, überträgt sich das auf deine Interaktionen mit deiner Partnerin. Ihr könnt als Paar konstruktiver mit den unvermeidlichen Herausforderungen des Elternseins umgehen, Konflikte besser lösen und euch gegenseitig effektiver unterstützen. Dein Kind wiederum profitiert von deinem Vorbild. Es erlebt Tag für Tag, wie du mit Stress umgehst, wie du Probleme angehst, wie du Lösungen findest, wie du dich nicht so leicht unterkriegen lässt. Das prägt seine eigene Fähigkeit, mit Frustrationen umzugehen, Herausforderungen anzunehmen und Widerstandskraft gegenüber den Widrigkeiten des Lebens zu entwickeln. Studien aus der Entwicklungspsychologie und Resilienzforschung zeigen immer wieder deutlich, dass Kinder, die bei emotional stabilen und resilienten Eltern aufwachsen, oft selbst über eine größere psychische Widerstandsfähigkeit, ein höheres Selbstwertgefühl, bessere soziale Kompetenzen und eine optimistischere Lebenseinstellung verfügen.

Denk immer daran: Das Leben als Papa ist ein Marathon, kein Kurzstreckenlauf. Es wird immer wieder Phasen geben, die anstrengender sind und dir mehr abverlangen, und Phasen, in denen alles etwas leichter und unbeschwerter von der Hand geht. Deine Fähigkeit, auch in den stürmischen und herausfordernden Passagen einen kühlen Kopf zu bewahren, gut für dich selbst zu sorgen, dir Unterstützung zu holen, wenn du sie brauchst, und immer wieder neue Kraft, Zuversicht und auch eine Prise Humor zu schöpfen, ist eines der wertvollsten Geschenke, die du dir selbst und deiner Familie machen kannst. Es ist die Kunst, im alltäglichen und manchmal auch im außergewöhnlichen Chaos des Familienlebens nicht unterzugehen, sondern daran zu wachsen – als Mensch, als Partner und vor allem als der einzigartige und wunderbare Vater, der du für dein Kind bist.

Fähigkeit 5: Bindung & Väterliche Präsenz

Jetzt ein Thema, das so fundamental und gleichzeitig so wunderschön ist, dass es eigentlich das Herzstück deiner gesamten Reise als Vater bildet. Es geht um die Magie der Verbindung, um dieses unsichtbare, aber unglaublich starke Band, das dich mit deinem Kind verknüpft – eine Bindung, die, wenn sie gut geknüpft ist, ein Leben lang hält und trägt. Und es geht um deine Präsenz als Vater, darum, nicht nur körperlich anwesend zu sein, sondern mit deinem ganzen Wesen für dein Kind da zu sein, ihm Sicherheit zu geben und ihm zu zeigen: „Du bist geliebt, du bist gewollt, du bist sicher bei mir." Dieses Kapitel soll dir nicht nur erklären, warum eine sichere Bindung so entscheidend für die gesunde Entwicklung deines Kindes ist, sondern dir vor allem ganz viele praktische Wege aufzeigen, wie du von den allerersten Momenten an – sogar schon während der Schwangerschaft – diese tiefe, unerschütterliche Verbindung aufbauen und pflegen kannst. Und wir werden uns anschauen, warum gerade deine ganz persönliche Art, Vater zu sein, mit all deinen Ecken und Kanten, ein unschätzbarer Beitrag für dein Kind ist.

Was Bindung eigentlich ist und warum sie das Fundament für ein glückliches Leben legt

Der Begriff „Bindung" ist in der Psychologie ein echtes Schwergewicht und beschreibt die tiefe emotionale Beziehung, die ein Kind zu seinen engsten Bezugspersonen aufbaut. Das seid in erster Linie du und deine Partnerin. Diese Bindung ist nicht einfach nur ein Gefühl von Zuneigung, sondern ein überlebenswichtiges Grundbedürfnis jedes Menschen, ähnlich wie Essen, Trinken oder Schlafen. Ein Kind kommt vollkommen hilflos auf die Welt und ist darauf angewiesen, dass es Menschen gibt, die sich um seine Bedürfnisse kümmern, ihm Schutz bieten und ihm emotionale Wärme schenken.

Eine **sichere Bindung** entwickelt sich dann, wenn dein Kind immer wieder die Erfahrung macht, dass seine Signale zuverlässig wahrgenommen und angemessen beantwortet werden. Es lernt dadurch, dass die Welt ein grundsätzlich sicherer Ort ist und dass es sich auf seine Bezugspersonen verlassen kann. Dieses Urvertrauen ist wie ein stabiles Fundament, auf dem dein Kind sein ganzes weiteres Leben aufbauen kann. Es gibt ihm den Mut, neugierig seine Umgebung zu erkunden, Herausforderungen anzunehmen und später vertrauensvolle Beziehungen zu anderen Menschen einzugehen. Es ist der sichere Hafen, in den es immer wieder zurückkehren kann, wenn es sich unsicher fühlt, Trost braucht oder einfach nur auftanken möchte.

Drei ganz wesentliche Säulen tragen zum Aufbau einer solchen sicheren Bindung bei: deine Verlässlichkeit, deine emotionale Verfügbarkeit und deine Fähigkeit, feinfühlig auf dein Kind zu reagieren.

Verlässlichkeit bedeutet für dein Kind die Erfahrung: „Papa ist da, wenn ich ihn brauche. Seine Reaktionen sind vorhersehbar und geben mir Sicherheit." Das beginnt bei der zuverlässigen Befriedigung seiner körperlichen Grundbedürfnisse nach Nahrung, Schlaf, Wärme und Pflege. Aber es geht viel tiefer. Es bedeutet auch, dass du verlässlich da bist, wenn es emotionale Bedürfnisse hat – wenn es deine Nähe sucht, wenn es getröstet werden will, wenn es spielen und mit dir interagieren möchte. Diese Kontinuität und Berechenbarkeit in deiner Zuwendung ist wie ein Anker für die kleine Seele.

Emotionale Verfügbarkeit geht über die reine körperliche Anwesenheit hinaus. Es bedeutet, dass du mit deinem Herzen, deinem Verstand und deiner vollen Aufmerksamkeit bei deinem Kind bist, wenn ihr zusammen seid. Dass du dich ihm wirklich zuwendest, Blickkontakt suchst, seine Stimmungen wahrnimmst und versuchst, dich in seine Gefühlswelt hineinzuversetzen. Ein Baby hat unglaublich feine Antennen dafür, ob du nur mechanisch eine Aufgabe erledigst oder ob du wirklich emotional mit ihm verbunden bist. Diese echte, gefühlvolle Präsenz ist wie Balsam für seine Entwicklung.

Und **feinfühliges Reagieren** ist die Kunst, die oft noch sehr leisen, nonverbalen und manchmal auch schwer zu deutenden Signale deines Babys – sein Weinen in verschiedenen Tonlagen, seine Körperspannung, seine Mimik, seine Lautäußerungen – nicht nur zu bemerken, sondern sie auch im jeweiligen Kontext richtig zu interpretieren und dann prompt und angemessen darauf einzugehen. Wenn dein Baby unruhig wird und mit den Ärmchen fuchtelt, weil die vielen Reize auf der Familienfeier es überfordern, und du erkennst das und ziehst dich mit ihm an einen ruhigeren Ort zurück, dann reagierst du feinfühlig. Wenn es mit großen Augen einen bunten Ball anstarrt und du ihm ermöglichst, diesen Ball zu betasten und zu erkunden, anstatt es gleich mit dem nächsten Spielzeug abzulenken, dann ist das feinfühlig. Diese Fähigkeit, dich immer wieder neu auf die individuellen Bedürfnisse, den Entwicklungsstand und die momentane Stimmung deines Kindes einzustellen, ist ein ganz entscheidender Baustein für den Aufbau einer sicheren und stabilen Bindung.

Ein Punkt, der mir hier besonders am Herzen liegt, weil er oft unterschätzt oder missverstanden wird: **Väter sind für die Entwicklung ihrer Kinder nicht nur „nice to have“ oder eine Art „Mutter-light-Version“, sondern sie leisten einen absolut einzigartigen, unverzichtbaren und spezifischen Beitrag!** Die Forschung hat in den letzten Jahrzehnten eindrucksvoll gezeigt, dass die aktive Präsenz und das Engagement von Vätern von Anfang an immense positive Auswirkungen auf die gesamte kindliche Entwicklung haben. Du als Vater bringst oft eine andere Art der Interaktion, des Spiels, der Kommunikation und der Heranführung an die Welt mit als deine Partnerin. Und genau diese Vielfalt an Erfahrungen, diese unterschiedlichen, sich ergänzenden Impulse sind für dein Kind ein riesiger Gewinn. Es geht also nicht darum, eine Kopie der Mutter zu sein oder mit ihr in eine Art Wettbewerb um die Gunst des Kindes zu treten. Sondern darum, deine ganz eigene, authentische Vaterrolle zu finden und selbstbewusst auszufüllen. Du hast deinem Kind etwas Einzigartiges zu geben – sei dir dessen bewusst und freue dich darauf, diese Rolle mit Leben zu füllen!

Praxis-Zone Schwangerschaft: Die erste zarte Verbindung knüpfen – Dein Baby spürt dich schon jetzt

Auch wenn du dein Baby noch nicht im Arm halten und ihm tief in die Augen schauen kannst, beginnt die Reise eurer gemeinsamen Bindung nicht erst mit dem Tag der Geburt. Schon während dein kleiner Schatz sicher und geborgen im Bauch deiner Partnerin heranwächst, ist er ein erstaunlich wahrnehmungsfähiges kleines Wesen, das auf seine Umgebung reagiert und schon eine ganze Menge von dir und deiner Zuwendung mitbekommt. Diese pränatale Phase bietet dir wundervolle Möglichkeiten, erste zarte Bande zu knüpfen und deinem Kind schon jetzt zu zeigen: „Ich freue mich auf dich, ich bin für dich da."

Eine der einfachsten und gleichzeitig unglaublich berührenden Möglichkeiten, schon während der Schwangerschaft mit deinem ungeborenen Kind in Kontakt zu treten, ist, **regelmäßig und bewusst mit dem Bauch deiner Partnerin zu sprechen**. Sucht euch dafür ruhige Momente aus, vielleicht abends vor dem Einschlafen oder morgens nach dem Aufwachen. Lege deine Hand sanft auf den Bauch, spüre die Wärme und vielleicht auch schon die Bewegungen deines Kindes. Und dann erzähle ihm einfach, was dir gerade durch den Kopf geht. Du kannst ihm von deinem Tag berichten, von deinen Hoffnungen und Träumen für eure gemeinsame Zukunft, ihm ein Lied vorsingen, das du besonders magst, oder ihm eine kurze Geschichte oder ein Gedicht vorlesen. Es spielt dabei überhaupt keine Rolle, *was* genau du sagst oder ob du glaubst, eine „gute" Stimme zum Singen zu haben. Wichtig ist die liebevolle Absicht dahinter und die Regelmäßigkeit. Dein Baby kann schon etwa ab der 20. Schwangerschaftswoche Geräusche außerhalb des Mutterleibs wahrnehmen und lernt, deine Stimme von anderen zu unterscheiden. Besonders tiefere Stimmen, wie die von Vätern, dringen oft gut durch die Bauchdecke. Diese vertrauten Klänge vermitteln deinem ungeborenen Kind ein erstes Gefühl von Sicherheit, Geborgenheit und väterlicher Präsenz. Es ist ein bisschen so, als würdest du schon jetzt einen unsichtbaren, aber starken Faden zu ihm spinnen, der euch verbindet.

Eine ebenso faszinierende und bindungsfördernde Erfahrung für viele werdende Väter ist es, **die Bewegungen des Babys im Bauch bewusst zu fühlen und darauf zu reagieren**. Etwa ab der 18. bis 20. Schwangerschaftswoche beginnen die meisten Frauen, die Kindsbewegungen zu spüren, und wenig später kannst auch du sie von außen wahrnehmen. Lege oft deine Hand sanft auf den Bauch deiner Partnerin, besonders dann, wenn sie dir signalisiert, dass das Baby gerade aktiv ist oder wenn ihr euch gemeinsam entspannt. Spüre die kleinen Tritte, die sanften Stupser, das Drehen und Wenden eures Kindes. Das sind die ersten spürbaren Lebenszeichen, die erste direkte „Kommunikation" eures Babys mit der Außenwelt – und mit dir! Du kannst versuchen, auf diese Bewegungen zu reagieren, indem du sanft zurückstupst, über die Stelle streichst, an der du dein Baby spürst, oder leise mit ihm sprichst. Manchmal entwickelt sich daraus ein richtig kleines, zärtliches „Gespräch" ohne Worte, ein erstes spielerisches Miteinander. Diese Momente sind nicht nur für dich als werdenden Vater unglaublich berührend und realitätsstiftend, sondern sie haben auch eine positive Wirkung auf deine Partnerin. Wenn sie sieht, wie sehr du dich über die Bewegungen eures Kindes freust und wie liebevoll du darauf reagierst, kann das ihr helfen, die oft auch anstrengenden oder manchmal sogar schmerzhaften körperlichen Begleiterscheinungen der Kindsbewegungen positiver wahrzunehmen und als Zeichen eurer gemeinsamen Verbindung zu erleben.

Ihr könnt auch ganz bewusst **gemeinsame Rituale entwickeln, die euer ungeborenes Baby miteinbeziehen** und ihm schon jetzt einen festen Platz in eurem Familienleben geben. Vielleicht habt ihr ein bestimmtes Schlaflied, das du oder ihr gemeinsam eurem Baby jeden Abend vorsingt, bevor deine Partnerin einschläft. Das kann ein klassisches Kinderlied sein, aber auch ein Popsong, der für euch eine besondere Bedeutung hat. Oder du übernimmst es als festes Ritual, den Bauch deiner Partnerin jeden Abend mit einem pflegenden Schwangerschaftsöl sanft einzureiben und dabei leise mit eurem Kind zu plaudern oder ihm von den schönen Dingen zu erzählen, die ihr gemeinsam erleben werdet. Solche wiederkehrenden, liebevollen Handlungen schaffen schon vor der Geburt eine Atmosphäre der Verbundenheit, der Sicherheit und der freudigen Erwartung. Sie signalisieren eurem Kind: „Wir freuen uns auf dich, du gehörst schon jetzt zu uns."

Ein weiterer sehr starker Bindungsmoment sind die **gemeinsamen Erlebnisse bei den Ultraschalluntersuchungen**. Wenn du dein Baby zum ersten Mal auf dem Monitor siehst, vielleicht noch als winziges, pulsierendes Pünktchen, später dann als kleines, strampelndes Wesen mit erkennbaren Ärmchen und Beinchen, wenn du seinen Herzschlag hörst – das sind Augenblicke, die tief unter die Haut gehen und die abstrakte Vorstellung vom „Vaterwerden" plötzlich sehr konkret, real und emotional greifbar machen. Nutze diese Termine, um dabei zu sein, um Fragen zu stellen, die dich bewegen, um deine Faszination, deine Freude und vielleicht auch deine Rührung zu zeigen. Bitte den Arzt oder die Ärztin, dir die Bilder zu erklären. Diese gemeinsamen Blicke auf euer heranwachsendes Kind sind unvergessliche Momente, die euch als Paar noch enger zusammenschweißen und deine Verbindung zu deinem Baby intensivieren.

Ein wichtiger Gedanke, der dich in dieser frühen Phase der Kontaktaufnahme leiten kann: **Jede liebevolle Zuwendung, jede bewusste Aufmerksamkeit, jede zärtliche Berührung und jedes gesprochene Wort, das du deinem ungeborenen Kind schenkst, legt einen ersten, aber unglaublich wichtigen Grundstein für eure spätere Beziehung.** Es geht hier nicht darum, irgendwelche komplizierten Frühförderprogramme zu absolvieren oder dein Kind schon im Mutterleib zum kleinen Genie zu erziehen. Es geht um einfache, von Herzen kommende Gesten der Liebe, der Annahme und der Verbundenheit. Dein Kind spürt diese Zuwendung, und sie trägt dazu bei, dass es sich schon jetzt sicher und willkommen fühlt.

Praxis-Zone Geburt: Der magische erste Kontakt – Haut an Haut ins Leben starten

Der Moment der Geburt ist nicht nur das aufregende Finale der Schwangerschaft, sondern vor allem der Beginn eurer sichtbaren, direkten und körperlichen Beziehung zu eurem Kind. Und die allerersten Stunden, ja sogar Minuten, nach der Geburt sind für den Aufbau einer sicheren, tiefen und liebevollen Bindung von geradezu magischer Bedeutung. Eine ganz besonders wichtige und wissenschaftlich vielfach belegte Rolle spielt dabei der unmittelbare, ausgiebige und ungestörte Hautkontakt zwischen dir, deiner Partnerin und eurem neugeborenen Baby.

Dieses intensive erste Kennenlernen, oft als **Bonding oder Känguruhen** bezeichnet, bei dem das nackte Baby direkt nach der Geburt auf die nackte Brust der Mutter oder des Vaters gelegt wird, ist weit mehr als nur eine sentimentale Kuschelstunde. Es ist ein tief in unserer Biologie verankertes Programm, ein fundamentales Bedürfnis von Neugeborenen und Eltern, das eine ganze Kaskade von positiven physiologischen und psychologischen Prozessen in Gang setzt. Für dein Baby bedeutet dieser enge, warme und direkte Hautkontakt eine Fülle von Vorteilen. Nach der oft anstrengenden, lauten und manchmal auch stressigen Erfahrung der Geburt hilft ihm der vertraute Geruch seiner Eltern, der Klang ihrer Stimmen und das Spüren ihres Herzschlags, sich zu beruhigen, zu entspannen und sich in der neuen, unbekannten Welt sicher zu fühlen. Der Hautkontakt trägt nachweislich dazu bei, die Körpertemperatur, die Atmung und den Herzschlag des Neugeborenen zu stabilisieren und seinen Blutzuckerspiegel zu regulieren. Darüber hinaus wird durch den Hautkontakt das Immunsystem des Babys gestärkt, da wichtige und für seine Darmflora nützliche Hautkeime der Eltern auf das Kind übertragen werden. Wenn das Baby auf der Brust der Mutter liegt, findet es oft instinktiv und mit erstaunlicher Kompetenz den Weg zur Brustwarze und beginnt zu saugen, was den Stillbeginn erheblich erleichtert. Und nicht zuletzt wird sowohl beim Baby als auch bei den Eltern durch den intensiven Hautkontakt vermehrt das sogenannte „Kuschel- und Bindungshormon“ Oxytocin ausgeschüttet. Dieses Hormon spielt eine Schlüsselrolle bei der Entstehung von Gefühlen der Liebe, des Vertrauens, der Zuneigung und der tiefen emotionalen Verbundenheit.

Deshalb ein ganz entscheidender Hinweis für dich und deine Partnerin: **Sprecht schon im Vorfeld der Geburt mit eurer Hebamme und dem Klinikpersonal über euren Wunsch nach ausgiebigem und möglichst ungestörtem Hautkontakt direkt nach der Entbindung – sowohl für die Mutter als auch für dich als Vater!** Sofern es keine dringenden medizinischen Gründe gibt, die dagegen sprechen, sollte es euer gutes Recht sein, diese erste, so unglaublich kostbare Kennenlernzeit in Ruhe und Intimität genießen zu können. Oft wird das Baby direkt nach der Geburt der Mutter auf den Bauch oder die Brust gelegt. Das ist wunderbar und von unschätzbarem Wert für die Mutter-Kind-Bindung. Aber auch du als Vater solltest so bald wie irgend möglich die Gelegenheit bekommen, dein nacktes Baby auf deine nackte Brust zu nehmen und diesen magischen ersten Kontakt zu erleben. Besonders wenn deine Partnerin nach der Geburt vielleicht sehr erschöpft ist, medizinisch versorgt werden muss (beispielsweise nach einem Kaiserschnitt oder wenn eine Geburtsverletzung genäht werden muss), kannst du diese erste wichtige Bonding-Zeit wunderbar übernehmen und eurem Kind einen sanften und liebevollen Empfang auf dieser Welt bereiten.

Zieh dafür dein Hemd aus oder öffne es weit, lege dein Baby (das vielleicht nur mit einer Windel bekleidet und mit einer warmen Decke bedeckt ist) vorsichtig auf deine nackte Brust, direkt auf deine Haut. Sorge dafür, dass ihr beide gut zugedeckt seid und nicht friert. Und dann genieße einfach diesen einzigartigen, unvergesslichen Moment. Spüre seinen winzigen, zarten Körper auf deiner Haut, seinen leisen Atem, seinen noch etwas unregelmäßigen Herzschlag. Sprich leise und liebevoll mit ihm, summe ihm vielleicht ein sanftes Lied vor, streichle behutsam seinen Rücken oder sein Köpfchen. Du wirst vielleicht erstaunt sein, wie schnell sich dein Baby oft beruhigt, wenn es deine Wärme und deinen Herzschlag spürt, wie es sich an dich kuschelt und wie intensiv und tief sich diese erste Begegnung anfühlt. Diese frühen Haut-an-Haut-Momente sind pure Nahrung für die Seele – für dein Baby, für dich und auch für deine Partnerin, wenn sie euch so innig verbunden sieht. Sie schaffen eine tiefe, prägende Verbindung, die den Grundstein für eure lebenslange Beziehung legt. Versucht, diese erste Zeit des Kennenlernens so ungestört wie möglich zu gestalten. Bittet das Personal vielleicht freundlich darum, dass Routineuntersuchungen am Baby, sofern sie nicht medizinisch dringlich sind, etwas später durchgeführt werden oder, wenn möglich, sogar während das Baby bei euch auf der Brust liegt. Jede Minute dieses ersten, intensiven Kontakts ist Gold wert.

Praxis-Zone Erstes Jahr: Eure Verbindung im Alltag stärken – Spiele, Rituale und ganz viel Nähe

Die erste Zeit nach der Geburt ist zweifellos intensiv und oft auch überwältigend. Aber das Fundament für eine starke und sichere Vater-Kind-Bindung wird nicht nur in diesen ersten magischen Stunden gelegt, sondern Tag für Tag, Woche für Woche, im ganz normalen, manchmal turbulenten, aber immer wieder wunderschönen gemeinsamen Alltag gefestigt und vertieft. Es sind die unzähligen kleinen und großen Momente der liebevollen Zuwendung, des gemeinsamen Spielens und Entdeckens, des Kuschelns und Tröstens, der verlässlichen Fürsorge und der fröhlichen Interaktion, die eure Beziehung wachsen lassen und deinem Kind das tiefe innere Gefühl vermitteln: „Papa ist für mich da, er versteht mich, er liebt mich, bei ihm bin ich sicher und geborgen."

Altersgerechtes Spiel: Gemeinsam die Welt entdecken und voneinander lernen

Spielen ist für dein Baby und später für dein Kleinkind nicht nur ein netter Zeitvertreib oder eine Beschäftigungstherapie. Es ist seine Hauptarbeit, seine Art, die Welt zu verstehen, seine körperlichen und geistigen Fähigkeiten zu entwickeln, soziale Regeln zu lernen und Beziehungen zu knüpfen. Und du als Vater bist dabei einer seiner wichtigsten und liebsten Spielpartner! Väter haben oft eine ganz besondere, eigene Art zu spielen, die sich von der mütterlichen Spielweise häufig unterscheidet und diese wunderbar ergänzt. Nutze diese Chance, denn im gemeinsamen Spiel liegt ein riesiges Potenzial für Freude, Lernen und intensiven Bindungsaufbau.

In den **ersten Lebensmonaten (etwa 0-3 Monate)**, wenn dein Baby noch sehr klein ist und seine Welt hauptsächlich aus Fühlen, Schmecken, Riechen, Hören und Sehen besteht, geht es beim Spielen vor allem darum, seine Sinne sanft anzuregen und erste liebevolle Interaktionen zu gestalten. Dein Gesicht ist jetzt das absolut faszinierendste Spielzeug! Halte dein Baby oft im Arm oder lege es vor dich auf eine weiche Decke, sodass es dein Gesicht gut sehen kann. Mache lustige Grimassen, ziehe die Augenbrauen hoch, strecke die Zunge heraus, lächle es an, ahme seine kleinen Lautäußerungen und sein Glucksen nach. Du wirst sehen, wie es versucht, deinen Blick zu fangen, deine Mimik zu spiegeln und dir auf seine Weise zu „antworten". Sprich viel mit ihm, am besten in dieser typischen, sanften, singenden und übertrieben betonten Elternsprache (das sogenannte „Motherese" oder „Parentese", das auch Väter wunderbar intuitiv beherrschen!). Diese Art zu sprechen ist optimal auf das kindliche Gehör abgestimmt und fördert die Sprachentwicklung. Zeige ihm einfache, kontrastreiche Bilder (Schwarz-Weiß-Muster sind anfangs oft besonders interessant) oder ein Mobile, das sich sanft über dem Wickeltisch oder seinem Bettchen bewegt. Lass es verschiedene Materialien und Oberflächen fühlen – ein weiches Seidentuch, einen kühlen Metalllöffel, einen griffigen Noppenball. Kleine Fingerspiele wie „Das ist der Daumen..." oder Kniereiterlieder wie „Hoppe, hoppe Reiter", bei denen du es sanft auf deinem Schoß bewegst und seine kleinen Händchen und Füßchen berührst, sind jetzt auch schon sehr beliebt und vermitteln ihm ein Gefühl für seinen eigenen Körper. Ein wichtiger Gedanke für diese erste, zarte Spielphase: **Überfordere dein Baby nicht mit zu vielen Reizen auf einmal. Achte genau auf seine Signale der Müdigkeit, der Überreizung oder des Desinteresses und gönne ihm dann eine Pause.** Weniger ist hier oft mehr, und die Qualität der liebevollen Zuwendung zählt mehr als die Menge an Spielzeug.

Im **Entdeckeralter (etwa 4-8 Monate)** wird dein Baby zunehmend mobiler, neugieriger und aktiver. Es lernt zu greifen, Dinge von einer Hand in die andere zu nehmen, sich vielleicht schon vom Rücken auf den Bauch und wieder zurück zu drehen, und es beginnt, seine Umgebung interessiert zu erkunden. Alles, was es nun erreichen kann, wird mit Händen, Füßen und vor allem mit dem Mund untersucht – das ist seine Art, die Welt zu begreifen. Biete ihm jetzt altersgerechtes Spielzeug an, das es gut greifen, festhalten und sicher in den Mund nehmen kann: bunte Rasseln, die interessante Geräusche machen, Greifringe aus verschiedenen Materialien, weiche Stoffbälle, Knisterbücher oder Activity-Center mit verschiedenen Elementen zum Drehen, Schieben und Fühlen. Spiele oft mit ihm auf dem Boden, auf einer Krabbeldecke. Lege es regelmäßig auf den Bauch, auch wenn es das anfangs vielleicht nicht so mag – diese Position ist wichtig, um seine Rücken-, Nacken- und Armmuskulatur zu stärken, die es später zum Krabbeln und Sitzen braucht. Du kannst dich ihm gegenüberlegen, mit ihm sprechen, ihm ein Spielzeug zeigen, um es zu motivieren, den Kopf zu heben. Rolle ihm einen weichen Ball zu und freue dich mit ihm, wenn es versucht, danach zu greifen. Versteckspiele wie „Kuckuck-Da!" (du versteckst dein Gesicht hinter deinen Händen oder einem Tuch und tauchst dann lachend wieder auf) sind in diesem Alter der absolute Hit. Dein Baby wird quietschen vor Vergnügen und lernt dabei spielerisch das Konzept der Objektpermanenz – die wichtige Erkenntnis, dass Dinge und Personen auch dann noch existieren, wenn man sie gerade nicht sieht. Körperbetonte Spiele, die du nun intensivieren kannst, wie sanftes Schaukeln auf deinen Knien, der „Fliegergriff" (du hältst dein Baby bäuchlings auf deinen Unterarmen und lässt es durch die Luft „fliegen"), gemeinsames Tanzen zu Musik oder lustiges Herumalbern auf dem Sofa, machen ihm jetzt riesigen Spaß, fördern sein Körpergefühl und stärken eure emotionale Verbindung ungemein. Ein Kniff, der oft gut ankommt und die Spielfreude steigert: **Sei ein begeisterter und aktiver Spielpartner – deine echte Freude, dein Engagement und deine spielerische Kreativität sind ansteckend und motivieren dein Kind zum Mitmachen, zum Ausprobieren und zum Entdecken.**

Wenn dein Kind dann in die Phase der **kleinen Forscher (etwa 9-12 Monate und darüber hinaus)** kommt, wird seine Welt noch einmal deutlich größer und aufregender. Es wird jetzt immer selbstständiger und mobiler. Vielleicht krabbelt es schon flink und zielstrebig durch die ganze Wohnung, zieht sich an Möbeln oder deinen Hosenbeinen hoch, macht die ersten unsicheren Stehversuche und vielleicht sogar schon die allerersten eigenen Schritte. Sein Entdeckungsdrang ist nun kaum noch zu bremsen. Sicherheit in der Wohnung ist jetzt ein ganz großes Thema (wie wir in Fähigkeit 3 besprochen haben), aber genauso wichtig ist es, seine Neugier und seinen Forschergeist zu unterstützen und ihm eine anregende Umgebung zu bieten. Schaffe einen sicheren Raum, in dem es sich möglichst frei bewegen, seine Umgebung erkunden und seine motorischen Fähigkeiten trainieren kann. Biete ihm jetzt Spielzeug an, das seine feinmotorischen und kognitiven Fähigkeiten fördert: Stapelbecher oder -ringe, die es ineinanderstecken oder zu Türmen bauen kann, große Bauklötze, mit denen es erste Bauwerke errichtet, einfache Steckspiele mit verschiedenen Formen, Fühlbücher oder erste Bilderbücher zum gemeinsamen Anschauen und Benennen. Das gemeinsame Toben, Kitzeln, Balgen und Raufen auf dem Teppich oder im Bett ist jetzt oft ein absolutes Highlight für Väter und Kinder – diese eher körperbetonten und manchmal auch etwas wilderen Spiele sind typisch für väterliche Interaktionen und extrem wertvoll für dein Kind. Es lernt dabei, seine Kräfte besser einzuschätzen, seine eigenen körperlichen Grenzen und die anderer zu erfahren, mit Aufregung und starken Emotionen umzugehen und seine grobmotorischen Fähigkeiten zu verbessern. Auch das gemeinsame Entdecken der „großen Welt“ außerhalb eurer vier Wände ist jetzt von großer Bedeutung: Besucht regelmäßig einen Spielplatz, geht in den Wald oder in den Park, beobachtet Tiere im Zoo oder auf dem Bauernhof, lasst es verschiedene Untergründe wie Gras, Sand oder Steine erfühlen. Ein Gedanke, der dich als Vater in dieser Phase leiten kann: **Ermutige die natürliche Neugier und den Entdeckungsdrang deines Kindes und sei ein verlässlicher, sicherer und gleichzeitig herausfordernder Begleiter auf seinen Abenteuerreisen – das stärkt sein Selbstvertrauen, seine Problemlösefähigkeiten und seine Freude am Lernen und Ausprobieren.**

Vorlesen: Gemeinsam in fantastische Welten eintauchen und die Sprache fördern

Das Vorlesen ist eine der schönsten und gleichzeitig wertvollsten Aktivitäten, die du regelmäßig mit deinem Kind teilen kannst, und zwar von einem sehr frühen Alter an. Es ist weit mehr als nur das Betrachten von bunten Bildern und das passive Hören von Geschichten. Gemeinsames Vorlesen ist ein echtes Multitalent für die kindliche Entwicklung und ein wunderbares Ritual, um eure Bindung zu vertiefen. Auch wenn dein Baby die genaue Bedeutung der Worte anfangs noch nicht versteht, profitiert es enorm von diesem Erlebnis. Allein der Klang deiner vertrauten Stimme, die Nähe und Geborgenheit auf deinem Schoß, die gemeinsame, ungeteilte Aufmerksamkeit und die liebevolle Atmosphäre schaffen ein Gefühl von Sicherheit und Wohlbefinden.

Beginne ruhig schon im ersten Lebenshalbjahr damit, deinem Baby erste Bücher zu zeigen. Ideal für den Anfang sind stabile Pappbilderbücher mit großen, klaren, einfachen und kontrastreichen Bildern, die dein Baby gut erkennen und vielleicht auch schon selbst mit den Händchen greifen kann. Setz dein Baby gemütlich auf deinen Schoß oder kuschelt euch zusammen aufs Sofa oder ins Bett. Halte das Buch so, dass es die Bilder gut sehen kann. Zeige mit dem Finger auf die abgebildeten Gegenstände, Tiere oder Personen und benenne sie klar und deutlich. Mache passende Tiergeräusche oder ahme die Geräusche von Fahrzeugen nach. Variiere deine Stimme, sprich mal lauter, mal leiser, mal schneller, mal langsamer – das fesselt die Aufmerksamkeit deines Babys. Lass dein Kind die Seiten aktiv mit umblättern, auch wenn es das anfangs noch sehr ungeschickt macht und vielleicht auch mal eine Seite überspringt oder versucht, am Buch zu knabbern. Das ist alles Teil des Entdeckungsprozesses.

Wundere dich nicht, wenn dein Kind immer wieder die gleichen Bücher anschauen möchte. Kinder lieben Wiederholungen! Sie geben ihnen Sicherheit, helfen ihnen, die Inhalte zu verinnerlichen, neue Wörter zu lernen und Zusammenhänge zu verstehen. Mit jeder Wiederholung entdecken sie neue Details und festigen ihr Wissen. Achte auf die Signale deines Kindes: Wenn es anfängt zu zappeln, den Kopf wegdreht oder das Interesse verliert, ist es wahrscheinlich müde oder braucht eine Pause. Beende die Vorlesezeit dann liebevoll und probiere es einfach zu einem späteren Zeitpunkt noch einmal. Es geht nicht darum, ein Buch auf Biegen und Brechen „durchzuarbeiten“, sondern um die Freude am gemeinsamen Erleben.

Wenn dein Kind älter wird, kannst du zu Büchern mit etwas mehr Text und komplexeren Geschichten übergehen. Stelle während des Vorlesens Fragen zum Inhalt, lass dein Kind erzählen, was es auf den Bildern sieht, oder spinnt gemeinsam die Geschichte weiter. Das fördert nicht nur die Sprachentwicklung und den Wortschatz, sondern auch die Fantasie, die Kreativität und die Fähigkeit, sich in andere hineinzuversetzen. Ein guter Anhaltspunkt für eine gelingende Vorlesekultur: **Macht das Vorlesen zu einem festen, liebevollen und gemütlichen Ritual in eurem Tagesablauf, zum Beispiel jeden Abend vor dem Schlafengehen. Es ist eine wunderbare Möglichkeit, den Tag gemeinsam ausklingen zu lassen, zur Ruhe zu kommen und eure emotionale Verbindung auf eine ganz besondere Weise zu stärken.** Die gemeinsame Zeit mit Büchern schafft bleibende positive Erinnerungen und legt den Grundstein für eine lebenslange Freude am Lesen.

Kuscheln und körperliche Nähe: Nahrung für die Seele und Anker der Geborgenheit

Körperliche Nähe, zärtliche Berührungen, liebevolles Halten und ausgiebige Kuscheleinheiten sind für dein Baby genauso lebensnotwendig wie Nahrung, Schlaf und frische Luft. Sie sind pure Nahrung für seine kleine Seele und vermitteln ihm auf die direkteste und unmittelbarste Weise deine Liebe, deine Zuneigung, ein tiefes Gefühl von

Geborgenheit und Sicherheit und die Gewissheit, dass es nicht allein ist. Nutze jede sich bietende Gelegenheit für diese wichtigen Momente der körperlichen Verbundenheit.

Nimm dein Baby oft und gerne in den Arm, trage es im Tragetuch oder einer ergonomischen Tragehilfe nah an deinem Körper, wenn ihr unterwegs seid oder du zu Hause etwas erledigst. Viele Babys lieben diese Enge und die rhythmischen Bewegungen, die sie an die Zeit im Mutterleib erinnern. Lass dein Baby auf deiner Brust einschlafen, spüre seinen warmen Atem auf deiner Haut und lausche seinem ruhigen Herzschlag. Streichle sanft seinen Rücken, seine Ärmchen und Beinchen, gib ihm liebevolle Küsschen auf die Stirn oder die Wange, massiere zart seine Füßchen oder seinen Bauch (besonders bei Blähungen kann eine sanfte Bauchmassage im Uhrzeigersinn sehr wohltuend sein).

Besonders dann, wenn dein Baby unruhig ist, Schmerzen hat, sich erschreckt hat oder einfach nur Trost und Beruhigung braucht, ist deine körperliche Nähe oft die allerbeste und wirksamste Medizin. Dein vertrauter Geruch, dein ruhiger Herzschlag, den es spürt, wenn es eng an dich gekuschelt auf deiner Brust liegt, die Wärme deines Körpers – all das hat eine unglaublich beruhigende und stressreduzierende Wirkung. Aber auch in entspannten und fröhlichen Momenten ist Kuscheln einfach wunderschön und eine wichtige Möglichkeit, eure emotionale Verbindung zu vertiefen und zu festigen. Scheue dich nicht, auch mal „nur" mit deinem Baby auf dem Sofa oder im Bett zu liegen, es an dich zu schmiegen und gemeinsam die Stille zu genießen, leise Musik zu hören oder einfach nur dazusein und die Nähe des anderen zu spüren. Ein wichtiger Gedanke, der die Bedeutung dieser Momente unterstreicht: **Körperliche Nähe ist eine universelle Sprache, die jedes Baby versteht – sei großzügig mit deinen Umarmungen, Streicheleinheiten und Kuscheleinheiten, sie sind wie Balsam für die kleine Seele und ein unerschütterlicher Anker eurer Bindung.** Sie geben deinem Kind das Urvertrauen, geliebt und angenommen zu sein, so wie es ist.

Trost spenden: Dein sicherer Hafen in stürmischen Zeiten und bei kleinen Weltuntergängen

Das Leben eines Babys und Kleinkindes ist voller kleiner und großer Herausforderungen. Es wird unzählige Momente geben, in denen dein kleiner Schatz deinen Trost, deine Unterstützung und dein Verständnis braucht. Wenn es hingefallen ist und sich das Knie aufgeschlagen hat, wenn es sich vor einem lauten Geräusch erschreckt hat, wenn es müde, hungrig oder frustriert ist, weil etwas nicht so klappt, wie es möchte, wenn es Schmerzen beim Zahnen hat oder sich einfach nur einsam und verlassen fühlt. Deine Fähigkeit, in solchen Situationen ruhig, geduldig, einfühlsam und liebevoll zu reagieren, ist entscheidend dafür, dass sich dein Kind bei dir sicher, verstanden und geborgen fühlt und lernt, mit schwierigen Emotionen umzugehen.

Wenn dein Baby weint, quengelt oder auf andere Weise signalisiert, dass es ihm nicht gut geht, nimm seine Gefühle immer und ohne Ausnahme ernst. Versuche nicht, seine Emotionen mit einem schnellen „Ist doch gar nicht so schlimm" oder „Du musst doch nicht weinen" abzutun oder kleinzureden. Das vermittelt ihm nur das Gefühl, nicht verstanden oder nicht ernst genommen zu werden. Gehe stattdessen auf seine Augenhöhe (buchstäblich, wenn es schon größer ist, oder nimm es auf den Arm, wenn es noch klein ist), wende dich ihm liebevoll zu, nimm es vielleicht in den Arm, wenn es das möchte, und sprich leise, sanft und beruhigend mit ihm.

Versuche herauszufinden, was ihm fehlt, was es bedrückt oder was seine Reaktion ausgelöst hat. Manchmal ist der Grund offensichtlich, manchmal braucht es ein bisschen Detektivarbeit. Aber oft reicht schon deine liebevolle, ungeteilte Anwesenheit und das Gefühl, dass du seine Not siehst und verstehst, um es zu beruhigen. Ein ganz wichtiger Aspekt des Tröstens ist das sogenannte „Spiegeln" oder Benennen seiner Gefühle, auch wenn dein Baby die genauen Worte noch nicht versteht. Du könntest zum Beispiel sagen: „Oh, du bist aber ganz schön traurig, weil der rote Bauklotzturm gerade so laut umgefallen ist, das hat dich erschreckt, nicht wahr?" oder „Ich sehe, du hast dir das Knie angestoßen, das tut jetzt bestimmt weh, das tut mir leid für dich." Indem du seine vermuteten Gefühle in Worte fasst, hilfst du ihm, seine eigenen Emotionen besser einzuordnen, sich verstanden zu fühlen und zu lernen, dass alle Gefühle okay sind und einen Namen haben.

Wichtig ist, dass du in solchen Trost-Momenten ein verlässlicher und geduldiger Anker bist. Vermeide es, selbst ungeduldig oder genervt zu reagieren, auch wenn das Weinen vielleicht schon länger andauert. Deine Ruhe und Gelassenheit übertragen sich auf dein Kind. Zeige ihm, dass es sich mit all seinen Gefühlen – auch mit Wut, Trauer oder Angst – an dich wenden kann und dass du ihm hilfst, diese schwierigen Emotionen zu bewältigen und wieder in sein inneres Gleichgewicht zu finden. Ein Leitsatz, der deine Rolle unterstreicht: **Sei ein sicherer und verlässlicher Hafen des Trostes – dein Kind lernt dadurch, dass es mit all seinen Gefühlen bei dir willkommen ist und dass du ihm hilfst, auch durch stürmische emotionale Zeiten zu navigieren.** Das stärkt sein Vertrauen in dich und seine Fähigkeit zur Selbstregulation.

Rituale schaffen: Die liebevollen Ankerpunkte im Familienalltag

Rituale sind regelmäßig wiederkehrende Handlungen, Abläufe oder kleine Zeremonien, die dem Tag und der Woche eine verlässliche Struktur geben und deinem Kind – und auch euch als Eltern – ein starkes Gefühl von Sicherheit, Vorhersehbarkeit, Geborgenheit und familiärer Zugehörigkeit vermitteln. Sie sind wie kleine, liebevolle Ankerpunkte im oft turbulenten und manchmal auch chaotischen Meer des Familienalltags. Schon ganz einfache, unspektakuläre Rituale können eine immense positive Wirkung auf das Wohlbefinden deines Kindes und auf euer Zusammenleben haben.

Das kann beispielsweise das gemeinsame Lied sein, das ihr jeden Morgen nach dem Aufwachen zusammen singt, vielleicht noch im Bett kuschelnd. Das kann das feste Kuschel- und Vorleseritual sein, bevor es zum Mittagsschlaf oder am Abend ins Bett geht. Das kann das gemeinsame Familienfrühstück am Wochenende sein, bei dem das Telefon ausgeschaltet bleibt und ihr euch bewusst Zeit nehmt, um miteinander zu reden und den Tag zu planen, sobald dein Baby alt genug ist, mit am Tisch zu sitzen und vielleicht schon seinen ersten Brei oder Fingerfood zu bekommen. Oder das ganz persönliche Gute-Nacht-Ritual, das nur dir und deinem Kind gehört – vielleicht eine bestimmte Abfolge von Kuscheln, einem Schlaflied, einem liebevollen Spruch und einem dicken Kuss.

Rituale müssen, um wirksam zu sein, überhaupt nicht aufwendig, kompliziert oder teuer sein. Viel wichtiger als die äußere Form ist ihre Regelmäßigkeit, ihre Vorhersehbarkeit und die liebevolle Absicht und Präsenz, mit der ihr sie gestaltet. Sie helfen deinem Kind, Übergänge im Tagesablauf besser zu bewältigen (zum Beispiel vom wachen Spielen zum ruhigen Schlafen). Sie schaffen eine vertraute und berechenbare Umgebung, in der es sich sicher und orientiert fühlt. Und sie stärken auf eine ganz wunderbare Weise das Wir-Gefühl und die Identität eurer kleinen Familie.

Überlegt gemeinsam als Paar, welche kleinen Rituale ihr gerne in euren Alltag integrieren möchtet. Das können auch Rituale sein, die du als Vater ganz besonders prägst. Vielleicht gibt es ein spezielles „Papa-kommt-nach-Hause-Ritual“ mit einer bestimmten Begrüßung oder einem kleinen Spiel. Oder du etablierst ein festes „Papa-Spielzeit-Ritual“ an einem bestimmten Tag in der Woche, das nur euch beiden gehört. Ein Gedanke, der euch bei der Gestaltung eurer Familienrituale inspirieren kann: **Rituale sind die kleinen, aber feinen roten Fäden, die eure Familie auf eine liebevolle und einzigartige Weise zusammenhalten – sie schaffen Geborgenheit, Orientierung, unvergessliche Erinnerungen und ein tiefes Gefühl der Zugehörigkeit.** Sie sind die Melodie eures Familienlebens.

Qualitativ hochwertige gemeinsame Zeit: Es zählt nicht die Menge, sondern der Zauber des Moments

Im oft vollgepackten Alltag mit Beruf, Haushalt, Terminen und den vielfältigen Bedürfnissen eines kleinen Kindes ist es manchmal eine echte Herausforderung, stundenlang ungeteilte und exklusive Zeit füreinander zu finden. Viele Väter machen sich Sorgen, dass sie zu wenig Zeit für ihr Kind haben, besonders wenn sie beruflich stark eingespannt sind. Aber für den Aufbau und die Pflege einer starken und liebevollen Bindung ist nicht unbedingt die reine Quantität der gemeinsam verbrachten Zeit der alles entscheidende Faktor, sondern vielmehr ihre Qualität. Das bedeutet: Wenn du mit deinem Kind zusammen bist, sei auch wirklich mit deiner vollen Aufmerksamkeit, deinem Herzen und deinem Interesse bei ihm.

Lege ganz bewusst das Smartphone zur Seite, schalte den Fernseher oder den Computer aus und wende dich für eine bestimmte Zeit – und sei es vielleicht nur für 15, 20 oder 30 Minuten am Tag – ausschließlich und ungestört deinem Kind zu. Das kann während des gemeinsamen Spielens sein, beim Vorlesen, beim Kuscheln, beim Abendritual oder einfach nur beim gemeinsamen Beobachten der Regentropfen am Fenster. Beobachte dein Kind aufmerksam: Was beschäftigt es gerade? Wofür interessiert es sich? Lass dich auf seine Initiativen ein, sei ein neugieriger und begeisterter Mitspieler oder Zuhörer. Höre ihm aufmerksam zu, auch wenn es dir vielleicht zum gefühlt hundertsten Mal die gleiche Frage stellt, dir stolz seinen neuesten Bauklotzturm präsentiert oder dir in seiner noch unverständlichen Babysprache wichtige Dinge erzählen möchte.

Es sind genau diese Momente der ungeteilten, liebevollen und wertschätzenden Aufmerksamkeit, in denen sich dein Kind wirklich gesehen, verstanden, angenommen und zutiefst geliebt fühlt. Es spürt: „Papa ist jetzt nur für mich da. Ich bin ihm wichtig.“ Und genau diese intensiv erlebten, qualitativ hochwertigen Momente sind es, die eure

Bindung nähren, die euer Vertrauen zueinander stärken und die unvergessliche, positive Erinnerungen schaffen – sowohl für dein Kind als auch für dich. Ein wichtiger Leitsatz, der dir helfen kann, diese wertvollen Zeiten im Alltag zu verankern: **Schenke deinem Kind regelmäßig deine volle, ungeteilte Aufmerksamkeit – diese exklusiven Papa-Zeiten, und seien sie noch so kurz, sind oft kostbarer und nachhaltiger als jedes teure Spielzeug oder jede aufwendige Unternehmung.** Es ist der Zauber des wahrhaftigen Miteinanders, der hier zählt.

Deine väterliche Superkraft – Warum deine Art zu spielen und zu sein Gold wert ist!

Mal ganz ehrlich unter uns: Hast du dich vielleicht auch schon mal dabei ertappt, wie du dich – vielleicht ganz unbewusst – mit deiner Partnerin vergleichst, wenn es um den Umgang mit eurem Baby oder Kleinkind geht? Vielleicht beobachtest du, wie scheinbar mühelos sie euer Kind beruhigt, wie intuitiv sie auf seine Bedürfnisse eingeht oder wie geduldig sie zum zehnten Mal das umgefallene Türmchen wieder aufbaut, und denkst bei dir: „Puh, das kann sie einfach besser" oder „Ich glaube, sie hat da einen natürlicheren Draht zu." Solche Gedanken sind gar nicht so selten, besonders in einer Gesellschaft, in der die Rolle der Mutter oft immer noch als die primäre und „natürlichere" Bezugsperson für kleine Kinder angesehen wird. Aber lass dir gesagt sein: Solche Vergleiche sind nicht nur unfair dir selbst gegenüber, sondern sie tun auch deiner Beziehung zu deinem Kind und deinem Selbstvertrauen als Vater überhaupt nicht gut.

Denn die wunderbare Wahrheit ist: Du als Vater hast deine ganz eigenen, einzigartigen Stärken, deine spezifischen Qualitäten und deine ganz persönliche Art, mit deinem Kind zu interagieren, die für seine gesunde und vielseitige Entwicklung genauso wertvoll, wichtig und unersetzlich sind wie die deiner Partnerin. Es geht hier nicht um ein „Besser" oder „Schlechter", nicht um Konkurrenz oder darum, eine Kopie der Mutter zu sein. Es geht um die wunderbare Ergänzung, um die Vielfalt an Erfahrungen und Anregungen, die ihr als Elternteam eurem Kind gemeinsam bieten könnt. Und es geht darum, dass du deine authentische, individuelle Vaterrolle selbstbewusst, mit Freude und mit Stolz ausfüllst.

Wissenschaftliche Studien aus der Familien- und Entwicklungspsychologie, aber auch unzählige Beobachtungen im ganz normalen Familienalltag, zeigen immer wieder eindrücklich, dass Väter oft eine andere, aber eben nicht weniger bedeutsame Art haben, mit ihren Kindern zu spielen, zu kommunizieren und die Welt zu entdecken, als Mütter es tun. Diese Unterschiede sind kein Defizit, sondern ein riesiger Gewinn für dein Kind, denn sie bieten ihm eine breitere Palette an Lernmöglichkeiten, sozialen Erfahrungen und emotionalen Impulsen.

Ein ganz typischer Bereich, in dem sich diese spezifisch väterlichen Interaktionsstile oft sehr deutlich zeigen, ist das **gemeinsame Spiel**. Viele Väter neigen, besonders wenn die Kinder etwas mobiler werden, zu einem körperbetonteren, dynamischeren, manchmal auch wilderen und stärker herausfordernden Spielstil. Das bedeutet, es wird vielleicht mehr getobt, gekitzelt, gerauft (natürlich immer liebevoll und achtsam!), es wird auf den Schultern durch die Wohnung geflogen oder das Kind wie ein Flugzeug durch die Luft gewirbelt. Es werden vielleicht höhere und waghalsigere Türme aus Bauklötzen gebaut, die dann mit großem Getöse einstürzen dürfen, oder es werden gemeinsam neue, aufregende und manchmal auch ein bisschen „gefährliche“ Dinge ausprobiert und erkundet. Dieser eher körperliche, sinnesanregende und oft auch unvorhersehbarere Spielstil ist für dein Kind Gold wert! Es lernt dabei auf eine ganz spielerische Weise, seinen Körper besser kennen und beherrschen, seine Kräfte und Grenzen realistisch einzuschätzen, Risiken abzuwägen, mit Aufregung, Nervenkitzel und starken Emotionen wie Freude, aber auch mal Frustration oder leichter Angst umzugehen und seine grobmotorischen Fähigkeiten zu verfeinern. Wenn du dein Kind beispielsweise beim Toben spielerisch herausforderst, es vielleicht sanft von dir wegstößt und es dann lachend wieder auffängst, erlebt es nicht nur einen Moment des ausgelassenen Spaßes und der körperlichen Aktivität, sondern auch das tiefe, unerschütterliche Vertrauen: „Papa ist stark, Papa passt auf mich auf, bei ihm bin ich sicher, auch wenn es mal ein bisschen wilder und verrückter zugeht.“ Solche körperbetonten Spiele, die oft von Vätern initiiert werden, fördern das Selbstvertrauen, die Risikokompetenz, die Frustrationstoleranz und die Fähigkeit zur Emotionsregulation deines Kindes ungemein.

Ein anderes anschauliches Beispiel ist oft die **Art der verbalen Kommunikation** zwischen Vätern und ihren Kindern. Während Mütter häufiger dazu neigen, die sogenannte „Ammen- oder Babysprache“ (Parentese) zu verwenden, die durch eine höhere Stimmlage, eine übertriebene Betonung, viele Wiederholungen und eher einfache Satzstrukturen gekennzeichnet ist (was für den frühen Spracherwerb und die emotionale Verbindung sehr förderlich ist), nutzen Väter im Durchschnitt oft eine etwas komplexere, vielfältigere und anspruchsvollere Sprache im Gespräch mit ihren Kindern. Sie stellen vielleicht mehr offene W-Fragen („Was ist das?“, „Warum ist das so?“, „Wie funktioniert das denn?“), die das Kind zum Nachdenken und Erklären anregen. Sie verwenden möglicherweise einen größeren Wortschatz, erzählen auf eine andere Art Geschichten oder führen eher „erwachsenenähnliche“ Dialoge. Auch das ist ein extrem wichtiger und wertvoller Impuls für die kognitive und sprachliche Entwicklung deines Kindes. Es lernt dadurch, sich neuen sprachlichen Herausforderungen zu stellen, seinen aktiven und passiven Wortschatz zu erweitern, komplexere Zusammenhänge zu verstehen und seine eigenen Gedanken und Ideen differenzierter auszudrücken.

Auch im Bereich der **Problemlösung, der Exploration und der Heranführung an die Herausforderungen der Welt** setzen Väter oft andere, aber ebenso wichtige Akzente. Vielleicht bist du eher derjenige, der dein Kind ermutigt, ein Problem zunächst einmal selbstständig zu lösen, ihm nicht sofort die Lösung präsentiert, sondern ihm Raum gibt, eigene Strategien zu entwickeln und auszuprobieren, auch wenn es dabei mal scheitert. Vielleicht bist du derjenige, der es anspornt, eine neue, etwas höhere Kletterstufe auf dem Spielplatz zu erklimmen, auch wenn es sich anfangs noch unsicher fühlt, oder ein unbekanntes Spielzeug neugierig und ohne vorschnelle elterliche Intervention zu untersuchen. Diese Art der Interaktion, die oft als „Rough-and-Tumble-Play“ oder als „fordernde Vaterschaft“ beschrieben wird, fördert in hohem Maße die Selbstständigkeit, die Frustrationstoleranz, die Kreativität, die Problemlösefähigkeiten und das Zutrauen in die eigenen Kompetenzen deines Kindes. Es lernt dadurch die wichtige Lektion: „Ich kann Herausforderungen meistern, ich kann Neues wagen und ausprobieren, Papa traut mir das zu, und er ist da, wenn ich ihn brauche, aber er lässt mir auch den Freiraum, meine eigenen Erfahrungen zu machen."

Die Botschaft hinter all diesen Beispielen, die natürlich Verallgemeinerungen sind und nicht auf jeden Vater oder jede Mutter exakt zutreffen müssen, ist aber ganz klar und soll dich ermutigen: **Sei stolz auf deine einzigartige väterliche Art, mit deinem Kind umzugehen! Vertraue auf deine Instinkte, deine Stärken und deine ganz persönliche Art, Vater zu sein.** Es geht nicht darum, die Mutter zu kopieren oder einem bestimmten Idealbild von Vaterschaft zu entsprechen. Es geht darum, deine ganz persönliche, authentische Beziehung zu deinem Kind zu gestalten und ihm die spezifischen, wertvollen und unverzichtbaren Entwicklungsimpulse zu geben, die du als Vater auf deine Weise am besten vermitteln kannst. Deine Art zu spielen, zu trösten, zu fördern, die Welt zu erklären und Herausforderungen zu meistern, ist ein unersetzlicher Teil des Erfahrungsschatzes, den dein Kind für ein gesundes, glückliches und vielseitiges Aufwachsen braucht. Indem du deine Rolle als Vater authentisch, engagiert und selbstbewusst lebst, validierst du nicht nur deine eigene, immense und wichtige Bedeutung für dein Kind, sondern stärkst auch deine väterliche Identität, dein Selbstwertgefühl und die Freude an dieser einzigartigen Beziehung. Das ist deine väterliche Superkraft – entdecke sie, nutze sie und sei stolz darauf!

Der psychologische Aspekt: Warum eine sichere Vater-Kind-Bindung ein Leben lang trägt

Die Qualität der emotionalen Bindung, die du in den ersten, so prägenden Lebensmonaten und -jahren zu deinem Kind aufbaust, hat weitreichende und oft lebenslange Auswirkungen auf seine gesamte weitere Entwicklung – auf seine emotionale Stabilität, seine kognitiven Fähigkeiten, seine sozialen Kompetenzen und sein allgemeines Wohlbefinden. Eine sichere, liebevolle und verlässliche Vater-Kind-Bindung ist wie ein stabiles, tief im Erdreich verankertes Fundament, auf dem dein Kind sein ganzes weiteres Leben aufbauen und entfalten kann.

Kinder, die das Glück haben, eine sichere Bindung zu ihrem Vater (und natürlich idealerweise auch zu ihrer Mutter) entwickeln zu können, zeigen oft ein deutlich höheres **Selbstwertgefühl** und ein größeres, stabileres **Urvertrauen** in sich selbst, in andere Menschen und in die Welt als Ganzes. Sie haben durch die unzähligen positiven Interaktionen mit dir die tiefe innere Gewissheit und das unerschütterliche Gefühl verinnerlicht: „Ich bin wertvoll, so wie ich bin. Ich bin liebenswert und wichtig. Es gibt Menschen, die für mich da sind, die mich verstehen, die mich unterstützen und die mich bedingungslos lieben." Dieses positive und stabile Selbstbild macht sie widerstandsfähiger gegenüber Stress, Belastungen und den unvermeidlichen Herausforderungen des Lebens. Sie gehen mutiger und zuversichtlicher auf neue Situationen zu und haben mehr Vertrauen in ihre eigenen Fähigkeiten.

Auch die **gesamte emotionale Entwicklung** deines Kindes profitiert enorm von einer sicheren und liebevollen Vaterbindung. Kinder lernen im feinfühligen, empathischen und spiegelnden Austausch mit ihrem Vater, ihre eigenen, oft noch sehr diffusen und überwältigenden Gefühle besser wahrzunehmen, zu verstehen, zu benennen und angemessen auszudrücken. Sie entwickeln eine größere Empathiefähigkeit, also die Fähigkeit, sich in die Gefühlswelt anderer Menschen hineinzuversetzen und deren Emotionen nachzuempfinden. Und sie sind oft besser in der Lage, ihre eigenen Emotionen auf eine gesunde und konstruktive Weise zu regulieren, anstatt von ihnen überrollt zu werden. Sie lernen, dass alle Gefühle – Freude, Trauer, Wut, Angst – einen Platz haben dürfen und dass es Wege gibt, mit ihnen umzugehen.

Im Bereich der **sozialen Kompetenzen** und des Beziehungsverhaltens zeigen sich ebenfalls deutliche und langfristige Vorteile. Kinder mit einer sicheren und positiven Vaterbindung sind oft kontaktfreudiger, aufgeschlossener gegenüber anderen Menschen, kooperativer im Umgang mit Gleichaltrigen und können leichter stabile, vertrauensvolle und erfüllende Beziehungen zu anderen aufbauen – sowohl in der Kindheit als auch später im Erwachsenenleben. Sie haben am Modell ihrer Eltern gelernt, dass Beziehungen auf Vertrauen, Respekt, Gegenseitigkeit, Verlässlichkeit und liebevoller Zuwendung basieren.

Nicht zuletzt hat eine engagierte, präsente und fördernde Vaterschaft auch vielfältige positive Auswirkungen auf die **kognitive Entwicklung**, die Lernmotivation und den späteren Bildungserfolg von Kindern. Väter, die viel und auf eine anregende Weise mit ihren Kindern spielen, ihnen regelmäßig vorlesen, mit ihnen gemeinsam die Welt entdecken, ihre Fragen ernst nehmen und sie intellektuell herausfordern, fördern deren natürliche Neugier, ihren Wissensdurst, ihre Kreativität, ihre Problemlösefähigkeiten und ihre Freude am Lernen. Sie legen damit einen wichtigen Grundstein für eine erfolgreiche Bildungsbiografie.

Du siehst also, dein Engagement als Vater, deine Liebe, deine Zeit, deine Geduld und deine bewusste Präsenz im Leben deines Kindes sind nicht nur ein „nettes Extra“ oder eine optionale Zugabe. Sie sind von fundamentaler und nachhaltiger Bedeutung für ein gesundes, glückliches und erfülltes Aufwachsen deines Kindes in allen Lebensbereichen. Jede Kuschelstunde auf dem Sofa, jedes gemeinsame Bauklotz-Abenteuer auf dem Teppich, jedes geduldig vorgelesene Buch, jedes tröstende Wort nach einem kleinen Sturz, jede liebevolle Interaktion beim Wickeln oder Füttern ist ein wertvoller Baustein für dieses unzerstörbare, emotionale Band zwischen euch. Es ist eine Investition in die Zukunft deines Kindes, aber auch eine unschätzbare Bereicherung für dein eigenes Leben. Denn die tiefe, erfüllende und lebenslange Verbindung, die du zu deinem Kind aufbaust, ist eines der größten Geschenke, die das Vatersein für dich bereithält.

Fähigkeit 6: Vorbereitung & Aktive Rollengestaltung

Kommen wir zu einer Fähigkeit, die vielleicht auf den ersten Blick nicht ganz so greifbar erscheint wie das Windelwechseln oder die Kommunikation mit deiner Partnerin, aber die für dein gesamtes Erleben und deine Zufriedenheit als Vater von absolut grundlegender Bedeutung ist. Es geht darum, nicht einfach irgendwie in diese neue, aufregende Rolle hineinzuschlittern und dich von äußeren Umständen oder den Erwartungen anderer lenken zu lassen. Vielmehr geht es darum, diesen lebensverändernden Übergang ganz aktiv, bewusst und gut informiert zu gestalten. Es ist die Kunst, dir selbst darüber klar zu werden, welche Art von Vater du sein möchtest, welche Werte dir in deiner Familie und in der Erziehung deines Kindes wirklich am Herzen liegen, und wie du diese ganz persönliche Vision dann auch im oft turbulenten Alltag mit Leben füllen kannst. Das ist kein Prozess, der von heute auf morgen abgeschlossen ist, sondern eine unglaublich spannende und bereichernde Entdeckungsreise zu dir selbst und zu deiner ganz individuellen Art, ein präsenter, liebevoller und kompetenter Papa zu sein.

Was & Warum: Die Macht der bewussten Rollengestaltung und das Abenteuer, du selbst als Vater zu sein

Vater zu werden ist so viel mehr als nur ein biologischer Akt oder ein neuer sozialer Status. Es ist eine tiefgreifende Transformation, die deine Identität, deine Werte, deine Prioritäten und deinen gesamten Lebensentwurf berührt und oft auch gehörig durcheinanderwirbelt. Und genau deshalb ist es so ungemein wichtig, dich nicht passiv von dieser Welle der Veränderung mitreißen zu lassen, sondern aktiv das Steuer in die Hand zu nehmen und deinen eigenen Kurs zu bestimmen. Wenn du dir schon im Vorfeld, aber auch immer wieder begleitend, Gedanken darüber machst, was für ein Vater du sein möchtest, welche Art von Beziehung du zu deinem Kind aufbauen willst und welche Werte du ihm mit auf den Weg geben möchtest, dann entwickelst du eine Art inneren Kompass. Dieser Kompass wird dir Orientierung geben, er wird dir helfen, auch in stürmischen Zeiten oder bei schwierigen Entscheidungen auf Kurs zu bleiben und Entscheidungen zu treffen, die sich für dich stimmig anfühlen.

Es geht darum, eine authentische Vateridentität zu entwickeln, die wirklich zu dir, zu deiner Persönlichkeit, zu deinen Stärken und Schwächen und zu deinen tiefsten Überzeugungen passt. Es gibt nicht den einen „richtigen“ Weg, ein guter Vater zu sein, auch wenn uns das manchmal von außen suggeriert wird. Jeder Mann bringt seine eigene Geschichte, seine eigenen Erfahrungen, seine eigenen Träume und auch seine eigenen Unsicherheiten mit in diese neue Rolle. Das Ziel ist nicht, irgendeinem idealisierten Bild von Vaterschaft zu entsprechen, das vielleicht von der Gesellschaft, von den eigenen Eltern oder von den Medien gezeichnet wird. Sondern es geht darum, deine ganz persönliche, unverwechselbare Art von Vaterschaft zu leben – eine Vaterschaft, die sich für dich echt, erfüllend und bedeutsam anfühlt.

Zu dieser aktiven Rollengestaltung gehört untrennbar auch der Aspekt der Information und der Planung. Wissen ist Macht – nicht im Sinne von Dominanz, sondern im Sinne von Handlungskompetenz und Sicherheit. Wenn du dich beispielsweise schon während der Schwangerschaft intensiv mit Themen wie den verschiedenen Möglichkeiten der Elternzeit und des Elterngeldes auseinandersetzt, wenn du verstehst, was bei einer Geburt auf dich und deine Partnerin zukommt, oder wenn du dich über die Entwicklungsphasen deines Babys informierst, dann reduziert das Unsicherheiten und Ängste. Du fühlst dich besser vorbereitet, kannst informierte Entscheidungen treffen und gehst insgesamt souveräner und gelassener in die neue Situation. Aktive Planung bedeutet in diesem Zusammenhang auch, gemeinsam mit deiner Partnerin Visionen für euer zukünftiges Familienleben zu entwickeln, euch darüber auszutauschen, wie ihr die neuen Aufgaben, Verantwortlichkeiten und auch die Freuden als Elternteam meistern und teilen wollt.

Dieser Prozess der bewussten Auseinandersetzung mit deiner Vaterrolle, der Informationssuche und der gemeinsamen Planung ist kein einmaliger Kraftakt, den du vor der Geburt erledigst und dann abhaken kannst. Es ist vielmehr ein dynamischer, lebendiger Weg des Lernens, des Wachsens und der ständigen Anpassung. Deine Vorstellungen von Vaterschaft werden sich vielleicht im Laufe der Zeit verändern, du wirst neue Erfahrungen machen, die dich prägen, du wirst neue Kompetenzen entwickeln und an Herausforderungen wachsen. Das ist das Schöne und Spannende daran! Wichtig ist die grundlegende Bereitschaft, dich immer wieder ehrlich mit dir selbst und deiner Rolle auseinanderzusetzen, neugierig zu bleiben, dich aktiv einzubringen und das Abenteuer Vaterschaft mit all seinen Facetten bewusst zu gestalten.

Praxis-Zone Schwangerschaft: Die Weichen stellen für deine aktive Vaterschaft

Die Monate der Schwangerschaft sind eine ganz besondere Zeit des Übergangs und der Vorbereitung. Sie bieten dir eine einmalige und wertvolle Gelegenheit, dich nicht nur voller Vorfreude auf die Ankunft deines Babys einzustimmen, sondern auch ganz bewusst in deine zukünftige Rolle als Vater hineinzuwachsen und wichtige Weichen für eine engagierte, präsente und erfüllende Vaterschaft zu stellen. Jetzt hast du oft noch die Ruhe, die Zeit und die mentalen Kapazitäten, um dich mit grundlegenden Themen auseinanderzusetzen, Informationen zu sammeln, dich mit deiner Partnerin auszutauschen und dich persönlich auf dieses neue Lebenskapitel vorzubereiten.

Geburtsvorbereitungskurse – Mehr als nur Hechelübungen für Schwangere

Wenn du das Wort „Geburtsvorbereitungskurs" hörst, was kommt dir da als Erstes in den Sinn? Vielleicht eine Gruppe von Frauen, die gemeinsam Atemtechniken üben, während die Männer etwas unbeholfen am Rand sitzen? Dieses Bild ist zum Glück längst überholt. Moderne Geburtsvorbereitungskurse, und hier meine ich insbesondere solche, die sich explizit an Paare richten und die Rolle des Vaters aktiv einbeziehen, sind eine unglaublich wertvolle Ressource und eine echte Chance für dich, dich optimal auf die Geburt und die erste Zeit danach vorzubereiten.

Ein guter Geburtsvorbereitungskurs vermittelt dir zunächst einmal fundiertes und verständliches **Wissen über den gesamten Geburtsprozess**. Du erfährst, was in den einzelnen Phasen der Geburt im Körper deiner Partnerin passiert – von den ersten Wehen über die Eröffnungsphase bis hin zur Austreibungsphase und der Nachgeburt. Du lernst verschiedene Atemtechniken kennen, die deiner Partnerin helfen können, mit den Wehen umzugehen, und erfährst, wie du sie dabei aktiv unterstützen kannst. Es werden verschiedene Geburtspositionen besprochen und vielleicht auch praktisch ausprobiert, die den Geburtsverlauf erleichtern können. Du bekommst Informationen über mögliche medizinische Interventionen, wie zum Beispiel eine Periduralanästhesie (PDA), einen Wehentropf oder einen Kaiserschnitt – wann sie sinnvoll oder notwendig sein können, welche Vor- und Nachteile sie haben und wie ihr als Paar informierte Entscheidungen treffen könnt. Dieses Wissen ist Gold wert, denn es nimmt Unsicherheit und Ängste vor dem Unbekannten. Es hilft dir, dich im Kreißsaal kompetenter und sicherer zu fühlen, die Vorgänge besser zu verstehen und nicht nur passiver Zuschauer zu sein, sondern ein informierter und aktiver Begleiter deiner Partnerin.

Darüber hinaus bieten viele Kurse auch einen geschützten **Raum für den Austausch über die emotionalen Aspekte** der Geburt und der bevorstehenden Elternschaft. Du lernst, welche emotionalen Bedürfnisse deine Partnerin unter der Geburt haben könnte, wie du ihr in dieser intensiven und oft auch verletzlichen Situation emotionalen Beistand leisten kannst, wie ihr als Paar auch diese Grenzerfahrung gemeinsam meistern und vielleicht sogar als stärkendes Erlebnis für eure Beziehung gestalten könnt. Oft werden auch ganz **praktische Fähigkeiten geübt**, die du direkt im Kreißsaal anwenden kannst. Das können zum Beispiel bestimmte Massagegriffe sein, die deiner Partnerin helfen, Wehenschmerzen zu lindern, oder Techniken, wie du ihr durch Gegendruck im Kreuzbeinbereich Erleichterung verschaffen kannst. Du lernst, wie du sie beim Atmen unterstützen kannst oder wie du ihr helfen kannst, zwischen den Wehen zu entspannen und neue Kraft zu sammeln.

Ein weiterer, oft unterschätzter, aber ungemein wichtiger Vorteil von partnerschaftlichen Geburtsvorbereitungskursen ist die **Möglichkeit, dich mit anderen werdenden Vätern (und natürlich auch Müttern) auszutauschen**. Du wirst schnell merken, dass du mit deinen Fragen, deinen Hoffnungen, deinen Sorgen und auch deiner riesigen Vorfreude nicht allein bist. Zu hören, dass andere Männer ähnliche Gedanken und Gefühle haben, kann sehr entlastend, bestärkend und normalisierend wirken. Manchmal entstehen hier sogar neue Freundschaften oder zumindest wertvolle Kontakte zu anderen Familien, die in der gleichen Lebensphase stecken und mit denen man sich auch nach der Geburt austauschen kann.

Ein wichtiger Gedanke bei der Auswahl eines Geburtsvorbereitungskurses: **Achtet darauf, einen Kurs zu finden, der die Rolle des Partners aktiv und wertschätzend einbezieht und euch als zukünftiges Eltern-Team anspricht.** Fragt ruhig bei der Kursleitung nach, welche spezifischen Inhalte und Übungen für Väter angeboten werden oder ob es vielleicht sogar eigene Väterabende oder -gesprächsrunden gibt. Die Zeit und das Geld, das ihr in einen guten, partnerschaftlichen Geburtsvorbereitungskurs investiert, ist eine hervorragende Investition in ein positives und selbstbestimmtes Geburtserlebnis und in einen selbstbewussten, informierten und engagierten Start in deine neue Rolle als Vater.

Elternzeit, Elterngeld & Co. – Den finanziellen und zeitlichen Rahmen für deine Vaterschaft planen

Die Geburt eines Kindes ist nicht nur ein emotionales Großereignis, sondern sie bringt auch ganz handfeste organisatorische und finanzielle Veränderungen und Herausforderungen mit sich. Zwei ganz zentrale Themen, mit denen ihr euch als Paar idealerweise schon frühzeitig und intensiv während der Schwangerschaft auseinandersetzen solltet, sind die Gestaltung der **Elternzeit** und die Beantragung des **Elterngeldes**. Eine sorgfältige, gemeinsame und gut informierte Planung in diesen Bereichen gibt euch nicht nur finanzielle Sicherheit und Klarheit, sondern ermöglicht es dir auch, deine Vaterrolle von Anfang an aktiv, präsent und nach deinen eigenen Vorstellungen zu gestalten.

Die **Elternzeit** ist ein gesetzlich verankerter Anspruch für Arbeitnehmerinnen und Arbeitnehmer in Deutschland, sich für einen bestimmten Zeitraum nach der Geburt eines Kindes unbezahlt von ihrer beruflichen Tätigkeit freistellen zu lassen, um sich voll und ganz der Betreuung und Erziehung ihres Kindes widmen zu können. Dieser Anspruch besteht unabhängig davon, ob man verheiratet ist oder nicht, und gilt für leibliche Kinder ebenso wie für Adoptiv- oder Pflegekinder. Jeder Elternteil hat pro Kind Anspruch auf bis zu drei Jahre Elternzeit. Diese Zeit kann sehr flexibel gestaltet werden: Du kannst sie am Stück nehmen, sie in bis zu drei Zeitabschnitte aufteilen (mit Zustimmung des Arbeitgebers auch mehr), und ein Teil davon kann sogar bis zum achten Geburtstag des Kindes aufgespart werden. Wichtig ist auch: Beide Elternteile können gleichzeitig oder nacheinander Elternzeit nehmen. Für dich als Vater bietet die Elternzeit eine einmalige und unschätzbar wertvolle Möglichkeit, von den ersten Lebenstagen oder -wochen deines Kindes an eine intensive, tiefe und tragfähige Beziehung zu ihm aufzubauen, deine Partnerin im anspruchsvollen Alltag mit einem Neugeborenen tatkräftig zu unterstützen und dich aktiv und gleichberechtigt in die Familienarbeit und -organisation einzubringen. Es ist die Chance, die erste, so prägende Zeit mit deinem Kind hautnah mitzuerleben und eine aktive Vaterrolle von Anfang an zu leben.

Das **Elterngeld** ist eine staatliche Transferleistung, die dazu dient, den Einkommensverlust, der durch die Unterbrechung oder Reduzierung der beruflichen Tätigkeit während der Elternzeit entsteht, zumindest teilweise auszugleichen. Es soll Familien in der ersten Zeit nach der Geburt finanziell unterstützen und es beiden Elternteilen ermöglichen, sich Zeit für ihr Kind zu nehmen. Es gibt verschiedene Varianten des Elterngeldes, die ihr als Paar je nach eurer individuellen Lebens- und Arbeitssituation sowie euren persönlichen Wünschen und Bedürfnissen wählen und auch kombinieren könnt. Die wichtigsten sind das **Basiselterngeld**, das für bis zu 12 Monate (plus zwei Partnermonate, wenn beide Elternteile Elterngeld beziehen und mindestens zwei Monate ihre Erwerbstätigkeit reduzieren oder unterbrechen) gezahlt wird und in der Regel 65-67% des durchschnittlichen Nettoeinkommens vor der Geburt beträgt (maximal 1.800 Euro, mindestens 300 Euro). Daneben gibt es das **ElterngeldPlus**, das besonders für Eltern interessant ist, die schon während des Elterngeldbezugs wieder in Teilzeit arbeiten möchten. Hier kann man für einen Elterngeldmonat zwei ElterngeldPlus-Monate beziehen, wobei das monatliche ElterngeldPlus dann geringer ist (maximal die Hälfte des Basiselterngeldes). Zusätzlich gibt es noch den **Partnerschaftsbonus**, der Paaren zugutekommt, die sich entscheiden, für eine bestimmte Zeit (zwei bis vier Monate) beide gleichzeitig zwischen 24 und 32 Wochenstunden zu arbeiten und sich die Betreuung des Kindes teilen.

Die Regelungen zum Elterngeld können auf den ersten Blick etwas komplex und unübersichtlich erscheinen, und die verschiedenen Kombinationsmöglichkeiten erfordern eine gute Planung. Aber es lohnt sich definitiv, sich hier intensiv einzuarbeiten und die für eure Familie passende Lösung zu finden. Was solltet ihr also konkret tun? Der erste Schritt ist, euch **gemeinsam und frühzeitig einen umfassenden Überblick** über die verschiedenen Möglichkeiten der Elternzeit und des Elterngeldes zu verschaffen. Viele Städte, Gemeinden, Familienkassen oder auch freie Träger bieten spezielle und oft kostenlose Beratungsstellen an, die euch individuell zu eurer Situation beraten und euch helfen können, die optimale Variante für euch zu finden. Nutzt diese Angebote! Auch im Internet findet ihr auf den Seiten des Bundesfamilienministeriums oder der zuständigen Elterngeldstellen eures Bundeslandes detaillierte Informationen, Broschüren und Elterngeldrechner, mit denen ihr verschiedene Szenarien durchspielen könnt.

Setzt euch dann als Paar zusammen und sprecht ganz offen und ehrlich über eure Wünsche, Vorstellungen und auch über eure finanziellen Notwendigkeiten. Wie lange möchte jeder von euch Elternzeit nehmen? In welchem Zeitraum? Möchtet ihr die Zeit gleichzeitig oder nacheinander nehmen, oder vielleicht eine Kombination aus beidem? Welche finanziellen Auswirkungen haben die verschiedenen Modelle auf euer monatliches Haushaltsbudget? Wie könnt ihr die Betreuung eures Kindes in den ersten Lebensjahren partnerschaftlich und für alle zufriedenstellend gestalten? Das sind wichtige und oft auch sehr persönliche Fragen, für die es keine vorgefertigten Antworten gibt, sondern die ihr als Paar für eure individuelle Situation gemeinsam klären und entscheiden müsst.

Ein guter Ansatz ist es, **verschiedene Szenarien und Modelle durchzuspielen** und deren Vor- und Nachteile für euch abzuwägen. Was bedeutet es finanziell, wenn du beispielsweise die ersten zwei Lebensmonate deines Kindes Basiselterngeld nimmst und deine Partnerin die folgenden zehn? Was, wenn ihr euch für ElterngeldPlus entscheidet und beide parallel für einen längeren Zeitraum in Teilzeit arbeitet und euch die Kinderbetreuung teilt? Welche Auswirkungen haben die unterschiedlichen Modelle auf eure berufliche Entwicklung und eure Karrierepläne? Welche Variante ermöglicht euch am besten, eure Vorstellungen von einer engagierten Vaterschaft und einer partnerschaftlichen Aufteilung der Familienarbeit zu verwirklichen?

Wichtig ist, diese Gespräche und Planungen **frühzeitig zu führen**, denn die Elternzeit muss beim Arbeitgeber spätestens sieben Wochen vor dem gewünschten Beginn schriftlich angemeldet werden (für Geburten ab dem 1. Juli 2015 gilt für den Zeitraum zwischen dem dritten und achten Geburtstag des Kindes eine Anmeldefrist von 13 Wochen). Und auch die Anträge für das Elterngeld sollten möglichst bald nach der Geburt des Kindes bei der zuständigen Elterngeldstelle eingereicht werden, da die Bearbeitung einige Zeit in

Anspruch nehmen kann und Elterngeld nur für maximal drei Lebensmonate rückwirkend gezahlt wird. (Mehr zu den konkreten Anträgen und den benötigten Unterlagen erfährst du im Unterkapitel „Der Bürokratie-Kompass für Papas – Elterngeld, Anträge & Co. ohne Nervenzusammenbruch meistern").

Ein zentraler Gedanke für diese wichtige Planungsphase deiner aktiven Vaterschaft: **Eine gut informierte, sorgfältig durchdachte und vor allem gemeinsam als Paar getragene Entscheidung über die Gestaltung von Elternzeit und Elterngeld schafft nicht nur Klarheit und finanzielle Sicherheit, sondern ist auch ein starkes Signal für deine Bereitschaft, deine Vaterrolle von Anfang an aktiv, präsent und verantwortungsbewusst zu gestalten.** Es ist eine einmalige Chance, die du unbedingt nutzen solltest, um eine tiefe Bindung zu deinem Kind aufzubauen und die erste, so prägende Zeit als Familie intensiv miteinander zu erleben.

Der Austausch mit anderen Vätern – Solidarität, Inspiration und wertvolle Impulse aus der Praxis

Vater zu werden ist zweifellos eine sehr persönliche und einzigartige Erfahrung. Jeder Mann erlebt diesen Übergang auf seine eigene Weise, mit seinen eigenen Gefühlen, Hoffnungen und auch Unsicherheiten. Trotzdem, oder vielleicht gerade deshalb, kann es unglaublich hilfreich, bestärkend und inspirierend sein, sich mit anderen Männern auszutauschen, die sich in der gleichen aufregenden Lebensphase befinden oder diesen wichtigen Schritt ins Vatersein schon gegangen sind. Oftmals haben Väter ganz spezifische Fragen, Sorgen oder auch Freuden, die sich von denen der Mütter unterscheiden können, und der offene Austausch untereinander kann hier eine ganz besondere Qualität und einen unschätzbaren Wert haben.

Suche deshalb aktiv nach Möglichkeiten und Gelegenheiten, mit anderen Vätern – sei es mit werdenden oder schon erfahrenen – ins Gespräch zu kommen. Das kann beispielsweise im Rahmen eures **Geburtsvorbereitungskurses** sein, wenn dieser auch einen Austausch unter den Männern ermöglicht oder sogar eigene Väterabende anbietet. Viele **Familienbildungsstätten, Stadtteilzentren oder auch Väterberatungsstellen** haben spezielle **Vätergruppen, Vätertreffs oder Kurse für Väter** im Programm, in denen du dich in einem geschützten Rahmen mit anderen Männern über alle Themen rund um Schwangerschaft, Geburt, Vaterschaft und Partnerschaft austauschen kannst. Halte die Augen offen nach solchen Angeboten in deiner Nähe!

Aber auch ganz **informell im Freundes-, Bekannten- oder Kollegenkreis** ergeben sich oft wertvolle Gesprächsmöglichkeiten. Sprich mit Vätern, deren Art, ihre Vaterrolle zu leben, du vielleicht besonders positiv findest oder bewunderst. Frage sie nach ihren ganz persönlichen Erfahrungen: Was waren ihre größten Herausforderungen beim Vaterwerden? Was waren ihre schönsten Momente? Welche Tipps haben sie für den Alltag mit Baby? Was hätten sie im Nachhinein vielleicht anders gemacht? Du wirst vielleicht erstaunt sein, wie offen und ehrlich viele Männer über ihre Vaterschaft und die damit verbundenen Gefühle sprechen, wenn sie merken, dass echtes Interesse und eine vertrauensvolle Atmosphäre da sind.

Dieser Austausch mit anderen Vätern kann dir in vielerlei Hinsicht guttun und dich auf deinem Weg unterstützen:

Er normalisiert deine eigenen Gefühle, Gedanken und Unsicherheiten. Wenn du hörst, dass andere Männer ähnliche Fragen haben, mit ähnlichen Ängsten kämpfen oder ähnliche Freuden erleben, merkst du schnell: „Aha, das ist also ganz normal! Ich bin mit meinen Überlegungen und Emotionen nicht allein." Das kann eine enorme Entlastung sein und dir viel von dem Druck nehmen, vielleicht nicht „richtig" zu sein oder irgendwelchen überzogenen Erwartungen entsprechen zu müssen.

Er liefert dir wertvolle praktische Tipps, Anregungen und Inspirationen aus erster Hand für den Alltag mit Baby, für den Umgang mit typischen Herausforderungen (wie Schlafmangel oder Schreibabys), für die Gestaltung deiner Beziehung zu deinem Kind oder für die Balance zwischen Familie und Beruf. Oft sind es die kleinen, im Alltag erprobten Kniffe von anderen Vätern, die dir am meisten weiterhelfen.

Er kann dir neue Perspektiven auf deine eigene Vaterrolle eröffnen und dich ermutigen, deinen ganz persönlichen, authentischen Weg als Vater zu finden, vielleicht auch abseits von traditionellen Rollenklischees oder den Erwartungen deines Umfelds. Du siehst, es gibt nicht nur den einen richtigen Weg, Vater zu sein, sondern viele verschiedene, individuelle und erfüllende Möglichkeiten.

Er schafft ein wichtiges Gefühl von Solidarität, Verbundenheit und Gemeinschaft. Zu wissen, dass es andere Männer gibt, die die gleichen Freuden und Sorgen, die gleichen Höhen und Tiefen des Vaterseins teilen, kann sehr stärkend sein und dir das Gefühl geben, Teil einer unterstützenden Gemeinschaft zu sein.

Ein wichtiger Hinweis für dich als werdenden Vater: **Nutze aktiv die vielfältigen Chancen, dich mit anderen Vätern zu vernetzen und auszutauschen – der ehrliche, offene Dialog von Mann zu Mann, die gegenseitige Unterstützung und das Teilen von Erfahrungen sind Gold wert auf deiner spannenden Reise ins Vatersein.** Es ist eine Ressource, die du dir nicht entgehen lassen solltest.

Die alles entscheidende Frage: Was für ein Vater möchte ich sein? – Deine persönliche Vision entwickeln

Neben all den wichtigen praktischen Vorbereitungen, dem Sammeln von Informationen und dem Austausch mit anderen ist die Zeit der Schwangerschaft auch eine einmalige und kostbare Gelegenheit für eine ganz persönliche, intensive Auseinandersetzung mit dir selbst und deiner zukünftigen Rolle als Vater. Nimm dir ganz bewusst Zeit und Raum für diese innere Einkehr und Selbstreflexion und stelle dir eine der vielleicht wichtigsten Fragen auf deinem Weg ins Vatersein: **Was für ein Vater möchte ich meinem Kind eigentlich sein?** Welche Werte sind mir in der Erziehung und im Zusammenleben als Familie wirklich von Herzen wichtig? Welche Art von Beziehung wünsche ich mir zu meinem Kind, nicht nur wenn es klein ist, sondern auch später, wenn es heranwächst und eigene Wege geht?

Diese Fragen sind nicht immer leicht und schon gar nicht mit einem schnellen Ja oder Nein zu beantworten. Deine Antworten darauf können und werden sich wahrscheinlich auch im Laufe der Zeit, mit wachsender Erfahrung und neuen Erkenntnissen, verändern und weiterentwickeln. Aber der Prozess des intensiven Nachdenkens darüber, das ehrliche Hineinspüren in dich selbst, ist unglaublich wertvoll. Denn er hilft dir, eine bewusste, klare und vor allem authentische Vateridentität zu entwickeln, die wirklich aus deinem Inneren kommt und zu deinen tiefsten Überzeugungen und Wünschen passt. Das gibt dir nicht nur Orientierung und Sicherheit für die vielen kleinen und großen Entscheidungen im Erziehungsalltag, sondern auch die Motivation und die Kraft, deine Vaterrolle aktiv, liebevoll und mit Freude zu gestalten.

Eine sehr hilfreiche und tiefgehende Methode, um dich diesen Fragen anzunähern und deine persönliche Vision von Vaterschaft zu konkretisieren, ist das sogenannte **„Vaterbild-Journaling“**. Nimm dir dafür ein schönes Notizbuch, das nur dir gehört, und einen Stift, mit dem du gerne schreibst. Suche dir einen ruhigen, ungestörten Ort und nimm dir ausreichend Zeit – es muss nicht alles an einem einzigen Tag passieren, du kannst diesen Prozess über mehrere Wochen oder sogar Monate gestalten. Beantworte dann für dich, so ehrlich und ausführlich wie möglich, schriftlich folgende Fragen und Impulse:

Meine eigene Kindheit und mein Vaterbild: Welche konkreten, lebendigen und positiven Erinnerungen habe ich an meinen eigenen Vater oder an andere wichtige männliche Bezugspersonen (Großvater, Onkel, Lehrer, Trainer etc.) aus meiner Kindheit und Jugend? Welche Eigenschaften, Verhaltensweisen oder Werte habe ich an ihm oder ihnen besonders geschätzt und als stärkend oder prägend erlebt? Gibt es davon etwas, das ich vielleicht für meine eigene Vaterschaft übernehmen und an mein Kind weitergeben möchte? Gab es umgekehrt vielleicht auch Dinge im Verhalten meines Vaters oder anderer männlicher Bezugspersonen, die ich als negativ, schwierig, verletzend oder mangelhaft empfunden habe? Was genau war das? Und was möchte ich daraus lernen, auf keinen Fall wiederholen oder in meiner eigenen Vaterschaft definitiv anders, besser machen? (Diese Frage ist nicht dazu gedacht, alte Wunden aufzureißen oder in Vorwürfen zu verharren, sondern um aus den eigenen biografischen Erfahrungen konstruktiv für die eigene Zukunft als Vater zu lernen und bewusste Entscheidungen zu treffen.)

Meine Kernwerte als Vater: Welche drei bis fünf Werte sind mir in der Erziehung meines Kindes und im Zusammenleben als Familie am allerwichtigsten, sozusagen die unumstößlichen Grundpfeiler meiner Vaterschaft? Das können Werte sein wie Ehrlichkeit, Respekt vor anderen und vor der Natur, Neugier und Lernbereitschaft, Selbstständigkeit und Verantwortungsbewusstsein, Empathie und Mitgefühl, Kreativität, Humor und Lebensfreude, Gerechtigkeitssinn, Optimismus oder auch spirituelle Werte. Versuche, diese Werte für dich klar zu benennen und vielleicht auch kurz zu definieren, was sie für dich bedeuten.

Meine Werte im Erziehungsalltag: Wie kann ich diese von mir definierten Kernwerte im ganz normalen, alltäglichen Zusammenleben mit meinem Kind konkret vorleben und ihm erfahrbar machen? Überlege dir für jeden deiner Kernwerte ein bis zwei ganz praktische, alltagstaugliche Beispiele. Wenn dir beispielsweise der Wert „Respekt“ wichtig ist, wie zeigst du deinem Kind Respekt? Indem du ihm aufmerksam zuhörst, seine Gefühle ernst nimmst, seine Grenzen achtest, ihm Entscheidungsspielräume lässt, die seinem Alter entsprechen? Wenn dir „Neugier" wichtig ist, wie förderst du seine Neugier? Indem du seine Fragen geduldig beantwortest, ihm eine anregende Umgebung bietest, gemeinsam mit ihm auf Entdeckungsreise gehst?

Meine Vision als Vater (Die Zeitreise): Wenn mein Kind später einmal als erwachsener Mensch auf seine Kindheit und Jugend zurückblickt, was soll es dann über mich als seinen Vater sagen oder denken? Welche positiven Erinnerungen, welche prägenden Erlebnisse, welche Gefühle und welche Eigenschaften soll es mit mir und unserer gemeinsamen Zeit verbinden? Versuche, dir das so lebendig und konkret wie möglich vorzustellen.

Meine konkreten nächsten Schritte: Welche ganz konkreten Dinge kann und möchte ich schon jetzt, während der Schwangerschaft oder in der ersten Zeit nach der Geburt, tun, um mich dieser von mir gewünschten Art von Vaterschaft anzunähern und meine Vision Realität werden zu lassen? Das können kleine Dinge sein, wie ein bestimmtes Buch zu lesen, ein Gespräch mit meiner Partnerin zu führen, eine neue Fähigkeit zu lernen oder mir bewusst Zeit für bestimmte Aktivitäten zu nehmen.

Diese Art der intensiven Selbstreflexion ist nicht immer einfach und erfordert ein hohes Maß an Ehrlichkeit mit sich selbst und die Bereitschaft, sich auch mit eigenen Prägungen, Unsicherheiten oder vielleicht auch wunden Punkten in der eigenen Biografie auseinanderzusetzen. Aber sie ist ein unglaublich wertvoller, ja fast schon unverzichtbarer Prozess, um eine klare, authentische und von innen heraus motivierte Vision für deine eigene Vaterschaft zu entwickeln. Das gibt dir nicht nur eine innere Orientierung und Sicherheit, sondern auch die Kraft und die Motivation, deine Vaterrolle Tag für Tag aktiv, bewusst und liebevoll zu gestalten, auch wenn es mal schwierig wird. Ein Gedanke, der dich auf diesem Weg der Selbstfindung begleiten kann: **Deine authentische und erfüllende Vaterrolle beginnt mit der ehrlichen und mutigen Auseinandersetzung mit dir selbst – entdecke, wer du als Mensch und als Vater sein möchtest, und gestalte diesen einzigartigen Weg mit Herz und Verstand.**

Praxis-Zone Geburt: Den Kompass in der Hand – Gemeinsam durch den Sturm der Wehen

Die Geburt eures Kindes ist ein Moment von unglaublicher Intensität, ein Übergang, der alles verändert. In diesen Stunden laufen viele der Vorbereitungen, Gespräche und Überlegungen aus der Schwangerschaft zusammen. Deine Rolle als unterstützender, präsenter und informierter Partner ist jetzt von entscheidender Bedeutung. Und ein ganz wichtiges Werkzeug, das euch als Paar hilft, auch in diesem oft stürmischen und unvorhersehbaren Prozess Orientierung zu behalten und eure Wünsche so weit wie möglich zu wahren, ist der gemeinsam erstellte Geburtsplan.

Dieser Geburtsplan, den ihr vielleicht im Rahmen eures Geburtsvorbereitungskurses oder in intensiven Gesprächen mit eurer Hebamme erarbeitet und schriftlich festgehalten habt, ist weit mehr als nur eine trockene Liste von Wünschen oder eine Ansammlung von medizinischen Präferenzen. Er ist vielmehr ein Ausdruck eurer gemeinsamen

Vorstellungen, eurer Hoffnungen und eurer Prioritäten für dieses einschneidende und zutiefst persönliche Erlebnis. Es ist wichtig, dass du diesen Plan nicht nur einmal überflogen hast, sondern ihn genauso gut kennst und verstanden hast wie deine Partnerin. Verstehst du wirklich jeden einzelnen Punkt, der darin festgehalten ist? Weißt du, warum bestimmte Aspekte für deine Partnerin von ganz besonderer Bedeutung sind – sei es die gewünschte Atmosphäre im Kreißsaal, bestimmte Geburtspositionen, der Umgang mit Schmerzmitteln oder der Wunsch nach sofortigem Hautkontakt mit dem Baby? Kennst du auch die Alternativen oder Kompromisse, die ihr vielleicht für den Fall besprochen habt, dass nicht alles exakt nach Plan verläuft? Nur wenn du den Geburtsplan wirklich verinnerlicht hast, kannst du deine Partnerin während der Geburt effektiv unterstützen und ihre Stimme sein, wenn sie ihre eigene vielleicht gerade nicht erheben kann.

Während des oft langen und anstrengenden Geburtsprozesses kann es nämlich durchaus Phasen geben, in denen deine Partnerin so sehr mit den Wehen, mit Schmerzen, mit Erschöpfung und mit der Konzentration auf ihren Körper beschäftigt ist, dass sie ihre Wünsche nicht mehr klar und deutlich äußern oder den Überblick über die Situation behalten kann. Dann bist du ihr wichtigster Verbündeter, ihr Sprachrohr, ihr Gedächtnis, ihr Anwalt gegenüber dem medizinischen Personal. Du kannst die Hebammen und Ärzte freundlich, aber bestimmt an bestimmte Aspekte eures Geburtsplans erinnern. Du kannst Fragen stellen, wenn du das Gefühl hast, dass von euren gemeinsamen Absprachen abgewichen wird oder wenn du eine medizinische Maßnahme nicht verstehst. Du kannst um Bedenkzeit bitten, bevor wichtige Entscheidungen getroffen werden, damit ihr als Paar, soweit es die Situation zulässt, gemeinsam beraten könnt.

Das bedeutet natürlich nicht, dass ihr stur, unflexibel und um jeden Preis an jedem einzelnen Detail eures Plans festhalten sollt, auch wenn sich die Umstände ändern oder medizinische Notwendigkeiten ein anderes Vorgehen erfordern. Geburten sind dynamische, lebendige und oft unvorhersehbare Prozesse. Es ist wichtig, hier eine gewisse Flexibilität und Offenheit für Anpassungen zu bewahren. Aber auch dann, wenn von eurem ursprünglichen Plan abgewichen werden muss, ist es deine Aufgabe als Partner, dafür zu sorgen, dass ihr als Paar so weit wie möglich in die Entscheidungsprozesse einbezogen werdet, dass ihr über die Gründe für eine Veränderung und über mögliche Alternativen umfassend und verständlich informiert werdet und dass die Würde, die Autonomie und die individuellen Bedürfnisse deiner Partnerin jederzeit im Mittelpunkt stehen und gewahrt bleiben. Ein wichtiger Aspekt deiner aktiven Rollengestaltung während der Geburt ist es also: **Den gemeinsam erstellten Geburtsplan zu verstehen, ihn im Herzen zu tragen und ihn mit Augenmaß und im Sinne deiner Partnerin zu vertreten, bedeutet, ihr auch in unvorhergesehenen und herausfordernden Situationen Sicherheit, Orientierung und bestmögliche Unterstützung zu geben.** Deine informierte, präsente und engagierte Begleitung ist ein unschätzbarer Beitrag zu einem positiven, selbstbestimmten und stärkenden Geburtserlebnis für euch beide.

Praxis-Zone Erstes Jahr: Kurs halten im Familienalltag – Erziehung, Beruf und die lebenslange Suche nach Balance

Das erste Jahr mit eurem Baby ist eine Zeit des Ankommens, des intensiven Kennenlernens, des Zusammenwachsens als kleine Familie und des täglichen Lernens und Staunens. Es ist aber auch eine Zeit, in der viele grundlegende Weichen für euer zukünftiges Familienleben und für deine Rolle als Vater gestellt werden. Deine aktive und bewusste Rollengestaltung ist jetzt besonders gefragt, wenn es darum geht, gemeinsam mit deiner Partnerin einen Erziehungsstil zu finden, der zu euch passt, die oft komplexe Balance zwischen den Anforderungen der Familie und den Notwendigkeiten des Berufslebens zu gestalten und eine Familienkultur zu etablieren, in der sich alle wohlfühlen und gut entwickeln können.

Den eigenen Erziehungsstil im Team finden – Mehr als nur Bauchgefühl und gute Absichten

Mit der Geburt eures Kindes beginnt für euch als Paar auch die spannende und manchmal auch herausfordernde Reise als Erziehende. Und hier werdet ihr schnell feststellen, dass es unzählige Meinungen, gut gemeinte Ratschläge, dicke Bücher und scheinbar unumstößliche Philosophien darüber gibt, wie man ein Kind denn nun „richtig" erzieht. Das kann anfangs ganz schön verunsichernd sein und zu dem Gefühl führen, man könne eigentlich nur alles falsch machen. Die wichtigste Botschaft vorweg: Lasst euch von diesem äußeren Meinungs- und Erwartungsdruck nicht verrückt machen! Versucht stattdessen, als Paar euren ganz eigenen, authentischen und für eure Familie passenden Erziehungsstil zu entwickeln – einen Stil, der zu euren gemeinsamen Werten, zu eurer Persönlichkeit, zu euren Ressourcen und vor allem zu den individuellen Bedürfnissen und dem Temperament eures Kindes passt.

Das ist kein Prozess, der von heute auf morgen abgeschlossen ist oder den man einmal festlegt und dann nie wieder verändert. Es ist vielmehr ein kontinuierlicher Weg des Austauschs, der Reflexion, des Ausprobierens und oft auch der Kompromissbereitschaft zwischen dir und deiner Partnerin. Ihr werdet nicht immer sofort und in allen Punkten einer Meinung sein – und das ist auch vollkommen in Ordnung und sogar gut so! Denn unterschiedliche Sichtweisen und Perspektiven zwingen euch dazu, euch intensiv mit verschiedenen Aspekten auseinanderzusetzen, eure Argumente abzuwägen und gemeinsam nach der besten Lösung für euer Kind zu suchen.

Sprecht deshalb regelmäßig und offen miteinander über eure Erziehungsvorstellungen. Welche Werte sind euch beiden in der Erziehung eures Kindes besonders wichtig und sollen euer Handeln leiten? Wie wollt ihr mit typischen Herausforderungen im Alltag mit einem Baby oder Kleinkind umgehen – beispielsweise beim Thema Schlafen, Essen, Grenzen setzen oder wenn die ersten Trotzanfälle kommen? Welche Regeln und Strukturen braucht euer Kind und eure Familie, um sich sicher und geborgen zu fühlen? Wie könnt ihr euer Kind in seiner natürlichen Neugier und seinem Entdeckungsdrang optimal fördern, ohne es dabei zu überfordern oder zu sehr zu behüten?

Ein sehr guter und konkreter Weg, um zu einem gemeinsamen, wertebasierten Erziehungsstil zu finden, ist die „**Werte-basierten Erziehungsleitplanken**“-**Methode**. Diese Methode hilft euch, von abstrakten Vorstellungen zu ganz konkreten Handlungsprinzipien für euren Erziehungsalltag zu gelangen. Sie besteht im Wesentlichen aus vier Schritten:

Der erste Schritt ist das Sammeln eurer individuellen Werte. Nimm dir (und deine Partnerin sich ebenfalls) etwas Zeit und schreibe für dich ganz persönlich die drei bis fünf wichtigsten Werte auf, die du deinem Kind unbedingt mit auf seinen Lebensweg geben möchtest. Das können Werte sein wie Ehrlichkeit, Respekt (vor sich selbst, vor anderen, vor der Natur), Neugier und Freude am Lernen, Selbstständigkeit und Verantwortungsbewusstsein, Empathie und Mitgefühl für andere, Kreativität und Fantasie, Humor und Lebensfreude, ein starker Gerechtigkeitssinn, Optimismus und Vertrauen ins Leben oder auch bestimmte spirituelle oder religiöse Werte, falls diese für euch eine Rolle spielen.

Der zweite Schritt ist das Definieren eurer gemeinsamen Kernwerte als Elternpaar. Tauscht euch nun intensiv über eure individuell gesammelten Werte aus. Wo gibt es große Überschneidungen? Welche Werte sind euch beiden gleichermaßen und besonders stark am Herzen? Versucht, euch auf drei bis maximal fünf gemeinsame Kernwerte zu einigen, die das unumstößliche Fundament eurer gemeinsamen Erziehung bilden sollen. Schreibt diese gemeinsamen Kernwerte auf ein großes Blatt Papier, das ihr vielleicht sogar sichtbar in eurer Wohnung aufhängt.

Der dritte und entscheidende Schritt ist das Ableiten ganz konkreter Verhaltensweisen und Erziehungsprinzipien aus diesen Kernwerten. Überlegt nun für jeden eurer gemeinsam definierten Kernwerte: Wie können wir diesen abstrakten Wert im ganz normalen, alltäglichen Zusammenleben mit unserem Kind ganz konkret mit Leben füllen und ihm erfahrbar machen? Was bedeutet es beispielsweise für unseren Umgang mit unserem Kind, wenn uns der Wert „Respekt“ besonders wichtig ist? Heißt das, dass wir immer „Bitte“ und „Danke“ sagen, auch zu unserem Kind? Heißt das, dass wir seine Gefühle, auch die negativen, immer ernst nehmen und ihm helfen, sie zu verstehen? Heißt das, dass wir ihm aufmerksam zuhören, wenn es uns etwas erzählen will? Heißt das, dass wir seine Grenzen achten und ihm altersentsprechende Entscheidungsspielräume lassen? Je konkreter und alltagsnäher ihr diese Verhaltensweisen für euch definiert, desto klarer und handhabbarer wird euer gemeinsamer Erziehungsstil.

Der vierte Schritt ist der regelmäßige Check-in und die Anpassung eurer Leitplanken. Euer Kind entwickelt sich rasant weiter, ihr als Eltern sammelt neue Erfahrungen, und auch eure Erziehungsvorstellungen können sich im Laufe der Zeit verändern oder verfeinern. Nehmt euch deshalb regelmäßig bewusst Zeit als Paar (zum Beispiel einmal im Monat bei einem „Eltern-Team-Meeting“), um darüber zu sprechen, wie es euch mit eurem gemeinsam definierten Erziehungsstil geht. Was läuft gut? Wo gibt es vielleicht Schwierigkeiten oder Unsicherheiten? Gibt es Bereiche, in denen ihr eure Leitplanken an die aktuelle Entwicklung eures Kindes oder an veränderte Lebensumstände anpassen müsst?

Dieser Prozess der gemeinsamen Wertefindung und der Ableitung konkreter Erziehungsleitplanken hilft euch, nicht nur aus einem diffusen Bauchgefühl heraus zu agieren (obwohl elterliche Intuition natürlich auch sehr wichtig ist!), sondern eure Erziehung auf einem bewussten, reflektierten und vor allem gemeinsam getragenen Fundament aufzubauen. Das gibt euch nicht nur mehr Sicherheit und Klarheit im täglichen Umgang mit eurem Kind, sondern sorgt auch für eine konsistente und verlässliche Linie, die für euer Kind wiederum Orientierung, Sicherheit und ein Gefühl von Berechenbarkeit bedeutet. Ein wichtiger Aspekt dabei: **Euer gemeinsamer Erziehungsstil ist kein starres, in Stein gemeißeltes Korsett, sondern vielmehr ein lebendiger, atmender Prozess – bleibt im Gespräch miteinander, seid flexibel genug, um auf neue Situationen zu reagieren, und vertraut immer auch auf eure wachsende elterliche Intuition und Erfahrung.**

Die Balance zwischen Familie und Beruf aktiv gestalten – Neue Prioritäten, neue Modelle, neue Chancen

Die Geburt eines Kindes wirft nicht nur euer Privatleben und eure Schlafgewohnheiten gehörig durcheinander, sondern hat oft auch massive Auswirkungen auf eure berufliche Situation, eure Karrierepläne und eure generellen Lebensprioritäten. Für viele Väter stellt sich in dieser Phase intensiv die Frage, wie sie ihre neu entdeckte oder schon lange gehegte Rolle als engagierter, präsenter Familienvater mit ihren beruflichen Ambitionen, den finanziellen Notwendigkeiten und den Anforderungen des Arbeitsmarktes unter einen Hut bekommen können. Das traditionelle Rollenmodell des Vaters als alleinigem Ernährer der Familie, der morgens als Erster das Haus verlässt und abends als Letzter heimkommt und vom eigentlichen Familienalltag mit den Kindern kaum etwas mitbekommt, ist für die allermeisten Männer heute glücklicherweise nicht mehr erstrebenswert oder zeitgemäß. Sie wollen mehr sein als das. Sie wollen eine enge, liebevolle und alltägliche Beziehung zu ihren Kindern aufbauen, von Anfang an präsent sein, sich aktiv und gleichberechtigt in die Erziehung und Betreuung einbringen und ihre Partnerin als echte Teamplayer im „Unternehmen Familie" unterstützen.

Diese wunderbare Entwicklung hin zu einer engagierteren und präsenteren Vaterschaft erfordert jedoch oft ein grundlegendes Umdenken, eine neue Prioritätensetzung und vor allem eine sehr aktive und bewusste Gestaltung der Balance zwischen Familie und Beruf. Es reicht nicht, sich das nur zu wünschen – man muss auch bereit sein, dafür einzustehen und nach individuellen Lösungen zu suchen. Nutze die rechtlichen Möglichkeiten, die dir das Arbeitsrecht in Deutschland bietet, und sei offen für neue Arbeitsmodelle, die vielleicht auch dein Arbeitgeber unterstützt oder die du aktiv aushandeln kannst. Die Inanspruchnahme von **Elternzeit** ist hier ein ganz entscheidendes und wertvolles Instrument, um dir von den ersten Lebenstagen oder -wochen deines Kindes an ganz bewusst und offiziell Zeit für deine Familie und deine neue Rolle als Vater zu nehmen. Aber auch nach der Elternzeit gibt es oft vielfältige Möglichkeiten, die Arbeitszeit und -organisation flexibler zu gestalten, sei es durch verschiedene **Teilzeitmodelle**, durch einen höheren Anteil an **Homeoffice**-Tagen, durch **Jobsharing**-Varianten oder andere flexible Arbeitsarrangements, die es dir ermöglichen, mehr Zeit und Präsenz im Familienalltag zu zeigen.

Wichtig ist, dass du dir selbst darüber klar wirst, welche Prioritäten du in dieser neuen Lebensphase setzen möchtest und welche Rolle der Beruf und die Familie jeweils in deinem Leben spielen sollen. Und dass du diese Prioritäten dann auch mutig und klar kommunizierst – sowohl gegenüber deiner Partnerin, mit der du gemeinsam ein für euch passendes Familienmodell entwickeln musst, als auch gegenüber deinem Arbeitgeber und deinen Kollegen. Das erfordert manchmal sicherlich Mut, ein gutes Verhandlungsgeschick und vielleicht auch die Bereitschaft, Kompromisse einzugehen oder lieb gewonnene berufliche Gewohnheiten zu verändern. Aber es lohnt sich!

Eine sehr hilfreiche Übung, um deine aktuellen Prioritäten zu reflektieren und eine Vision für deine gewünschte Work-Life-Family-Balance zu entwickeln, ist die sogenannte „Lebensrad-Analyse für Väter". Nimm dir dafür ein großes Blatt Papier und zeichne einen großen Kreis in die Mitte. Teile diesen Kreis nun wie ein Tortendiagramm in verschiedene Lebensbereiche auf, die für dich persönlich eine Rolle spielen und wichtig sind. Typische Bereiche könnten sein: Familie/Kind(er) (die direkte Zeit und Interaktion mit deinem Kind, Erziehungsaufgaben etc.), Partnerschaft (die Beziehung zu deiner Partnerin, gemeinsame Zeit, Intimität), Beruf/Karriere (deine Arbeit, berufliche Entwicklung, finanzielle Aspekte), Gesundheit/Fitness (Ernährung, Bewegung, Schlaf, Entspannung), Freunde/Soziale Kontakte (Pflege von Freundschaften, soziales Netzwerk), Hobbys/Persönliche Interessen/ Persönliche Entwicklung (Dinge, die du nur für dich tust, die dir Freude machen und dich weiterbringen) und vielleicht auch Finanzen/Materielle Sicherheit. Du kannst diese Bereiche natürlich individuell anpassen oder ergänzen.

Bewerte nun auf einer Skala von 1 (steht für „sehr unzufrieden" oder „stark vernachlässigt") bis 10 (steht für „sehr zufrieden" oder „optimal erfüllt") ganz ehrlich für dich, wie zufrieden du aktuell mit jedem dieser von dir definierten Lebensbereiche bist. Markiere den entsprechenden Wert auf der jeweiligen „Speiche" deines Lebensrades (die Linien, die vom Mittelpunkt des Kreises nach außen führen). Verbinde anschließend alle markierten Punkte miteinander. Das so entstandene „Rad" zeigt dir oft sehr anschaulich, wo es in deinem Leben vielleicht Unwuchten gibt, welche Bereiche gut ausbalanciert sind und welche du möglicherweise in letzter Zeit vernachlässigt hast oder wo du dir eine deutliche Veränderung wünschst. Ein sehr rundes und ausgeglichenes Rad ist dabei nicht unbedingt das Ziel, denn je nach Lebensphase verschieben sich die Prioritäten. Aber es hilft dir, ein besseres Bewusstsein für deine aktuelle Situation zu entwickeln.

Im nächsten Schritt überlege dir: Wie sähe mein ideales Lebensrad in dieser aktuellen Phase als junger Vater aus? Welche Zufriedenheitswerte würde ich mir in den einzelnen Bereichen wünschen, damit sich mein Leben für mich stimmig und im Gleichgewicht anfühlt? Markiere diese Idealwerte vielleicht mit einer anderen Farbe in deinem Lebensrad. Und dann, ganz entscheidend: Welche konkreten, realistischen und umsetzbaren Veränderungen müsste ich in den einzelnen Bereichen vornehmen, um diesem Idealbild näherzukommen? Welche kleinen oder auch größeren Schritte kann ich ganz konkret tun, um beispielsweise mehr qualitativ hochwertige Zeit für meine Familie und meine Partnerschaft zu haben, ohne meinen Beruf oder meine eigenen Interessen komplett aufgeben zu müssen? Welche Kompromisse bin ich bereit einzugehen? Welche

Unterstützung brauche ich dafür vielleicht von meiner Partnerin, von meinem Arbeitgeber oder von meinem sozialen Umfeld?

Diese sehr persönliche Analyse kann dir helfen, bewusstere Entscheidungen für deine Lebensgestaltung zu treffen und aktiv nach Lösungen zu suchen, die zu deiner individuellen Situation, zu deinen Werten und zu den Bedürfnissen deiner Familie passen. Sprich offen mit deiner Partnerin darüber, wie ihr euch die Aufteilung von Erwerbsarbeit, Familienarbeit und gemeinsamer Freizeit vorstellt. Und suche das Gespräch mit deinem Arbeitgeber. Viele Unternehmen sind heute deutlich offener und flexibler für individuelle Arbeitsmodelle, wenn diese gut begründet, klar kommuniziert und für beide Seiten fair und planbar gestaltet sind. Ein zentraler Punkt für deine aktive und selbstbestimmte Rollengestaltung als Vater: **Die Balance zwischen Familie, Beruf und eigenen Bedürfnissen ist kein Zufallsprodukt oder etwas, das einem einfach so passiert, sondern das Ergebnis bewusster Entscheidungen, klarer Prioritätensetzung und aktiver Verhandlungen – gestalte sie so, dass sie zu dir, zu deinen Werten und zu einem erfüllten Familienleben passt.**

Der Bürokratie-Kompass für Papas – Elterngeld, Anträge & Co. ohne Nervenzusammenbruch meistern

Okay, jetzt mal kurz tief durchatmen, denn wir müssen uns einem Thema widmen, das bei vielen werdenden Vätern (und Müttern!) nicht gerade Begeisterungsstürme auslöst, aber leider unumgänglich ist, wenn man in Deutschland ein Kind bekommt: der lieben Bürokratie. Du hast richtig gehört, wir tauchen jetzt ein in die wunderbare Welt der Anträge, Formulare, Fristen, Zuständigkeiten und behördlichen Anforderungen. Das klingt auf den ersten Blick vielleicht so verlockend wie ein Zahnarztbesuch an einem Montagmorgen oder so spannend wie das Studium des Kleingedruckten in einem Versicherungsvertrag. Aber keine Sorge, auch wenn das Thema auf den ersten Blick etwas trocken, sperrig und vielleicht sogar einschüchternd wirken mag – mit ein bisschen Überblick, guter Vorbereitung und der richtigen Strategie meisterst du auch diese Hürden wie ein echter Verwaltungs-Profi, ohne dabei einen Nervenzusammenbruch zu erleiden oder graue Haare zu bekommen. Betrachte es einfach als eine weitere, zugegebenermaßen nicht ganz so glamouröse, aber dennoch wichtige Disziplin im großen Papa-Mehrkampf. Und mit diesem kleinen Kompass hier versuchen wir, dich sicher und möglichst stressfrei durch die wichtigsten Stationen des deutschen Ämter-Dschungels zu lotsen. Es ist wirklich kein Hexenwerk, und wenn du weißt, was wann wo zu tun ist, sparst du dir am Ende eine Menge Zeit, unnötigen Ärger und kannst dich schneller wieder den wirklich schönen Dingen des Vaterseins widmen.

Hier kommt dein persönlicher Fahrplan durch das Abenteuerland der Anträge – kurz, knackig und auf das Wesentliche konzentriert, damit du schnell den Durchblick bekommst und weißt, welche To-dos auf eurer Liste stehen sollten. Bitte beachte, dass dies eine allgemeine Orientierungshilfe ist und sich spezifische Anforderungen oder

Zuständigkeiten je nach Bundesland oder Gemeinde leicht unterscheiden können. Eine genaue Erkundigung bei den jeweils zuständigen Ämtern ist also immer ratsam!

Der erste wichtige Punkt betrifft die **Vaterschaftsanerkennung**, allerdings nur dann, wenn du und die Mutter deines Kindes zum Zeitpunkt der Geburt nicht miteinander verheiratet seid. In diesem Fall giltst du vor dem Gesetz nicht automatisch als der rechtliche Vater eures gemeinsamen Kindes, auch wenn du biologisch der Erzeuger bist. Damit du aber alle damit verbundenen Rechte und auch Pflichten (wie zum Beispiel das gemeinsame Sorgerecht, Unterhaltsansprüche oder -verpflichtungen) wahrnehmen kannst und damit du auch offiziell als Vater in der Geburtsurkunde eures Kindes eingetragen wirst, musst du die Vaterschaft formal anerkennen. Dieser Akt der Anerkennung bedarf immer auch der Zustimmung der Mutter des Kindes. Diese Vaterschaftsanerkennung könnt ihr schon während der Schwangerschaft erledigen, was den Vorteil hat, dass ihr nach der Geburt einen wichtigen Punkt weniger auf eurer To-Do-Liste habt. Es ist aber auch noch nach der Geburt möglich. Zuständig für die Beurkundung der Vaterschaftsanerkennung sind in der Regel das Jugendamt eures Wohnortes, das Standesamt oder auch ein Notar. Die Anerkennung beim Jugendamt und beim Standesamt ist normalerweise kostenfrei, während beim Notar Gebühren anfallen. Welche Unterlagen ihr dafür genau benötigt (meistens eure Geburtsurkunden, gültige Personalausweise oder Reisepässe und bei einer Anerkennung vor der Geburt auch den Mutterpass), erfragt ihr am besten direkt bei der für euch zuständigen Stelle.

Eng verbunden mit der Vaterschaftsanerkennung ist bei unverheirateten Paaren oft die **Sorgerechtserklärung**, falls ihr das Sorgerecht für euer Kind gemeinsam ausüben möchtet. Nach aktueller deutscher Rechtslage haben unverheiratete Mütter zunächst das alleinige Sorgerecht für ihr Kind. Wenn ihr euch als Eltern aber wünscht, das Sorgerecht von Anfang an gemeinsam zu tragen und wichtige Entscheidungen für euer Kind gemeinsam treffen zu können, müsst ihr eine entsprechende gemeinsame Sorgerechtserklärung abgeben. Auch diese Erklärung kann bereits vor der Geburt oder aber erst danach erfolgen, oft wird sie praktischerweise direkt in Verbindung mit der Vaterschaftsanerkennung beurkundet. Zuständig hierfür ist in der Regel ebenfalls das Jugendamt oder ein Notar. Auch hier gilt: Informiert euch rechtzeitig über die genauen Modalitäten und die benötigten Unterlagen.

Ein ganz wichtiger Schritt nach der Geburt eures Babys ist die **Anmeldung des Kindes beim zuständigen Standesamt**, denn jedes neugeborene Kind muss in Deutschland offiziell gemeldet werden. Auf Grundlage dieser Anmeldung stellt das Standesamt dann die offizielle Geburtsurkunde (oder mehrere Geburtsurkunden, je nach Bedarf) für euer Kind aus. Diese Geburtsurkunde ist ein extrem wichtiges Dokument, das ihr für zahlreiche weitere Anträge und Formalitäten benötigen werdet (z.B. für die Beantragung von Kindergeld und Elterngeld, für die Anmeldung bei der Krankenkasse etc.). Die Anmeldung beim Standesamt muss innerhalb einer Woche nach der Geburt eures Kindes erfolgen. Wenn euer Kind in einer Klinik oder einem Geburtshaus geboren wird, übernimmt die Verwaltung der Einrichtung oft einen Teil der Formalitäten und leitet die Geburtsanzeige direkt an das zuständige Standesamt des Geburtsortes weiter. Ihr müsst dann nur noch die restlichen Unterlagen einreichen und die Urkunden abholen. Welche Unterlagen das genau sind (meistens die Geburtsbescheinigung der Klinik oder der Hebamme, eure gültigen Personalausweise oder Reisepässe, eure eigenen Geburtsurkunden und, falls ihr verheiratet seid, eure Eheurkunde, bzw. bei Unverheirateten die Urkunden über die Vaterschaftsanerkennung und gegebenenfalls die gemeinsame Sorgerechtserklärung), kann je nach Standesamt und Familienkonstellation leicht variieren. Deshalb auch hier der dringende Rat: Informiert euch am besten schon während der Schwangerschaft beim für den Geburtsort zuständigen Standesamt, welche Unterlagen ihr genau vorbereiten müsst.

Sobald euer Baby auf der Welt ist und ihr die Geburtsurkunde in den Händen haltet, solltet ihr euch zeitnah um die **Beantragung des Kindergeldes** kümmern. Das Kindergeld ist eine staatliche Leistung, die euch als Familie finanziell unterstützen soll und die euch für jedes Kind monatlich gezahlt wird. Zuständig für das Kindergeld ist die Familienkasse der Bundesagentur für Arbeit. Den Antrag dafür findet ihr in der Regel online auf deren Webseite, könnt ihn dort herunterladen, ausfüllen und dann per Post einreichen. Beantragt das Kindergeld möglichst bald nach der Geburt, da es nicht unbegrenzt rückwirkend gezahlt wird (in der Regel nur für die letzten sechs Monate). Für den Antrag benötigt ihr neben dem ausgefüllten Antragsformular unter anderem die Geburtsurkunde eures Kindes (im Original oder als beglaubigte Kopie) und die Steuer-Identifikationsnummern von euch als Eltern und die eures Kindes (diese erhält euer Kind automatisch einige Wochen nach der Geburt per Post).

Ein weiterer, oft sehr umfangreicher, aber finanziell wichtiger Antrag ist der für das **Elterngeld**. Wie schon im Abschnitt zur Elternzeitplanung erwähnt, soll das Elterngeld den Einkommensverlust ausgleichen, der entsteht, wenn ihr nach der Geburt eures Kindes eure berufliche Tätigkeit für eine bestimmte Zeit unterbrecht oder reduziert, um euch um euer Baby zu kümmern. Auch hier gilt: Reicht den Antrag möglichst bald nach der Geburt eures Kindes bei der für euch zuständigen Elterngeldstelle eures Bundeslandes ein. Die Adressen der Elterngeldstellen und die spezifischen Antragsformulare für euer Bundesland findet ihr in der Regel problemlos online. Elterngeld wird maximal für drei Lebensmonate rückwirkend gezahlt, daher solltet ihr hier keine Zeit verlieren. Der Elterngeldantrag ist oft der komplexeste von allen, da er viele Angaben zu eurer beruflichen Situation, eurem Einkommen vor der Geburt und euren Plänen für die Elternzeit erfordert. Ihr benötigt dafür unter anderem das ausgefüllte Antragsformular, die Geburtsurkunde eures Kindes, detaillierte Einkommensnachweise der letzten zwölf Kalendermonate vor der Geburt eures Kindes bzw. vor Beginn des Mutterschutzes eurer Partnerin, eine Bescheinigung eurer Krankenkasse über das bezogene Mutterschaftsgeld und gegebenenfalls eine Bescheinigung eures Arbeitgebers über die genommene Elternzeit. Da die genauen Anforderungen je nach gewählter Elterngeldvariante (Basiselterngeld, ElterngeldPlus, Partnerschaftsbonus) und eurer individuellen beruflichen und familiären Situation sehr unterschiedlich sein können, ist hier eine besonders sorgfältige Vorbereitung und das genaue Studium der Antragsunterlagen und Ausfüllhinweise das A und O!

Um diesen kleinen Marathon durch den deutschen Ämterdschungel möglichst stressfrei und erfolgreich zu meistern, hier noch ein paar zusammenfassende Hinweise, die sich in der Praxis oft bewährt haben:

Der absolut wichtigste Punkt ist: Frühzeitig informieren und planen ist die halbe Miete! Nutzt die Zeit während der Schwangerschaft, um euch gemeinsam als Paar gründlich über alle notwendigen Anträge, die geltenden Fristen und die jeweils benötigten Unterlagen zu informieren. Viele Dinge, wie beispielsweise die Vaterschaftsanerkennung und die gemeinsame Sorgerechtserklärung bei unverheirateten Paaren, könnt ihr schon vor der Geburt eures Kindes erledigen. Das nimmt enorm viel Druck und Stress aus der ersten, oft sehr turbulenten und emotionalen Zeit direkt nach der Geburt, in der ihr eure Energie und Aufmerksamkeit sicher lieber eurem Neugeborenen widmen wollt.

Betrachtet die Erledigung dieser Formalitäten als ein gemeinsames Team-Projekt! Teilt euch die Recherchearbeit, die Besorgung der notwendigen Unterlagen und das Ausfüllen der Anträge partnerschaftlich auf. Vier Augen sehen oft mehr als zwei, und gemeinsam geht es meistens leichter und schneller von der Hand. Es ist auch eine gute Übung für eure spätere Zusammenarbeit und Aufgabenverteilung als Eltern.

Scheut euch nicht, die vielfältigen Online-Angebote und Beratungsstellen zu nutzen! Viele Antragsformulare könnt ihr mittlerweile bequem online herunterladen oder sogar direkt am Computer ausfüllen und elektronisch einreichen. Zahlreiche Städte, Gemeinden, Kreisverwaltungen oder auch freie soziale Träger und Familienorganisationen bieten kostenlose und individuelle Beratungen zu Elterngeld, Elternzeit, Kindergeld und anderen wichtigen Familienleistungen an. Nehmt diese wertvollen Unterstützungsangebote unbedingt wahr!

Ein ganz praktischer Tipp für die Organisation: Legt eine spezielle Mappe oder einen gut beschrifteten Ordner an, in dem ihr alle wichtigen Unterlagen, Bescheinigungen, Kopien und bereits gestellten Anträge übersichtlich und chronologisch sammelt. Das erspart euch später langes und nerviges Suchen nach bestimmten Dokumenten und hilft euch, jederzeit den Überblick über den Stand der Dinge zu behalten.

Und zu guter Letzt: Bewahrt Geduld und lasst euch nicht so leicht entmutigen! Ja, manche Anträge sind wirklich komplex, die Formulierungen in den behördlichen Schreiben sind nicht immer auf den ersten Blick verständlich, und die Bearbeitungszeiten bei den Ämtern können manchmal etwas länger dauern, als man es sich wünscht. Bleibt trotzdem am Ball, hakt bei Unklarheiten freundlich bei der zuständigen Stelle nach, aber versucht, euch von diesem bürokratischen Aufwand nicht die Freude auf euer Baby oder die erste gemeinsame Familienzeit vermiesen zu lassen.

Du siehst also, es sind durchaus ein paar wichtige Stationen auf dem Weg durch den deutschen Ämterdschungel zu bewältigen. Aber mit einer guten und vor allem frühzeitigen Vorbereitung, einer klaren Aufgabenverteilung zwischen dir und deiner Partnerin, der Nutzung der verfügbaren Informations- und Beratungsangebote und einer gesunden Prise Gelassenheit sind diese bürokratischen Hürden absolut locker und erfolgreich zu nehmen. Und das Gefühl, wenn dann die erste Elterngeldzahlung pünktlich auf dem Konto eingeht, die offizielle Geburtsurkunde eures kleinen Schatzes endlich in euren Händen liegt oder das Kindergeld bewilligt ist, ist doch auch eine kleine Belohnung für die Mühe, oder?

Die Suche nach der eigenen Vaterrolle und die unschätzbare Kraft der Selbstreflexion

Vater zu werden ist nicht nur eine Frage des Erlernens praktischer Fähigkeiten wie Wickeln oder Füttern, oder des souveränen Managements organisatorischer und bürokratischer Aufgaben. Es ist vor allem auch ein tiefgreifender, oft unbewusster, aber ungemein wichtiger innerer Prozess – eine Suche nach der eigenen Identität und dem eigenen Platz in dieser neuen, das ganze Leben verändernden Rolle. Besonders in unserer heutigen Zeit, in der sich die traditionellen, oft sehr starren und einengenden Rollenbilder von Vätern und Müttern erfreulicherweise stark im Wandel befinden und vielfältiger geworden sind, kann dieser Prozess der individuellen Rollenfindung manchmal auch herausfordernd, verunsichernd oder mit vielen Fragen verbunden sein.

Wenn wir einen Blick zurück in die Geschichte werfen, war die Rolle des Vaters oft sehr klar und eng definiert: Er war primär der Ernährer der Familie, derjenige, der für die materielle und finanzielle Sicherheit sorgte, der oft den ganzen Tag außer Haus arbeitete, während die Mutter sich hauptsächlich und oft alleinig um die Kindererziehung, die Haushaltsführung und die emotionalen Belange der Familie kümmerte. Eine aktive, präsente und emotionale Beteiligung an der Säuglingspflege, am Wickeln, Füttern oder Trösten, geschweige denn das Nehmen von Elternzeit, um sich intensiv um das eigene Kind zu kümmern, war für die meisten Männer damals kaum denkbar, gesellschaftlich nicht vorgesehen oder oft auch nicht akzeptiert.

Heute hat sich das Bild von Vaterschaft – zum Glück! – grundlegend gewandelt. Die Erwartungen an Väter sind vielfältiger und anspruchsvoller geworden, sowohl die gesellschaftlichen als auch, und das ist vielleicht der entscheidendere Punkt, die Erwartungen der Männer an sich selbst. Moderne Väter wollen in der Regel mehr sein als nur der distanzierte „Wochenend-Papa“ oder der reine finanzielle Versorger der Familie. Sie haben den tiefen Wunsch, eine enge, liebevolle und tragfähige Beziehung zu ihren Kindern aufzubauen, von den ersten Lebenstagen an präsent zu sein, sich aktiv und gleichberechtigt in die Erziehung, Betreuung und den Familienalltag einzubringen und ihre Partnerin als echte Teamplayer und gleichberechtigte Elternteile zu unterstützen.

Diese wunderbare und absolut positive Entwicklung hin zu einer engagierteren, präsenteren und emotionaleren Vaterschaft eröffnet Männern unzählige neue Möglichkeiten, ihre Rolle erfüllend, facettenreich und nach eigenen Vorstellungen zu gestalten. Sie kann aber gleichzeitig auch zu Verunsicherung und neuen Fragen führen. Denn oft fehlen uns Männern noch die vielfältigen, gelebten und sichtbaren Vorbilder für diese neue, moderne Form von engagierter Vaterschaft. Unsere eigenen Väter haben ihre Rolle vielleicht noch ganz anders interpretiert und gelebt, und auch in den Medien oder im direkten sozialen Umfeld dominieren manchmal immer noch eher traditionelle oder klischeehafte Bilder von Vätern und Müttern. Das kann dazu führen, dass man sich als werdender oder junger Vater fragt: „Wie geht das denn eigentlich, ein moderner, präsenter und gleichzeitig vielleicht auch beruflich erfolgreicher Vater zu sein? Mache ich das alles richtig? Was wird von mir erwartet – von meiner Partnerin, von meiner Familie, von der Gesellschaft, von mir selbst?“

Genau an diesem Punkt kommt die immense Bedeutung der ehrlichen und kontinuierlichen **Selbstreflexion** ins Spiel. Sich ganz bewusst Zeit und Raum zu nehmen, um über die eigenen Werte, Wünsche, Hoffnungen, aber auch Ängste, Unsicherheiten und Prägungen im Zusammenhang mit der eigenen Vaterrolle nachzudenken, ist ein unglaublich wichtiger und wertvoller Schritt auf dem Weg zu einer authentischen, selbstbewussten und erfüllenden Vaterschaft. Die Fragen, die du dir vielleicht schon im Rahmen des „Vaterbild-Journalings“ gestellt hast, sind ein hervorragender Ausgangspunkt für diesen inneren Dialog. Was für ein Vater möchtest du deinem Kind sein? Welche Aspekte deiner eigenen Kindheitserfahrungen mit deinem Vater oder anderen männlichen Bezugspersonen möchtest du vielleicht bewusst weitergeben, und welche möchtest du auf gar keinen Fall wiederholen oder ganz bewusst anders gestalten? Welche Werte sind dir in der Beziehung zu deinem Kind, in eurer Familie und in der Erziehung ganz besonders wichtig, und wie kannst du diese Werte im Alltag konkret mit Leben füllen?

Dieser Prozess der Selbstreflexion ist nicht immer nur einfach oder angenehm. Er erfordert ein hohes Maß an Ehrlichkeit mit sich selbst, die Bereitschaft, sich auch mit eigenen inneren Widersprüchen, mit eigenen Unsicherheiten oder vielleicht sogar mit schmerzhaften Erfahrungen aus der eigenen Vergangenheit auseinanderzusetzen. Aber er ist ungemein befreiend, klärend und stärkend. Denn er hilft dir, dich von äußeren, oft überholten oder für dich unpassenden Erwartungen und Rollenklischees zu lösen und deine ganz persönliche, individuelle Definition von Vaterschaft zu finden – eine Definition, die wirklich zu dir und deiner Persönlichkeit passt, die sich für dich richtig und stimmig anfühlt und die es dir ermöglicht, eine tiefe, liebevolle und authentische Beziehung zu deinem Kind aufzubauen.

Ein wichtiger Gedanke, der diesen Prozess der aktiven Rollengestaltung und Selbstreflexion unterstützen kann: **Deine Vaterrolle ist kein starres, vorgefertigtes Kostüm, das du dir überstreifst, sondern vielmehr ein lebendiger, sich ständig weiterentwickelnder Weg des Entdeckens, des Lernens und des Gestaltens. Erlaube dir, neugierig zu sein, Fragen zu stellen, Dinge auszuprobieren, auch mal Fehler zu machen und deine Rolle immer wieder neu an die sich verändernden Bedürfnisse deines Kindes, deiner Familie und an deine eigene persönliche Entwicklung anzupassen.** Es geht nicht darum, ein perfektes, makelloses Bild von Vaterschaft zu erfüllen, sondern darum, ein echter, präsenter, liebevoller und für dein Kind verlässlicher Vater zu sein – auf deine ganz eigene, unverwechselbare Art. Und genau diese Authentizität, diese Bereitschaft zur Selbstreflexion und zum Wachstum, ist es, die dein Kind spüren wird, die eure Verbindung so besonders macht und die deine Vaterschaft zu einer der erfüllendsten Erfahrungen deines Lebens werden lässt.

Fähigkeit 7: Selbstfürsorge & Unterstützende Netzwerke

Nun kommen wir zu etwas, das im ersten Moment vielleicht ein bisschen unscheinbar daherkommt, die aber in Wahrheit so etwas wie das stille Fundament für all die anderen Kompetenzen ist, über die wir bisher gesprochen haben. Es geht um dich selbst, um deine eigene Energie, dein Wohlbefinden und darum, wie du es schaffst, auch im oft turbulenten und fordernden Alltag als Papa gut für dich zu sorgen. Vielleicht denkst du jetzt: „Selbstfürsorge? Klingt ja nett, aber wer hat denn dafür Zeit, wenn das Baby da ist und alle Hände voll zu tun sind?" Das ist eine verständliche Reaktion, denn gerade als frischgebackener Vater neigt man oft dazu, die eigenen Bedürfnisse ganz hintenanzustellen und sich voll und ganz für die Familie aufzuopfern. Das ist auch ehrenwert, keine Frage. Aber auf lange Sicht kann das ganz schön nach hinten losgehen. Denn, und das ist eine der wichtigsten Lektionen für alle Eltern, die man oft erst auf die harte Tour lernt: **Du kannst nicht dauerhaft aus einem leeren Becher schöpfen.** Wenn deine eigenen Akkus ständig leer sind, wenn du dich ausgelaugt, gestresst, übermüdet und vielleicht sogar reizbar fühlst, dann fehlt dir irgendwann einfach die Kraft, die Geduld und die innere Ruhe, um der liebevolle, präsente und unterstützende Vater und Partner zu sein, der du gerne wärst. Deshalb ist dieses Kapitel vielleicht eines der entscheidendsten überhaupt. Es geht darum, Selbstfürsorge nicht als egoistischen Luxus zu betrachten, sondern als eine absolute Notwendigkeit, als eine Art „Papa-Pflicht", um langfristig gesund, glücklich und leistungsfähig für dich und deine Liebsten zu bleiben. Und es geht darum, wie du dir ein starkes unterstützendes Netzwerk aufbaust, das dich in dieser aufregenden, aber auch anstrengenden Lebensphase auffängt und trägt.

Was & Warum: Selbstfürsorge ist kein Ego-Trip, sondern Papa-Pflicht! Und warum ein gutes Netzwerk Gold wert ist

Lass uns zu Beginn mal mit einem ziemlich hartnäckigen Missverständnis aufräumen, das gerade unter uns Männern oft noch weit verbreitet ist: Die Vorstellung, dass Selbstfürsorge etwas mit Egoismus, Selbstverliebtheit, Weichei-Gehabe oder gar Faulheit zu tun hat. Viele von uns sind ja so sozialisiert und erzogen worden, dass wir funktionieren müssen, dass wir die Zähne zusammenbeißen, dass wir stark sein und unsere eigenen Bedürfnisse und Gefühle gefälligst hintenanzustellen haben, besonders wenn es um die Familie geht. Das ist ein Idealbild vom „harten Kerl", das in unserer Gesellschaft immer noch herumgeistert, aber das für die Realität des modernen Vaterseins nicht nur unpassend, sondern auf Dauer sogar schädlich ist.

Selbstfürsorge bedeutet nämlich im Kern etwas ganz anderes: Es bedeutet, **verantwortungsbewusst und achtsam mit den eigenen Ressourcen umzugehen** – mit deiner körperlichen Energie, deiner mentalen Stärke, deiner emotionalen Balance und deiner sozialen Eingebundenheit. Es bedeutet, deine eigenen grundlegenden Bedürfnisse nach ausreichend Schlaf, gesunder und regelmäßiger Ernährung, nach körperlicher

Bewegung und Regeneration, aber eben auch nach Zeiten der Entspannung, nach eigenen Interessen und Hobbys, die dir Freude machen, und nach erfüllenden sozialen Kontakten ernst zu nehmen und aktiv dafür zu sorgen, dass diese Bedürfnisse nicht dauerhaft unter die Räder des Familienalltags kommen.

Warum ist das so entscheidend für dich als Vater? Ganz einfach: Dein Wohlbefinden hat direkte Auswirkungen auf das Wohlbefinden deiner ganzen Familie. Wenn du körperlich fit, einigermaßen ausgeschlafen und gut genährt bist, bist du deutlich stressresistenter, hast mehr Geduld und kannst die körperlichen Anforderungen des Papa-Alltags (wie nächtliches Aufstehen, stundenlanges Baby-Herumtragen oder das Toben mit einem energiegeladenen Kleinkind) viel besser wegstecken. Wenn du mental und emotional ausgeglichen bist, weil du auch mal Zeit für Dinge hast, die dich auftanken lassen und dir Freude bereiten, bist du kreativer in der Problemlösung, kannst gelassener auf die Gefühlsausbrüche deines Kindes reagieren und bist ein zugewandterer und empathischerer Partner für deine Frau. Kurz gesagt: **Ein Papa, der gut für sich sorgt und seine eigenen Akkus regelmäßig auflädt, ist ein besserer, präsenterer, liebevollerer und belastbarerer Papa.** Er hat mehr Energie für sein Kind, mehr Geduld und Verständnis für seine Partnerin und strahlt insgesamt mehr Ruhe, Zuversicht und Lebensfreude aus. Und das wiederum wirkt sich unmittelbar positiv auf die gesamte Familienatmosphäre und das emotionale Klima aus, in dem dein Kind aufwächst.

Eng verbunden mit dem Konzept der Selbstfürsorge ist die Erkenntnis, dass du nicht alles alleine schaffen musst und auch nicht alleine schaffen kannst. Gerade die erste Zeit mit einem Baby kann unglaublich fordernd sein, und es ist ein Zeichen von Stärke und Klugheit, sich dann Unterstützung zu suchen und anzunehmen. Der Aufbau und die aktive Pflege eines **unterstützenden Netzwerks** ist deshalb ein weiterer zentraler Baustein für dein Wohlbefinden und deine Resilienz als Vater. Dieses Netzwerk kann aus ganz unterschiedlichen Personen und Institutionen bestehen: Deine Partnerin steht hier natürlich an erster Stelle – ihr seid ein Team und solltet euch gegenseitig unterstützen. Aber auch deine eigenen Eltern, deine Schwiegereltern, deine Geschwister, gute Freunde, die vielleicht selbst schon Kinder haben, andere Väter aus dem Geburtsvorbereitungskurs oder der Krabbelgruppe, verständnisvolle Nachbarn oder auch professionelle Unterstützungsangebote wie eure Hebamme, euer Kinderarzt, Familienberatungsstellen oder Eltern-Kind-Zentren können wichtige Pfeiler in diesem Netzwerk sein. Zu wissen, dass es Menschen gibt, die dir den Rücken stärken, die dir mit Rat und Tat zur Seite stehen, die dir einfach mal zuhören, wenn du Dampf ablassen musst, oder die dir ganz konkret das Baby mal für ein oder zwei Stunden abnehmen, damit du eine dringend benötigte Pause hast – das ist Gold wert und ein unschätzbarer Puffer gegen Stress, Überforderung und das Gefühl des Alleinseins.

Praxis-Zone Schwangerschaft: Die eigenen Akkus schon vor dem Start im Blick behalten und frühzeitig laden

Die Schwangerschaft ist eine Zeit großer Vorfreude und intensiver Vorbereitungen auf die Ankunft eures Babys. Oft ist man als werdender Vater so sehr auf das Wohl der schwangeren Partnerin und des ungeborenen Kindes fokussiert, dass die eigenen Bedürfnisse, Sorgen und auch die eigene Vorbereitung auf die Vaterrolle leicht in den Hintergrund geraten. Aber auch für dich ist diese Phase des Übergangs emotional und manchmal auch körperlich fordernd. Du machst dir Gedanken, du planst, du bist vielleicht auch mal unsicher oder angespannt. Es ist deshalb wichtig, schon jetzt, während dieser neun Monate, ein Bewusstsein dafür zu entwickeln, dass auch du gut auf dich und deine eigenen Ressourcen achten musst, um dann später, wenn das Baby da ist und der oft anstrengende Alltag beginnt, voller Energie, Zuversicht und innerer Stärke in deine neue Rolle als Vater starten zu können.

Ein ganz entscheidender Punkt ist hier, **deine eigenen Bedürfnisse nicht aus den Augen zu verlieren, sie ernst zu nehmen und sie auch offen, ehrlich und respektvoll gegenüber deiner Partnerin zu kommunizieren**. Vielleicht stellst du fest, dass du trotz aller Vorfreude auf das Baby und der vielen gemeinsamen Nestbau-Aktivitäten auch mal Zeit für dich allein brauchst, um deine Gedanken zu sortieren, deinen Hobbys nachzugehen oder dich mit deinen Freunden zu treffen. Vielleicht machen dir bestimmte Aspekte der bevorstehenden Vaterschaft oder der Geburt Sorgen, über die du gerne in Ruhe sprechen möchtest, ohne gleich als Schwarzmaler oder Zauderer dazustehen. Vielleicht fühlst du dich manchmal von den emotionalen Schwankungen deiner Partnerin, die durch die Hormone ja durchaus intensiv sein können, oder von den gut gemeinten Ratschlägen und Erwartungen eures Umfelds etwas überfordert oder unter Druck gesetzt.

Es ist absolut legitim und sogar notwendig, diese Dinge anzusprechen und für deine Bedürfnisse einzustehen. Das ist kein Zeichen von mangelnder Unterstützung für deine Partnerin oder von fehlender Liebe zu eurem Kind, sondern vielmehr ein Ausdruck einer gesunden Selbstwahrnehmung und Selbstfürsorge. Ein offenes und ehrliches Gespräch mit deiner Partnerin darüber, wie es dir geht, was dich beschäftigt und was du vielleicht brauchst, um dich wohlzufühlen und deine eigenen Akkus aufzuladen, kann Missverständnissen vorbeugen, eure Verbindung als Paar stärken und euch helfen, gemeinsam gute Lösungen zu finden. Ihr könntet zum Beispiel ganz bewusst regelmäßige „Paar-Zeiten" in euren Alltag einplanen, in denen ihr nicht nur über die Organisation rund ums Baby sprecht, sondern auch darüber, wie es euch als Individuen und als Paar geht, welche Wünsche und Bedürfnisse jeder von euch hat. Oder ihr vereinbart, dass jeder von euch auch während der Schwangerschaft weiterhin bestimmten eigenen Interessen und Hobbys nachgehen kann, soweit es die Umstände und die Gesundheit deiner Partnerin natürlich zulassen.

Eine konkrete und sehr hilfreiche Übung, die dir helfen kann, deine eigenen Bedürfnisse in dieser Umbruchphase besser wahrzunehmen, zu reflektieren und dann auch gezielt dafür zu sorgen, dass sie nicht zu kurz kommen, ist das Führen eines **„Selbstfürsorge-Tagebuchs**

für werdende Väter“. Nimm dir dafür ein kleines Notizbuch und versuche, einmal pro Woche (vielleicht immer an einem festen Tag, zum Beispiel am Sonntagabend) für etwa 15-20 Minuten in dich hineinzuhorchen und dir schriftlich folgende Fragen zu beantworten:

Körperliches Wohlbefinden: Wie hat sich mein Körper in der vergangenen Woche angefühlt? War ich oft müde, verspannt, energielos oder eher fit und ausgeruht? Habe ich auf ausreichend Schlaf geachtet (so gut es ging)? Habe ich mich einigermaßen gesund und regelmäßig ernährt? Hatte ich genügend körperliche Bewegung, die mir guttut? Gibt es etwas, das ich in der kommenden Woche konkret tun kann, um mein körperliches Wohlbefinden ein kleines bisschen zu verbessern (z.B. eine zusätzliche halbe Stunde Schlaf, ein gesünderes Mittagessen, ein kurzer Spaziergang in der Mittagspause)?

Emotionales Gleichgewicht*:* Welche Gefühle haben mich in der letzten Woche am stärksten begleitet? Gab es viele Momente von Stress, Anspannung, Sorgen oder Ängsten? Oder überwogen eher Gefühle von Freude, Gelassenheit, Zuversicht und Vorfreude? Was genau hat mir in der vergangenen Woche emotional gutgetan und meine Stimmung gehoben? Was hat mich hingegen belastet, heruntergezogen oder mich vielleicht sogar gereizt gemacht? Was brauche ich in der kommenden Woche, um mich emotional stabiler, ausgeglichener und positiver zu fühlen?

Soziale Beziehungen und Unterstützung*:* Habe ich in der letzten Woche genug qualitative Zeit mit meiner Partnerin verbracht, in der wir uns wirklich austauschen und uns nah sein konnten? Habe ich den Kontakt zu meinen Freunden, meiner Familie oder anderen wichtigen Menschen in meinem Leben gepflegt? Fühle ich mich in meinen Beziehungen grundsätzlich unterstützt, verstanden und wertgeschätzt? Gibt es jemanden, mit dem ich offen und ehrlich über meine Gedanken, Gefühle und vielleicht auch Sorgen im Hinblick auf die Vaterschaft sprechen kann? Wo könnte ich mir in der kommenden Woche mehr sozialen Austausch, emotionale Unterstützung oder einfach nur ein offenes Ohr wünschen?

Persönliche Interessen, Hobbys und Freiräume*:* Sind meine eigenen Hobbys und Interessen in der letzten Woche komplett auf der Strecke geblieben, oder gab es kleine Zeitfenster, in denen ich bewusst etwas nur für mich tun konnte? Habe ich noch kleine Freiräume für mich allein, in denen ich abschalten, auftanken und wieder mehr bei mir selbst ankommen kann? Was würde mir jetzt, in der kommenden Woche, besonders guttun, um meine eigenen Batterien wieder aufzuladen und einen Ausgleich zu den Anforderungen des Alltags zu finden?

Notiere dir die wichtigsten Erkenntnisse aus dieser wöchentlichen Selbstreflexion. Sei dabei ehrlich zu dir selbst, ohne dich zu verurteilen. Und dann, ganz wichtig: Überlege dir für jeden der vier Bereiche, der in der vergangenen Woche vielleicht etwas zu kurz gekommen ist oder wo du dir eine Verbesserung wünschst, einen ganz kleinen, konkreten und realistischen Schritt, den du in der kommenden Woche umsetzen möchtest, um besser für dich und deine Bedürfnisse zu sorgen. Sprich dann auch mit deiner Partnerin darüber, wenn es Aspekte gibt, bei denen du ihre Unterstützung, ihr Verständnis oder ihre Mithilfe brauchst, um diese Schritte auch wirklich realisieren zu können. Diese regelmäßige Selbstreflexion und das bewusste Einplanen von Selbstfürsorge-Momenten helfen dir, deine eigenen Akkus im Blick zu behalten, rechtzeitig gegenzusteuern, bevor sie komplett leer sind, und insgesamt gestärkter und gelassener in die aufregende Zeit nach der Geburt zu gehen.

Praxis-Zone Geburt: Selbstfürsorge im emotionalen Ausnahmezustand – Dein eigener Sauerstoff im Kreißsaal

Die Geburt eures Kindes ist ein emotionaler und oft auch körperlicher Marathon – und das gilt nicht nur für deine Partnerin, die die Hauptarbeit leistet, sondern auch für dich als unterstützenden Begleiter. Du bist aufgeregt, angespannt, voller Mitgefühl und Vorfreude, vielleicht auch mal ein bisschen ängstlich oder unsicher. Du möchtest deine Partnerin nach besten Kräften unterstützen, ihr beistehen, ihr Mut machen und für sie da sein. Bei all dieser verständlichen und wichtigen Fokussierung auf das Geburtsgeschehen und die Bedürfnisse deiner Frau ist es aber auch von entscheidender Bedeutung, dass du dich selbst und deine eigenen Grundbedürfnisse in diesen oft vielen Stunden nicht komplett vergisst oder vernachlässigst. Denn nur wenn du selbst einigermaßen bei Kräften bleibst, sowohl körperlich als auch mental, kannst du ihr über die gesamte Dauer der Geburt hinweg eine echte, verlässliche und kraftvolle Stütze sein.

Was bedeutet das nun ganz praktisch für dich im Kreißsaal oder im Geburtshaus? Achte darauf, dass du **regelmäßig etwas isst und vor allem ausreichend trinkst**, um deinen Energielevel und deine Konzentration hochzuhalten. Eine Geburt kann sich über viele Stunden, manchmal sogar mehr als einen Tag, hinziehen. Dein Körper braucht in dieser Zeit ebenfalls Energie. Packt am besten schon im Vorfeld der Geburt gemeinsam eine spezielle „Papa-Notfall- und Durchhalte-Tasche". Darin sollten sich Dinge befinden wie energiereiche, leicht verdauliche Snacks (zum Beispiel Müsliriegel, Studentenfutter, Bananen, Traubenzucker, belegte Brote), ausreichend Getränke (Wasser, Saftschorlen, vielleicht auch eine Thermoskanne mit Kaffee oder Tee, falls du das brauchst) und vielleicht auch ein paar Dinge, die dir persönlich helfen, dich zu entspannen oder abzulenken (ein Buch, Musik über Kopfhörer für kurze Pausen, falls deine Partnerin gerade schläft oder von der Hebamme betreut wird). Die Hebammen und das Klinikpersonal werden dich sicher auch immer wieder daran erinnern oder dir etwas zu trinken oder einen kleinen Snack anbieten, aber es ist gut und gibt dir ein Gefühl von Autonomie, wenn du selbst gut vorbereitet bist und deine eigenen Ressourcen dabei hast.

Wenn die Geburt sich über viele Stunden hinzieht, und das ist bei vielen Erstgebärenden durchaus der Fall, ist es auch wichtig, dass du dir, in Absprache mit deiner Partnerin und der betreuenden Hebamme, **kurze Pausen und Erholungsmomente gönnst**, um deine eigenen Akkus wieder aufzuladen. Sprich das offen und ehrlich an, wenn du merkst, dass deine Konzentration nachlässt, du müde wirst oder einfach mal kurz durchatmen musst. Oft ist es problemlos möglich, dass du dich für 10, 15 oder auch mal 30 Minuten kurz aus dem Kreißsaal zurückziehst. Du könntest einen Kaffee trinken gehen, eine Runde auf dem Krankenhausflur oder an der frischen Luft drehen, um den Kopf freizubekommen, dich kurz auf eine Bank setzen und die Augen schließen oder vielleicht sogar ein kurzes Powernap machen, wenn deine Partnerin gerade selbst eine Ruhephase hat oder gut von der Hebamme betreut wird. Das ist kein Zeichen von Desinteresse oder mangelnder Unterstützung für deine Partnerin, sondern eine kluge und verantwortungsbewusste Maßnahme der Selbstfürsorge. Du kannst ihr nur dann eine echte Hilfe sein, wenn du nicht selbst vor Erschöpfung neben ihr zusammenklappst.

Achte auch auf deine **eigenen körperlichen Signale und Warnzeichen**. Wenn dir während der Geburt schwindelig wird, wenn du merkst, dass deine Knie weich werden, du anfängst zu zittern, dir übel wird oder du dich aus anderen Gründen unwohl oder überfordert fühlst, dann sag bitte sofort und ohne falsche Scham der Hebamme oder dem anwesenden medizinischen Personal Bescheid. Versuche nicht, den Helden zu spielen und tapfer durchzuhalten, bis es nicht mehr geht. Das hilft niemandem, schon gar nicht deiner Partnerin, die sich dann zusätzlich Sorgen um dich machen müsste. Die Hebammen und Ärzte im Kreißsaal sind Profis, sie kennen solche Situationen von Vätern und werden verständnisvoll und unterstützend reagieren. Manchmal reicht es schon, sich kurz hinzusetzen, ein Glas Wasser zu trinken oder ein paar tiefe Atemzüge an der frischen Luft zu nehmen, um wieder stabiler zu werden.

Und nicht zuletzt: Erlaube dir auch deine **eigenen Emotionen** in dieser Ausnahmesituation. Es ist vollkommen in Ordnung und menschlich, wenn du während der Geburt gerührt bist, wenn dir Tränen der Freude, der Anspannung oder der Erleichterung über die Wangen laufen, wenn du vor Aufregung zitterst oder dich einfach nur überwältigt fühlst von der Intensität des Erlebten. Sprich vielleicht kurz und vertraulich mit der Hebamme darüber, wenn dich etwas sehr stark bewegt, verunsichert oder belastet. Sie hat schon viele Väter in dieser emotionalen Achterbahnfahrt erlebt und kann dir oft mit ein paar beruhigenden Worten, einem verständnisvollen Lächeln oder einer praktischen Anregung helfen, wieder Boden unter die Füße zu bekommen. Eine wichtige Erkenntnis, die dir hilft, diese intensive Zeit gut zu meistern: **Indem du im Kreißsaal auch auf deine eigenen körperlichen und emotionalen Grundbedürfnisse achtest und gut für dich sorgst, stellst du sicher, dass du bis zum großen, magischen Finale – der Geburt eures Kindes – fit, präsent, handlungsfähig und eine liebevolle Stütze für deine Partnerin und euer Baby bleiben kannst.**

Praxis-Zone Erstes Jahr: Kraft tanken im Papa-Alltag – Strategien für mehr Energie und Ausgeglichenheit im neuen Leben

Das erste Jahr mit eurem Baby ist eine unglaublich erfüllende, spannende und oft auch magische Zeit. Ihr lernt euch als Familie kennen, bestaunt jeden Tag die kleinen und großen Entwicklungsschritte eures Kindes und wachst immer mehr in eure neuen Rollen als Mutter und Vater hinein. Gleichzeitig ist dieses erste Jahr aber auch oft geprägt von chronischem Schlafmangel, neuen, vielfältigen Verantwortlichkeiten, emotionalen Höhen und Tiefen und dem Gefühl, dass der Tag eigentlich 48 Stunden haben müsste, um alles unter einen Hut zu bekommen. Um diesen anspruchsvollen Marathon des ersten

Babyjahres gut zu meistern und dabei nicht selbst deine Energie, deine Gesundheit und deine Lebensfreude auf der Strecke zu lassen, ist eine bewusste, aktive und regelmäßige Selbstfürsorge jetzt wichtiger und unverzichtbarer denn je. Es geht darum, kluge Strategien zu entwickeln, um deine Akkus immer wieder aufzuladen, dir kleine und größere Inseln der Erholung und des Auftankens in deinen Alltag zu integrieren und dir die Unterstützung zu suchen und anzunehmen, die du brauchst, um langfristig ein ausgeglichener, zufriedener und präsenter Papa sein zu können.

Kleine Auszeiten im Alltag finden – Die unschätzbare Kunst der wohltuenden Mikro-Pausen

Du musst nicht gleich ein ganzes Wochenende im Schweigekloster verbringen oder eine mehrwöchige Kur beantragen (obwohl das natürlich auch seine Reize haben kann!), um dich zu erholen und neue Kraft zu schöpfen. Oft sind es die kleinen, aber feinen, regelmäßig und bewusst über den Tag verteilten Mikro-Pausen, die einen riesigen Unterschied für dein Energielevel, deine Stimmung und deine allgemeine Stressresistenz machen können. Hier sind einige ganz konkrete Ideen und Anregungen, wie du solche kleinen Oasen der Ruhe und des Auftankens geschickt und effektiv in deinen oft turbulenten und unvorhersehbaren Papa-Alltag einbauen kannst:

Eine der einfachsten und gleichzeitig wirkungsvollsten Techniken ist die **bewusste Atem-Minute**. Mehrmals täglich, vielleicht immer dann, wenn du von einer Aufgabe zur nächsten wechselst oder wenn du merkst, dass Anspannung aufkommt, halte einfach für eine Minute inne. Schließe, wenn du möchtest und kannst, kurz deine Augen und konzentriere dich ganz auf deine Atmung. Atme einige Male bewusst tief und langsam in deinen Bauch ein und vollständig wieder aus. Spüre, wie der Atem in deinen Körper strömt und ihn wieder verlässt, wie sich deine Bauchdecke hebt und senkt. Diese kurze Atempause hilft, dein Nervensystem zu beruhigen, Stresshormone abzubauen und dich wieder mehr bei dir selbst und im Hier und Jetzt zu verankern. Du kannst dir dafür sogar eine Erinnerung auf deinem Handy einrichten, bis es zur lieben Gewohnheit geworden ist.

Gönne dir den **Kaffee- oder Tee-Moment nur für dich**. Wenn dein Baby gerade schläft, zufrieden spielt oder von deiner Partnerin betreut wird, nimm dir ganz bewusst fünf bis zehn Minuten Zeit für eine Tasse deines Lieblingskaffees oder -tees. Setz dich dafür an einen schönen Platz, vielleicht ans Fenster mit Blick ins Grüne, auf den Balkon oder einfach nur in deinen Lieblingssessel. Schalte bewusst alle Ablenkungen aus und genieße diesen Moment der Ruhe und des Innehaltens. Lies vielleicht ein paar Seiten in einem Buch oder einer Zeitschrift, die nichts mit Babys zu tun hat, oder genieße einfach nur die Stille und den Geschmack deines Getränks. Wichtig ist, diesen Moment wirklich als deine kleine, ungestörte Auszeit zu zelebrieren und nicht nebenbei noch schnell E-Mails zu checken oder die Spülmaschine auszuräumen.

Nutze die Möglichkeit für eine **kurze Frischluft-Dusche**. Ein paar Minuten auf dem Balkon, im Garten, vor der offenen Haustür oder einfach nur am weit geöffneten Fenster tief durchzuatmen und den Blick bewusst in die Ferne schweifen zu lassen, kann wahre Wunder wirken, um den Kopf wieder freizubekommen, angestaute Müdigkeit zu vertreiben und neue Energie zu tanken. Frische Luft und Tageslicht sind natürliche Stimmungsaufheller.

Unterschätze nicht die **Macht der Musik als Stimmungsaufheller und Energielieferant**. Lege deine Lieblingsmusik auf (vielleicht über Kopfhörer, wenn das Baby schläft oder empfindlich auf laute Geräusche reagiert) und erlaube dir, für ein paar Minuten ganz darin einzutauchen. Tanze eine Runde ausgelassen durchs Wohnzimmer (das ist auch ein tolles Workout!), singe laut und schief mit oder genieße einfach nur die Klänge, die dir guttun und dich an positive Zeiten erinnern. Musik hat eine direkte und oft sehr starke Wirkung auf unsere Emotionen und kann ein echter und schneller Gute-Laune-Booster sein.

Probiere es mal mit einer **Mini-Meditation oder einer kurzen Achtsamkeitsübung**. Es gibt heutzutage eine riesige Auswahl an kostenlosen oder kostengünstigen Apps, Podcasts oder Online-Videos, die kurze, geführte Meditationen oder Achtsamkeitsübungen anbieten, die oft nur fünf, zehn oder fünfzehn Minuten dauern. Diese können dir helfen, Stress abzubauen, deine Gedanken zur Ruhe zu bringen, dich wieder mehr mit deinem Körper zu verbinden und dich insgesamt zentrierter und gelassener zu fühlen. Das erfordert vielleicht anfangs ein bisschen Übung und Überwindung, aber viele Väter berichten von sehr positiven Effekten. Probiere einfach mal verschiedene Stile und Anbieter aus, um herauszufinden, was dir persönlich guttut und zu dir passt.

Vergiss nicht den **bewussten Genuss-Moment im Alltag**. Nimm dir zwischendurch ganz bewusst Zeit für eine kleine Lieblings-Nascherei, ein Stück frisches Obst, ein Glas deines Lieblingssaftes oder ein anderes Getränk, das du besonders magst. Und dann genieße diesen kleinen Leckerbissen ganz bewusst, mit all deinen Sinnen, ohne Ablenkung durch Handy oder Fernseher. Achte auf den Geschmack, den Geruch, die Konsistenz. Solche kleinen, achtsam erlebten Genuss-Momente sind wie kleine Streicheleinheiten für die Seele und können dir helfen, auch inmitten eines stressigen Tages kurz innezuhalten und Freude zu empfinden.

Der eigentliche Schlüssel zu wirksamen und nachhaltigen Mikro-Pausen liegt in ihrer Regelmäßigkeit und in der bewussten Entscheidung, dir diese kleinen Auszeiten und Momente der Selbstzuwendung wirklich zu nehmen und sie als wichtigen Teil deines Papa-Alltags zu etablieren. Ein wichtiger Gedanke hierzu, der dich motivieren kann: **Auch vermeintlich kleine, aber regelmäßig über den Tag verteilte Momente der Selbstfürsorge sind unschätzbar wertvolle Investitionen in deine Energie, deine Geduld und deine allgemeine Ausgeglichenheit – sie helfen dir, den anspruchsvollen Papa-Marathon mit mehr Freude, Leichtigkeit und Gelassenheit zu meistern.**

Sich mit anderen Vätern vernetzen – Der unschätzbare Wert von Austausch, Unterstützung und dem Gefühl, nicht allein zu sein

Wir haben es schon im Kontext der Schwangerschaft als wichtige Ressource angesprochen, aber auch und gerade im ersten, oft so turbulenten und manchmal auch isolierenden Jahr mit eurem Baby ist der regelmäßige Austausch und die Verbindung mit anderen Vätern Gold wert und ein ganz wichtiger Aspekt der Selbstfürsorge. Sich mit anderen Männern zu treffen und zu sprechen, die sich in der gleichen aufregenden, aber auch herausfordernden Lebenssituation befinden, die ähnliche Freuden, aber eben auch ähnliche Sorgen, Unsicherheiten und Belastungen erleben, kann unglaublich entlastend, bestärkend, inspirierend und normalisierend wirken.

Suche aktiv nach Möglichkeiten, andere Väter kennenzulernen und dich mit ihnen zu vernetzen. Viele **Familienbildungsstätten, Stadtteilzentren, Mütter- (und Väter!) -beratungsstellen oder auch Kirchengemeinden** bieten heutzutage spezielle **Vätertreffs, Väter-Kind-Gruppen, Pap Frühstück oder auch offene Krabbelgruppen** an, in denen du andere Väter mit ihren Kindern treffen und dich in einer entspannten und unterstützenden Atmosphäre austauschen kannst. Das ist eine tolle Gelegenheit, neue Kontakte zu knüpfen, Freundschaften zu schließen und von den Erfahrungen und Tipps anderer zu profitieren. Oft entwickeln sich hier auch gemeinsame Unternehmungen oder private Treffen.

Pflege deine **bestehenden Freundschaften** und versuche, auch hier neue Verbindungen zu knüpfen, besonders zu Freunden, die vielleicht auch gerade Väter geworden sind oder schon etwas ältere Kinder haben. Sprich mit ihnen offen über deine Erfahrungen als Vater. Verabredet euch vielleicht mal gezielt zu einem „Papa-Stammtisch“ (muss ja nicht immer Bier sein, ein gemeinsames Frühstück tut's auch!), zu einem gemeinsamen Ausflug mit den Kindern auf den Spielplatz oder zu einer sportlichen Aktivität, die euch allen Spaß macht. Und sei offen für neue Bekanntschaften, die sich vielleicht ganz zufällig ergeben – sei es auf dem Spielplatz, im Pekip-Kurs, beim Kinderarzt oder im Supermarkt. Manchmal entstehen aus solchen Begegnungen überraschend wertvolle Kontakte.

Nutze auch die Möglichkeiten, die dir **Online-Communities und Foren** bieten. Es gibt mittlerweile zahlreiche gut moderierte und seriöse Online-Foren, Facebook-Gruppen, WhatsApp-Gruppen oder andere virtuelle Communities, die sich speziell an Väter richten. Hier kannst du dich anonym oder offen mit anderen Vätern aus ganz Deutschland oder sogar weltweit austauschen, Fragen stellen, die dich gerade beschäftigen, von deinen eigenen Erfahrungen berichten, dir Rat holen oder einfach nur lesen, dass andere ganz ähnliche Dinge erleben. Das kann eine sehr gute Ergänzung zu realen Treffen sein, besonders wenn du in deiner unmittelbaren Umgebung vielleicht nicht so viele andere Väter kennst oder wenn du zeitlich sehr eingespannt bist.

Und noch ein Gedanke: Wenn du Väter in deinem weiteren Umfeld hast – sei es im Beruf, im Sportverein oder in der Nachbarschaft – deren Art, ihre Vaterrolle zu leben und mit den Herausforderungen des Familienalltags umzugehen, du vielleicht besonders positiv findest oder bewunderst, dann scheue dich nicht, sie direkt anzusprechen und um einen Erfahrungsaustausch oder einen konkreten Rat zu bitten. Die meisten erfahrenen Väter teilen ihre Erlebnisse und ihr Wissen gerne und sind oft froh und auch ein bisschen stolz, wenn sie einem „Neuling“ auf seinem Weg ein paar hilfreiche Tipps oder eine Ermutigung mit auf den Weg geben können.

Der Austausch mit anderen Vätern hilft dir in vielerlei Hinsicht: Er hilft dir, deine eigenen Erfahrungen besser einzuordnen und zu normalisieren. Er liefert dir neue Perspektiven und oft auch ganz konkrete, praktische Lösungen für Alltagsprobleme, auf die du selbst vielleicht noch nicht gekommen wärst. Er kann dich inspirieren, deine Vaterrolle noch bewusster und vielfältiger zu gestalten. Und vor allem gibt er dir das unschätzbar wertvolle Gefühl: „Ich bin mit all diesen neuen Erfahrungen, mit meinen Freuden, aber auch mit meinen Sorgen und Unsicherheiten nicht allein. Anderen geht es ganz ähnlich!" Diese erlebte Solidarität und die gegenseitige Unterstützung sind ein ganz wichtiger Faktor für deine psychische Stabilität und dein Wohlbefinden als Vater. Eine wichtige Erkenntnis für dich: **Der ehrliche und offene Austausch mit anderen Vätern ist wie ein stärkender Vitamin-Cocktail für deine Papa-Seele – er nährt, er bestärkt, er inspiriert und er gibt dir das gute und wichtige Gefühl, Teil einer verständnisvollen und unterstützenden Gemeinschaft zu sein.**

Unterstützung von Familie und Freunden annehmen – Echte Hilfe ist kein Zeichen von Schwäche, sondern von Klugheit!

Gerade wir Männer haben oft noch so ein tief verankertes Bild vom „starken Geschlecht" im Kopf, das alles alleine schaffen muss, das keine Schwäche zeigen darf und das um Himmels willen bloß niemanden um Hilfe bitten oder zur Last fallen will. Das mag in manchen Lebensbereichen ja vielleicht seine Berechtigung haben, aber im Kontext der Familiengründung und der ersten, oft sehr fordernden Zeit mit einem Baby ist diese Haltung nicht nur unrealistisch, sondern kann auch schnell zu einer massiven Überforderung und zu unnötigem Stress führen. Es ist ein Zeichen von wahrer Stärke, von Klugheit und von Verantwortungsbewusstsein, wenn du dir eingestehst, dass du nicht alles alleine stemmen kannst und musst, und wenn du lernst, die Unterstützung, die dir aus deinem sozialen Netzwerk angeboten wird, auch dankbar anzunehmen oder sogar aktiv darum zu bitten.

Deine Familie – damit meine ich deine eigenen Eltern, deine Schwiegereltern, deine Geschwister, vielleicht auch Tanten, Onkel oder Cousins – und auch deine guten Freunde können oft eine riesige und unschätzbar wertvolle Hilfe sein, wenn es darum geht, dich und deine Partnerin in der ersten Zeit mit eurem Baby ganz praktisch und emotional zu entlasten. Diese Unterstützung kann ganz unterschiedlich aussehen, je nachdem, was ihr gerade braucht und was euer Umfeld leisten kann und möchte:

Das kann ganz praktische Hilfe im Haushalt sein. Vielleicht kommt die Oma einmal pro Woche vorbei und kocht eine große Portion eures Lieblingsessens für euch vor, damit ihr euch an stressigen Tagen nicht auch noch darum kümmern müsst. Vielleicht erledigt ein guter Freund mal einen größeren Einkauf für euch, damit ihr nicht mit dem quengeligen Baby durch den Supermarkt hetzen müsst. Vielleicht hilft der Opa beim Aufbau der neuen Wickelkommode oder die Schwester beim Frühjahrsputz. Solche konkreten Entlastungen im Alltag können euch wertvolle Zeit und Energie für euer Baby und für eure eigene Erholung schenken.

Eine andere Form der Unterstützung ist die **Betreuung eures Babys für kurze Auszeiten**. Vielleicht sind die Großeltern oder eine liebe Tante bereit und in der Lage, euer Baby mal für ein oder zwei Stunden zu übernehmen, es im Kinderwagen spazieren zu fahren oder einfach nur bei euch zu Hause aufzupassen, damit du und deine Partnerin gemeinsam einen entspannten Spaziergang machen, einen Kaffee trinken, in Ruhe duschen oder einfach nur mal ein kurzes Nickerchen machen könnt. Auch das ist eine unglaublich wertvolle Entlastung und hilft euch, eure eigenen Akkus wieder aufzuladen.

Und nicht zu vergessen ist die **emotionale Unterstützung und ein offenes Ohr**. Manchmal tut es einfach nur gut, mit vertrauten Menschen, die euch nahestehen und denen ihr vertraut, über die vielen neuen Erfahrungen, die großen Freuden, aber eben auch über die Sorgen, die Ängste und die Anstrengungen des neuen Elternalltags sprechen zu können – und zwar ohne gleich ungefragt mit Ratschlägen überhäuft oder bewertet zu werden. Einfach nur zuhören, Verständnis zeigen, da sein – das kann oft schon Wunder wirken.

Wichtig ist, dass ihr als Paar gemeinsam überlegt und besprecht, welche Art von Unterstützung ihr euch von wem wünscht und wie ihr das am besten kommuniziert. Manchmal sind die helfenden Hände schon da und warten nur darauf, dass ihr signalisiert, wo ihr Hilfe braucht. Manchmal muss man aber auch aktiv werden, seine eigenen Bedürfnisse formulieren und ganz konkret um Unterstützung bitten. Viele Menschen aus eurem nahen Umfeld freuen sich aufrichtig, wenn sie euch auf irgendeine Weise helfen und an eurem neuen Familienglück teilhaben können – sie wissen nur oft nicht genau, wie. Und ein ganz entscheidender Punkt: Lernt, angebotene Hilfe auch wirklich dankbar und ohne schlechtes Gewissen oder das Gefühl, euch revanchieren zu müssen, anzunehmen! Es ist ein Geschenk, das euch entlasten soll. Ein guter Grundsatz, den ihr euch immer wieder vergegenwärtigen könnt: **Ein starkes und unterstützendes soziales Netz ist wie ein unsichtbares, aber unglaublich tragfähiges Trampolin – es fängt dich auf, wenn du mal zu fallen drohst, es gibt dir Sicherheit und es verleiht dir Schwung für neue Höhenflüge. Nutze dieses Netz und pflege es gut!**

Professionelle Hilfe in Anspruch nehmen – Wenn die eigenen Kräfte und das private Netz nicht mehr reichen

Es gibt Situationen oder auch längere Phasen im Leben junger Eltern, da reichen die eigenen Bewältigungsstrategien, die gegenseitige Unterstützung in der Partnerschaft und auch die Hilfe aus dem privaten sozialen Umfeld einfach nicht mehr aus, um mit den vielfältigen Belastungen, dem Stress und den emotionalen Herausforderungen adäquat fertigzuwerden. Das ist absolut keine Schande, kein Zeichen von persönlichem Versagen oder von Schwäche, sondern kann jeden treffen, unabhängig von Alter, Bildung oder sozialem Status. In solchen Fällen ist es nicht nur wichtig und richtig, sondern oft auch dringend notwendig, sich frühzeitig professionelle Hilfe und Unterstützung von außen zu suchen.

Anzeichen dafür, dass du oder auch deine Partnerin möglicherweise an die Grenzen eurer psychischen und physischen Belastbarkeit stoßt oder diese vielleicht sogar schon überschritten habt, können sehr vielfältig und individuell unterschiedlich sein. Es ist wichtig, hier achtsam auf sich selbst und aufeinander zu sein. Mögliche Warnsignale könnten eine anhaltende, tiefe Erschöpfung sein, die auch durch kurze Schlafpausen oder vermeintliche Erholungsmomente nicht wirklich besser wird. Eine gedrückte Stimmung, Hoffnungslosigkeit, Interesselosigkeit an Dingen, die einem früher Freude bereitet haben, oder eine generelle Freudlosigkeit, die über einen längeren Zeitraum anhält, können ebenfalls darauf hindeuten. Starke Ängste, die den Alltag dominieren, wiederkehrende Panikattacken oder ständige, quälende Sorgen, die sich nicht mehr kontrollieren lassen, sind ernste Signale. Auch anhaltende Schlafstörungen, selbst wenn das Baby vielleicht gerade ruhig schläft, Konzentrationsschwierigkeiten, eine ausgeprägte Vergesslichkeit oder das Gefühl, nicht mehr klar denken zu können, können auf eine Überlastung hinweisen. Eine deutlich erhöhte Reizbarkeit, häufige Wutausbrüche, vielleicht sogar aggressive Impulse gegenüber sich selbst, dem Partner oder dem Kind, sind ebenfalls Alarmzeichen. Ein starker sozialer Rückzug, die Vermeidung von Kontakten zu Freunden und Familie oder das Gefühl, niemanden mehr sehen zu wollen, können dazukommen. Oftmals gesellen sich auch quälende Schuldgefühle hinzu, ständige Selbstvorwürfe oder das übermächtige Gefühl, ein schlechter Vater oder eine schlechte Mutter zu sein und den Anforderungen nicht gerecht zu werden. Im schlimmsten Fall können sogar Gedanken auftauchen, sich selbst oder dem eigenen Kind etwas anzutun – und spätestens hier ist sofortige professionelle Hilfe absolut und unumgänglich notwendig!

All diese Symptome können Anzeichen für eine massive Überforderung, einen beginnenden oder bereits manifesten väterlichen oder mütterlichen Burnout oder auch für eine behandlungsbedürftige postnatale Depression (PPD) sein. Du hast richtig gelesen, auch Väter können von einer postnatalen Depression betroffen sein, auch wenn darüber in der Öffentlichkeit oft noch viel zu wenig gesprochen und aufgeklärt wird. Die Symptome können bei Männern manchmal etwas anders aussehen als bei Frauen – vielleicht eher in Form von aggressivem Verhalten, erhöhtem Alkoholkonsum, exzessivem Arbeiten oder sozialem Rückzug – aber die zugrundeliegende Erkrankung ist genauso ernst zu nehmen. Schätzungen gehen davon aus, dass etwa jeder zehnte bis zwanzigste Vater im ersten Jahr nach der Geburt seines Kindes depressive Symptome oder eine manifeste Depression entwickelt. Das ist eine ernstzunehmende psychische Erkrankung, die das Wohlbefinden des Vaters, die Partnerschaft und auch die Entwicklung des Kindes erheblich beeinträchtigen kann, aber die mit professioneller Hilfe gut behandelt werden kann und muss.

Wenn du also solche oder ähnliche Anzeichen bei dir oder auch bei deiner Partnerin über einen längeren Zeitraum bemerkst und das Gefühl hast, dass ihr aus eigener Kraft nicht mehr aus dieser Negativspirale herausfindet, dann zögere bitte nicht, so früh wie möglich professionelle Hilfe und Unterstützung in Anspruch zu nehmen. Erste und oft sehr niedrigschwellige Ansprechpartner können sein: euer Hausarzt oder eure Hausärztin, die euch gegebenenfalls weiterverweisen können. Eure Hebamme oder euer Kinderarzt haben oft auch ein sehr gutes Gespür für die seelische Verfassung junger Eltern und können euch erste Ratschläge geben oder euch an geeignete Stellen vermitteln. Es gibt eine Vielzahl von psychologischen oder psychotherapeutischen Beratungsstellen, die oft auch spezielle Angebote für Eltern in der Zeit rund um Schwangerschaft und Geburt haben. Auch Familienberatungsstellen oder Erziehungsberatungsstellen bieten häufig Unterstützung für Eltern in Krisen oder mit Überlastungssymptomen an. Scheut euch nicht, dort einen Termin zu vereinbaren. Es gibt auch spezialisierte Angebote für Eltern von sogenannten Schreibabys oder für Familien, die durch besondere Umstände (z.B. Frühgeburt, Erkrankung des Kindes) zusätzlich belastet sind. Und bei akuten psychischen Krisen, starken Verzweiflungszuständen oder gar Suizidgedanken sind der ärztliche Bereitschaftsdienst, der sozialpsychiatrische Dienst eurer Stadt oder Gemeinde, die Notaufnahme der nächsten psychiatrischen Klinik oder auch die Telefonseelsorge (die anonym und rund um die Uhr erreichbar ist) wichtige Anlaufstellen für sofortige Hilfe.

Gerade wir Männer tun uns oft noch besonders schwer damit, uns einzugestehen, dass wir psychische Unterstützung brauchen, oder aktiv danach zu suchen. Das Bild vom „starken Mann“, der seine Probleme gefälligst alleine lösen muss, der keine Schwäche zeigen darf und der schon gar nicht über seine Gefühle spricht, ist in vielen Köpfen leider immer noch tief verankert und kann zu einer gefährlichen Barriere werden. Aber das ist ein überholtes und schädliches Rollenklischee, das mit der Realität des modernen Lebens und den Anforderungen der Vaterschaft nichts mehr zu tun hat. Sich in einer Phase der Überforderung oder in einer psychischen Krise professionelle Unterstützung zu suchen, ist kein Zeichen von Schwäche oder Versagen, sondern im Gegenteil ein Ausdruck von Stärke, von Mut, von Verantwortungsbewusstsein für sich selbst und die eigene Familie und von gesunder Selbstfürsorge. Ein wichtiger und ermutigender Appell an dich: **Wenn du merkst, dass die Belastungen überhandnehmen, dass deine eigenen Kräfte nicht mehr ausreichen oder dass du dich in einer tiefen seelischen Krise befindest, dann sei mutig und suche dir rechtzeitig und ohne falsche Scham professionelle Hilfe – für dich, für dein Kind, für deine Partnerin und für eure gemeinsame Zukunft als glückliche und gesunde Familie.** Es ist ein wichtiger und oft entscheidender Schritt auf dem Weg zurück zu mehr Lebensfreude, Stabilität und väterlicher Kompetenz.

Dein Leben B.K. (Before Kind) ist nicht vorbei, es wird nur anders (und oft besser!)

Mal ganz ehrlich unter uns Vätern (oder werdenden Vätern): Als die Nachricht von der Schwangerschaft so richtig gesackt war und die erste Euphorie vielleicht einer etwas nachdenklicheren Phase gewichen ist, ist dir da vielleicht auch mal für einen kurzen, vielleicht sogar etwas panischen Moment der Gedanke durch den Kopf geschossen: „Puh, das war's dann wohl mit meinem alten Leben! Aus die Maus mit spontanen Unternehmungen, mit ausschlafen am Wochenende bis in die Puppen, mit stundenlangen Zocker-Sessions, mit intensiven Trainingseinheiten im Fitnessstudio oder mit den ungestörten Abenden, an denen ich einfach nur meiner Lieblingsserie nachgehen konnte.“ Diese Sorge, dass mit der Ankunft eines Kindes das eigene, bisherige Leben, die persönlichen Interessen, die Hobbys und die liebgewonnenen Freiheiten quasi über Nacht verschwinden oder zumindest auf ein absolutes Minimum reduziert werden, ist total verständlich und auch ziemlich weit verbreitet. Man hört ja oft genug Geschichten von Freunden oder Bekannten, bei denen nach der Geburt des ersten Kindes scheinbar alles andere auf der Strecke geblieben ist und die sich nur noch über Windelmarken und Schlafprotokolle unterhalten.

Aber lass dir an dieser Stelle mit einem Augenzwinkern und einer großen Portion Zuversicht gesagt sein: Dein Leben B.K. (Before Kind), also dein Leben, so wie du es vor der Geburt deines Kindes kanntest und vielleicht auch geliebt hast, ist nicht mit einem Schlag vorbei und muss auch nicht wehmütig in einer Kiste mit alten Erinnerungen auf dem Dachboden verstaut werden. Es wird auf jeden Fall anders, das lässt sich nicht leugnen. Es wird sich neu sortieren, die Prioritäten werden sich ganz klar und oft auch radikal verschieben, und deine zeitlichen Ressourcen werden knapper und umkämpfter sein als je zuvor. Aber – und das ist die gute Nachricht – es kann auch unglaublich viel reicher, tiefer, bunter, sinnvoller und oft sogar auf eine ganz neue Art und Weise besser und erfüllender werden als vorher. Und es gibt durchaus realistische und gangbare Wege, wie du deine eigenen Interessen, deine Hobbys, deine Freundschaften und deine ganz persönlichen Bedürfnisse auch als engagierter, präsenter und liebevoller Papa weiterhin pflegen und in deinen neuen Alltag integrieren kannst. Es erfordert vielleicht ein bisschen mehr Planung, ein bisschen mehr Kreativität, ein bisschen mehr Kompromissbereitschaft und eine gute Kommunikation mit deiner Partnerin, aber es ist möglich und für dein eigenes Wohlbefinden und deine Identität als Mann und als Mensch jenseits der Vaterrolle auch extrem wichtig.

Denn wenn du dich als Person mit deinen eigenen Interessen, Leidenschaften und Bedürfnissen völlig aufgibst und nur noch für andere funktionierst, läufst du über kurz oder lang Gefahr, frustriert, unzufrieden, unausgeglichen und vielleicht sogar regelrecht ausgebrannt zu sein. Und das nützt weder dir selbst noch deiner Partnerin oder deinem Kind. Ein Papa, der auch eigene Kraftquellen hat, der Dinge tut, die ihm Freude machen und ihm Energie geben, ist oft ein gelassenerer, geduldigerer und inspirierenderer Vater.

Hier sind ein paar ganz konkrete Denkanstöße, realistische Ansätze und erprobte Strategien, wie du deine persönlichen Interessen und notwendigen Freiräume auch im oft turbulenten Papa-Alltag behaupten, gestalten und genießen kannst, ohne dabei das Gefühl haben zu müssen, ein egoistischer Rabenvater zu sein:

Der absolut wichtigste Schlüssel und die Basis für alles Weitere ist das **offene, ehrliche und regelmäßige Gespräch mit deiner Partnerin**. Setzt euch zusammen und sprecht ganz konkret darüber, welche Freiräume und eigenen Aktivitäten für jeden von euch beiden wichtig sind, um sich wohlzufühlen und die eigenen Batterien wieder aufzuladen. Genauso wichtig ist es natürlich, dass auch deine Partnerin ihre Bedürfnisse nach eigenen Auszeiten, nach Zeit für sich, für ihre Hobbys oder ihre Freundinnen äußern kann und diese von dir genauso respektiert und unterstützt werden. Es geht darum, eine faire und für beide Seiten zufriedenstellende Balance zu finden, bei der sich keiner von euch beiden dauerhaft benachteiligt, übermäßig eingeschränkt oder in seinen persönlichen Bedürfnissen ignoriert fühlt. Das ist oft ein Aushandlungsprozess, der Kompromissbereitschaft und gegenseitiges Verständnis erfordert. Ihr könntet zum Beispiel versuchen, feste „Papa-Auszeiten“ oder „Mama-Auszeiten“ in euren gemeinsamen Wochenplan zu integrieren. Das kann ein fester Abend in der Woche sein, an dem der eine Partner die volle und alleinige Verantwortung für das Baby (und eventuell ältere Geschwisterkinder) übernimmt, während der andere ungestört und ohne schlechtes Gewissen seinem Hobby nachgehen, Freunde treffen, zum Sport gehen oder einfach nur mal ungestört ein Buch lesen kann.

In der nächsten Woche ist dann der andere dran. Wichtig ist, dass diese Vereinbarungen verlässlich sind und von beiden getragen werden. Betont im Gespräch miteinander, dass diese individuellen Auszeiten nicht „gegen“ die Familie oder die Partnerschaft gerichtet sind, sondern im Gegenteil dazu dienen, die eigenen Akkus wieder aufzuladen, um dann wieder mit neuer Energie, Geduld und Freude für die Familie und füreinander da sein zu können.

Oft ist es auch eine Frage der **kreativen Anpassung deiner Hobbys und Interessen an die neue Lebenssituation**, anstatt sie komplett aufzugeben. Nicht jedes Hobby lässt sich im gleichen Umfang, mit der gleichen Intensität oder zur gleichen Zeit weiterführen wie vor der Geburt deines Kindes. Ein zeitintensives Mannschaftstraining dreimal die Woche plus Punktspiel am Wochenende ist für einen frischgebackenen Papa vielleicht erstmal schwierig zu realisieren, ohne dass die Familie oder die eigene Erholung massiv darunter leiden. Aber oft gibt es Möglichkeiten, deine Interessen in einer etwas modifizierten Form weiterzupflegen oder vielleicht sogar neue zu entdecken, die besser mit dem Familienalltag und den Bedürfnissen eines kleinen Kindes vereinbar sind. Ein paar Beispiele: Wenn du gerne Sport treibst, könntest du deine morgendliche Laufrunde vielleicht so legen, dass du dabei den Kinderwagen mit deinem Baby schiebst – das ist ein tolles Training für dich und frische Luft für dein Kind. Oder du investierst in einen guten Fahrradanhänger und machst am Wochenende gemeinsame Radtouren mit der Familie. Wenn du gerne ins Fitnessstudio gehst, suche dir vielleicht eines, das eine Kinderbetreuung anbietet, oder verlege deine Trainingseinheiten auf Zeiten, in denen deine Partnerin zu Hause ist und das Baby versorgen kann. Wenn du gerne mit deinen Kumpels abends in der Kneipe warst, trefft euch vielleicht stattdessen mal nachmittags auf dem Spielplatz, wo die Kinder zusammen spielen können, während ihr quatscht. Oder ihr etabliert einen regelmäßigen Papa-Stammtisch, bei dem es nicht nur um Bier, sondern auch um den Austausch über Vaterfreuden und -sorgen geht. Wenn du gerne liest, nutze die Schlafenszeiten deines Babys oder die Fahrt zur Arbeit für ein paar Seiten. Manchmal geht es auch darum, die Intensität oder die Häufigkeit deiner Aktivitäten anzupassen. Statt stundenlanger, epischer Mountainbike-Touren an jedem Wochenende ist es vielleicht erstmal nur eine kürzere, aber dafür regelmäßigere Runde in der näheren Umgebung, die dir trotzdem den nötigen Ausgleich und die Freude an der Bewegung verschafft. Wichtig ist, flexibel und kreativ zu sein, nach neuen Wegen und Möglichkeiten zu suchen, anstatt vorschnell und resigniert alles aufzugeben, was dir früher wichtig war.

Ein weiterer wichtiger Aspekt ist das Prinzip **Qualität vor Quantität**, wenn es um deine persönlichen Freiräume geht. Auch wenn die Zeit für eigene Interessen und Aktivitäten im Alltag mit einem Baby oft knapper bemessen ist als früher, versuche, die Momente, die du dafür hast, ganz bewusst, achtsam und intensiv zu nutzen. Eine halbe Stunde konzentriertes Lesen in einem Buch, das dich wirklich fesselt, kann manchmal erholsamer und befriedigender sein als zwei Stunden passives und abgelenktes Fernsehschauen. Eine intensive Sporteinheit, auch wenn sie vielleicht kürzer ausfällt als deine früheren Trainingseinheiten, kann dir trotzdem den nötigen körperlichen Ausgleich und das gute Gefühl verschaffen, etwas für dich getan zu haben. Es geht darum, diese kleinen, aber feinen Freiräume wirklich als deine ganz persönliche Zeit zu sehen, sie mit Dingen zu füllen, die dir echte Freude bereiten, dir Energie geben und dich auftanken lassen, und sie nicht mit unnötigen Pflichten oder Ablenkungen zu zerstückeln.

Vergiss auch nicht, deine **Freundschaften aktiv zu pflegen**, denn sie sind ein unglaublich wichtiges soziales Auffangnetz, eine Quelle der Unterstützung, des Austauschs und der Entspannung. Versuche, den Kontakt zu deinen guten Freunden auch als vielbeschäftigter Papa aufrechtzuerhalten, auch wenn persönliche Treffen vielleicht seltener werden oder anders gestaltet werden müssen als früher. Telefoniert regelmäßig, schreibt euch Nachrichten, nutzt Videoanrufe, um euch auf dem Laufenden zu halten. Verabredet euch vielleicht zu Aktivitäten, bei denen die Kinder, wenn sie etwas älter sind, auch dabei sein können – ein gemeinsamer Nachmittag auf dem Spielplatz, ein Grillfest im Garten, ein Ausflug an den See. Ehrliche und gute Freunde werden Verständnis für deine neue Lebenssituation haben, sich mit dir über dein Familienglück freuen und trotzdem weiterhin an deiner Freundschaft interessiert sein. Und der Austausch mit Freunden, die vielleicht selbst schon Väter sind oder gerade werden, kann, wie schon mehrfach erwähnt, besonders wertvoll und unterstützend sein, weil ihr euch auf einer ganz anderen Ebene versteht.

Ein ganz zentraler und ermutigender Punkt bei der Integration deiner eigenen Interessen und Bedürfnisse in dein neues Leben als Papa: **Es ist absolut legitim, es ist gesund und es ist sogar notwendig für deine psychische Stabilität und deine Identität als Mensch, dass du auch weiterhin eigene Bedürfnisse hast, eigene Interessen verfolgst und dir Freiräume für dich selbst schaffst.** Das macht dich nicht zu einem schlechteren, egoistischeren oder weniger engagierten Vater oder Partner. Ganz im Gegenteil! Ein Vater, der auch gut für sich selbst sorgt, der Dinge tut, die ihn als Individuum ausmachen, die ihm Freude bereiten und ihm neue Energie geben, ist oft ein ausgeglichenerer, zufriedenerer, geduldigerer und auch interessanterer Mensch und damit auch ein besserer Vater und Partner. Wenn du gut für dich sorgst und deine eigenen Akkus regelmäßig auflädst, profitierst nicht nur du unmittelbar davon, sondern langfristig deine ganze Familie. Es beugt Frustration, Unzufriedenheit, Groll und dem oft schleichenden Gefühl vor, „nur noch" Vater zu sein und sich selbst dabei irgendwo auf der Strecke verloren zu haben. Deine vielfältigen Interessen, deine Persönlichkeit, deine Erfahrungen und deine Lebensfreude sind ein wichtiger Teil dessen, was du deinem Kind mit auf seinen Lebensweg geben kannst.

Erhalt der eigenen Identität neben der Vaterrolle; Prävention von Frustration, Unzufriedenheit und dem Gefühl, «nur noch» Vater zu sein.

Das Thema Selbstfürsorge und die bewusste Integration eigener Interessen in den Papa-Alltag ist im Kern eng verknüpft mit der Frage nach dem Erhalt der eigenen Identität neben der neuen, so umfassenden und oft auch alles andere überlagernden Rolle als Vater. Vater zu werden ist eine der tiefgreifendsten Veränderungen im Leben eines Mannes. Es ist eine Rolle, die mit unglaublich viel Liebe, Freude und Sinnhaftigkeit verbunden ist. Aber sie birgt auch die Gefahr, dass andere wichtige Aspekte der eigenen Persönlichkeit – berufliche

Ambitionen, langjährige Hobbys, Freundschaften, individuelle Bedürfnisse nach Ruhe oder Abenteuer – in den Hintergrund gedrängt oder sogar ganz aufgegeben werden.

Wenn das passiert, wenn ein Mann das Gefühl hat, seine eigene Identität löst sich auf und er existiert „nur noch" in seiner Funktion als Vater und Versorger, dann kann das auf Dauer zu erheblicher Frustration, Unzufriedenheit, innerer Leere und im schlimmsten Fall sogar zu psychischen Belastungen wie einem Burnout oder einer Depression führen. Das ist nicht nur schlecht für den Vater selbst, sondern hat auch negative Auswirkungen auf die Partnerschaft und die gesamte Familienatmosphäre.

Deshalb ist es aus psychologischer Sicht so ungemein wichtig, dass du als Vater aktiv daran arbeitest, auch neben deiner neuen, so wichtigen und erfüllenden Rolle als Papa weiterhin ein eigenständiges Individuum mit eigenen Interessen, Bedürfnissen und sozialen Kontakten zu bleiben. Es geht darum, eine gesunde Balance zu finden zwischen deiner Hingabe an deine Familie und der notwendigen Sorge um dich selbst. Das ist kein Widerspruch, sondern zwei Seiten derselben Medaille.

Die bewusste Pflege eigener Interessen und die Schaffung von persönlichen Freiräumen hat vielfältige positive psychologische Effekte:

Sie stärkt dein Selbstwertgefühl und deine Selbstachtung jenseits deiner Rolle als Vater. Du erlebst dich weiterhin als kompetent, interessiert und handlungsfähig auch in anderen Lebensbereichen.

Sie beugt Gefühlen von Monotonie, Enge oder Opferhaltung vor. Wenn du auch Dinge tust, die dir persönlich Freude machen und dich inspirieren, fühlst du dich lebendiger und weniger fremdbestimmt.

Sie erhält deine Attraktivität als Partner. Ein Mann, der auch eigene Interessen hat, über die er berichten kann, der ausgeglichen ist und Lebensfreude ausstrahlt, ist oft ein interessanterer und anregenderer Partner.

Sie liefert dir neue Energie und Ressourcen, die du dann wieder positiv in deine Familie einbringen kannst. Wenn du von einer erfüllenden Aktivität zurückkommst, bist du oft geduldiger, kreativer und belastbarer.

Sie bietet dir einen wichtigen Ausgleich zu den manchmal sehr fordernden und auch routinierten Aspekten des Babyalltags.

Sie dient als Vorbild für dein Kind. Es lernt von dir, dass es wichtig und gesund ist, vielfältige Interessen zu haben, gut für sich selbst zu sorgen und ein eigenständiges Leben zu führen.

Der Erhalt deiner eigenen Identität neben der Vaterrolle ist also kein Luxus, sondern ein wichtiger Beitrag zu deiner langfristigen psychischen Gesundheit und zu einer erfüllten, lebendigen Vaterschaft. Es geht darum, die verschiedenen Rollen in deinem Leben – Vater, Partner, Freund, Berufstätiger, Individuum mit eigenen Interessen – in eine für dich stimmige Balance zu bringen. Das ist ein kontinuierlicher Prozess des Aushandelns, Anpassens und Priorisierens, der dich dein ganzes Leben lang begleiten wird. Aber er ist die Mühe wert!

TEIL 3: Zielgerade und Blick nach vorn – Dein Leben als Papa-Profi

Dein Rüstzeug für die Zukunft – Die wichtigsten Erkenntnisse auf einen Blick

Du hast dich auf deiner bisherigen Reise mit den entscheidenden Werkzeugen für dein Papa-Dasein vertraut gemacht. Diese Fähigkeiten bilden dein Fundament:

- **Emotionale Intelligenz und Einfühlungsvermögen** ermöglichen es dir, die Bedürfnisse deiner Partnerin und deines Kindes tiefgreifend zu verstehen und eine starke familiäre Verbindung aufzubauen.
- Eine **bewusste Kommunikation und gelebte Partnerschaft** sind der Schlüssel, um als Elternteam erfolgreich zusammenzuarbeiten, gemeinsame Pläne zu schmieden und Herausforderungen gemeinsam zu meistern.
- **Praktische Kompetenzen im Alltagsmanagement** – vom Wickeln bis zur Organisation – geben dir Sicherheit und stärken die Bindung zu deinem Kind durch aktive Fürsorge.
- Durch **Stressbewältigung und Resilienz** lernst du, auch in turbulenten Zeiten einen kühlen Kopf zu bewahren, Herausforderungen anzunehmen und an ihnen zu wachsen.
- Eine starke **Bindung und deine väterliche Präsenz** sind das Fundament für eine sichere Entwicklung deines Kindes, wobei deine einzigartige Art, Vater zu sein, einen unschätzbaren Wert hat.
- Die **bewusste Vorbereitung und aktive Gestaltung deiner Vaterrolle** helfen dir, informiert und authentisch deinen eigenen Weg als Vater zu finden, der zu deinen Werten passt.
- **Selbstfürsorge und der Aufbau unterstützender Netzwerke** sind unerlässlich, denn nur wenn du auf deine eigenen Ressourcen achtest, kannst du langfristig für deine Familie da sein und deine vielfältigen Interessen in dein Leben integrieren.

Mit diesem Rüstzeug bist du gut vorbereitet, um die kommenden Abenteuer des Familienlebens mit Freude und Zuversicht anzugehen.

Ein kleiner Blick nach vorn: Das Abenteuer geht weiter!

Mit dem ersten Geburtstag deines Kindes ist die Reise natürlich noch lange nicht zu Ende – im Gegenteil, sie nimmt oft erst so richtig Fahrt auf! Dein kleiner Entdecker wird immer mobiler, neugieriger und auch willensstärker. Und damit warten auch schon die nächsten spannenden, manchmal herausfordernden, aber immer wieder wunderschönen Etappen auf dich.

Da wäre zum Beispiel die berühmte **Trotzphase** – oder, wie Experten heute lieber sagen, die Autonomiephase. Das ist die Zeit, in dem dein kleiner Engel plötzlich scheinbar von einem Tag auf den anderen Hörner bekommt, seinen eigenen Willen mit einer beeindruckenden Vehemenz durchsetzen möchte und das Wort „Nein!" zu seinem neuen Lieblingsausdruck erklärt. Plötzlich werden alltägliche Dinge wie Anziehen, Zähneputzen oder das Verlassen des Spielplatzes zu kleinen Machtkämpfen, die deine Geduld und deine Nerven auf eine harte Probe stellen können. Aber keine Sorge, auch wenn es sich manchmal so anfühlt, als hättest du einen kleinen Diktator zu Hause – diese Phase ist ein ganz wichtiger und normaler Entwicklungsschritt deines Kindes auf dem Weg zu mehr Selbstständigkeit und Ich-Bewusstsein. Und die Fähigkeiten, die du dir angeeignet hast – deine emotionale Intelligenz, deine Fähigkeit zur Selbstregulation (tief durchatmen!), deine Kommunikationsskills im Team mit deiner Partnerin und eine gute Portion Humor – sind jetzt Gold wert, um diese oft stürmische Zeit liebevoll und konsequent zu begleiten.

Oder nehmen wir die **Kita-Eingewöhnung**. Ein großer Schritt für dein Kind, aber oft auch für dich als Vater (und natürlich auch für die Mutter). Das erste Mal loslassen, dein Kind in fremde Hände geben, der Abschiedsschmerz (manchmal ist gar nicht so klar, wer hier eigentlich mehr leidet – das Kind oder die Eltern). Auch hier helfen dir deine erworbenen Kompetenzen: Dein Einfühlungsvermögen, um die Ängste und Unsicherheiten deines Kindes (und deine eigenen!) zu verstehen. Deine Kommunikationsfähigkeit, um dich gut mit den Erzieherinnen abzustimmen und deiner Partnerin in dieser Phase eine Stütze zu sein. Und deine Resilienz, um auch eventuelle Rückschläge oder schwierige Tage während der Eingewöhnung gut zu meistern.

Und so geht es weiter: der erste Wackelzahn, die Einschulung, die erste große Liebe, der erste Liebeskummer, die Pubertät – jede Lebensphase deines Kindes wird neue Themen, neue Freuden und auch neue Herausforderungen mit sich bringen. Aber das Schöne ist: Die sieben Kernkompetenzen, die du dir jetzt erarbeitest und die du im ersten Jahr mit deinem Baby trainierst und verfeinerst, sind wie ein universelles Rüstzeug. Sie bilden die beste Grundlage für alle kommenden Abenteuer und helfen dir, auch in Zukunft ein starker, liebevoller und verlässlicher Begleiter für dein Kind zu sein.

Die langfristige Ernte: Warum dein Engagement als Vater so viel bewirkt

Dein Wunsch, ein engagierter, präsenter und kompetenter Vater zu sein, und die Mühe, die du in die Entwicklung dieser sieben Kernfähigkeiten investierst, ist nicht nur für den Moment oder für das erste Jahr mit deinem Baby von Bedeutung. Es ist eine Investition, die langfristig reiche Früchte tragen wird – für dein Kind, für deine Partnerschaft, aber auch für deine eigene Lebenszufriedenheit.

Studien aus der Entwicklungspsychologie und der Väterforschung zeigen immer wieder eindrücklich, wie stark sich eine aktive und positive Vaterfigur auf die gesamte Entwicklung von Kindern auswirkt. Kinder mit engagierten Vätern sind oft emotional stabiler, haben ein höheres Selbstwertgefühl, zeigen bessere soziale Kompetenzen, sind neugieriger und erfolgreicher in der Schule und entwickeln seltener Verhaltensauffälligkeiten. Sie profitieren von der Vielfalt der Anregungen, von der spezifisch väterlichen Art des Spiels und der Interaktion und von dem Gefühl, von zwei liebevollen und präsenten Elternteilen getragen und unterstützt zu werden.

Aber nicht nur dein Kind profitiert. Auch deine Partnerschaft wird durch dein Engagement und deine Kompetenz als Vater gestärkt. Wenn ihr als Eltern ein echtes Team seid, euch die Verantwortung teilt, euch gegenseitig unterstützt und wertschätzt, dann wächst eure Zufriedenheit als Paar, eure Verbundenheit wird tiefer, und ihr seid besser gewappnet gegen die unvermeidlichen Stressfaktoren des Familienalltags.

Und nicht zuletzt ist eine erfüllende Vaterschaft auch ein riesiger Gewinn für dich ganz persönlich. Die tiefe Liebe und Verbundenheit zu deinem Kind, die Freude an seinen Entwicklungsschritten, das Gefühl, gebraucht zu werden und einen wichtigen Beitrag zu leisten, die vielen unvergesslichen Momente des Lachens, des Kuschelns und des gemeinsamen Entdeckens – all das kann deinem Leben einen neuen, tiefen Sinn und eine unermessliche Bereicherung geben. Viele Väter berichten, dass sie durch ihre Kinder geduldiger, einfühlsamer, verantwortungsbewusster und auch glücklicher geworden sind.

Also, was auch immer die Zukunft bringen mag, mit deinem gut gefüllten Werkzeugkoffer der sieben väterlichen Kernkompetenzen und einer Haltung des Wachstumsdenkens bist du bestens gerüstet. Das Abenteuer Vaterschaft geht weiter – und du bist bereit dafür!

Euer Familien-Album voller Lacher und Liebe – Kleine Rituale, die Großes bewirken

Du hast jetzt schon eine ganze Menge Rüstzeug an der Hand, um die vielen neuen Herausforderungen und Abenteuer des Papa-Daseins zu meistern. Du weißt, wie du deine inneren Antennen für die Gefühle deiner Liebsten schärfst, wie du auch im größten Chaos einen kühlen Kopf bewahrst, wie du als Kommunikationsexperte und Teamplayer deine Partnerschaft stärkst, wie du Windeln wechselst wie ein Weltmeister und wie du deine ganz persönliche Vaterrolle findest und gestaltest. Das ist schon eine ganze Menge! Aber es gibt da noch so ein kleines, oft unterschätztes, aber ungemein kraftvolles Zaubermittel, das euren Familienalltag bereichern, ihm Struktur geben und eure Verbindung zueinander auf eine ganz besondere Weise vertiefen kann: die Rede ist von Familienritualen.

Klingt das jetzt für dich erstmal ein bisschen nach spießigem Reihenhaus-Mief, nach strengen Regeln oder nach komplizierten Zeremonien, für die im turbulenten Alltag mit Baby sowieso keine Zeit ist? Keine Sorge, darum geht es hier überhaupt nicht! Familienrituale sind vielmehr die kleinen und großen, oft ganz unspektakulären, aber regelmäßig wiederkehrenden Gewohnheiten, Traditionen und gemeinsamen Erlebnisse, die eurer Familie eine Seele geben, die eure ganz persönliche Geschichte schreiben und die wie ein unsichtbarer, aber unglaublich starker Klebstoff eure Herzen miteinander verbinden. Sie sind die bunten Farbtupfer in eurem Alltag, die geheimen Erkennungszeichen eures Familien-Clans, die kleinen Ankerpunkte, die euch Halt und Orientierung geben, wenn um euch herum mal wieder die Wellen hochschlagen. Und das Schönste daran: Du als Vater kannst diese Rituale ganz maßgeblich mitinitiieren, mitgestalten und mit Leben füllen!

Warum Rituale der Super-Dünger für euer Familienglück sind

Man könnte sich fragen: Braucht man das denn wirklich, diese Rituale? Reicht es nicht, wenn man sich liebt und füreinander da ist? Natürlich ist Liebe die Basis von allem. Aber Rituale sind so etwas wie der liebevoll gepflegte Garten, in dem diese Liebe wachsen, blühen und gedeihen kann. Sie haben eine immense psychologische Bedeutung für jeden Einzelnen und für das gesamte Familiengefüge.

Für dein Kind sind Rituale von Anfang an von unschätzbarem Wert. In einer Welt, die für ein kleines Baby oft noch groß, unübersichtlich und manchmal auch beängstigend ist, bieten ihm wiederkehrende Abläufe und Gewohnheiten eine ganz wichtige **Struktur und Vorhersehbarkeit**. Wenn es weiß, dass nach dem Abendessen immer die gemeinsame Kuschel- und Vorlesezeit mit Papa kommt, oder dass jeden Samstagmorgen Pfannkuchen gebacken werden, dann gibt ihm das ein tiefes Gefühl von **Sicherheit und Geborgenheit**. Es lernt: „Hier kenne ich mich aus, hier weiß ich, was passiert, hier bin ich sicher.“ Diese Verlässlichkeit ist ein ganz wichtiger Baustein für sein Urvertrauen.

Rituale helfen deinem Kind auch dabei, **Übergänge im Tagesablauf besser zu bewältigen**. Der Wechsel vom aufregenden Spielen zum ruhigen Ins-Bett-Gehen, der Abschied am Morgen, wenn du zur Arbeit gehst, oder auch größere Veränderungen wie der Beginn der Kita-Zeit – all das kann für ein kleines Kind stressig sein. Ein vertrautes Ritual, wie ein bestimmtes Lied, ein liebevoller Abschiedsgruß oder eine festgelegte Reihenfolge von Handlungen, kann hier wie eine kleine Brücke wirken, die ihm hilft, sich auf die neue Situation einzustellen und sich sicher zu fühlen.

Darüber hinaus stärken gemeinsame Rituale das **Wir-Gefühl und die Identität eurer Familie.** Sie schaffen gemeinsame Erlebnisse, gemeinsame Erinnerungen und ein Gefühl der Zugehörigkeit. Das „verrückte Papa-Frühstück" am Sonntag, bei dem nur ihr beide ganz bestimmte, alberne Dinge macht, oder der jährliche Familienausflug an immer denselben Ort – das sind die kleinen und großen Traditionen, die eure Familie einzigartig machen und die deinem Kind vermitteln: „Wir gehören zusammen, wir haben unsere ganz eigenen, besonderen Dinge, das ist unsere Familie." Diese Erlebnisse werden zu kostbaren Erinnerungen, die dein Kind sein Leben lang begleiten und ihm ein Gefühl von Wurzeln und emotionaler Heimat geben.

Und nicht zuletzt sind Rituale auch eine wunderbare Möglichkeit, **Werte zu vermitteln und emotionale Botschaften zu transportieren**. Wenn ihr zum Beispiel jeden Abend vor dem Schlafengehen kurz darüber sprecht, was an diesem Tag schön war oder wofür ihr dankbar seid, dann vermittelt ihr eurem Kind eine Haltung der Dankbarkeit und des positiven Denkens. Wenn du dein Kind jeden Abend mit einem bestimmten liebevollen Spruch ins Bett bringst, dann ist das weit mehr als nur eine Gewohnheit – es ist eine tägliche Bestätigung deiner Liebe und Zuneigung.

Aber Rituale sind nicht nur für dein Kind wichtig. Auch für euch als Eltern und als Paar können sie eine ungemein wertvolle Ressource sein. Sie helfen euch, den oft chaotischen Alltag zu strukturieren, bewusste Inseln der Ruhe und des Miteinanders zu schaffen und die Verbindung zueinander auch in stressigen Zeiten nicht zu verlieren. Ein gemeinsames Abendritual, nachdem das Baby schläft, bei dem ihr euch bei einer Tasse Tee über euren Tag austauscht, kann Wunder wirken für eure Paarbeziehung.

Eure Familien-Schatzkiste: 5 Ideen für schöne Rituale

Das Schöne an Ritualen ist: Sie müssen nicht kompliziert, teuer oder aufwendig sein. Oft sind es die ganz einfachen, von Herzen kommenden Dinge, die die größte Wirkung haben. Und du als Vater kannst hier eine ganz entscheidende Rolle spielen, indem du Rituale initiierst, sie mit deiner Persönlichkeit prägst und sie zu etwas ganz Besonderem für deine Familie machst. Hier sind fünf inspirierende Ideen, die du vielleicht als Anregung für eure ganz eigenen Familien-Traditionen nutzen kannst:

Das einzigartige Papa-Gutenacht-Ritual: Mehr als nur ein Kuss zum Schluss

Das Zubettgehen ist für viele Kinder (und auch für die Eltern!) ein wichtiger und manchmal auch sensibler Übergang. Ein liebevolles und verlässliches Gutenacht-Ritual, das nur dir und deinem Kind gehört, kann hier Wunder wirken und zu einem der innigsten Momente eures Tages werden. Das muss nichts Kompliziertes sein. Vielleicht ist es eine ganz bestimmte Reihenfolge von Handlungen: nach dem Zähneputzen noch eine kurze Geschichte vorlesen (immer dasselbe Lieblingsbuch oder jeden Abend ein neues Abenteuer), dann gemeinsam ein Schlaflied singen (auch wenn du glaubst, nicht singen zu können – deinem Kind ist das egal, es liebt deine Stimme!), ihm sanft den Rücken kraulen oder eine kleine Fantasiereise erzählen, bei der ihr gemeinsam zu den Sternen fliegt oder mutige Ritter seid. Vielleicht habt ihr auch einen speziellen „Papa-Gutenacht-Spruch", den nur du sagst, oder ein geheimes Handzeichen, das signalisiert: „Ich hab dich lieb, schlaf schön."

Ein Vater erzählte mir einmal, sein Ritual bestand darin, seinem Sohn jeden Abend, bevor das Licht ausgemacht wurde, drei Dinge zu sagen: „Ich bin stolz auf dich, weil... (hier nannte er etwas Konkretes, das der Sohn an diesem Tag gut gemacht oder gelernt hatte). Ich hab dich lieb, so wie du bist. Und ich freue mich schon auf morgen mit dir." Stell dir vor, was für eine unglaublich stärkende und liebevolle Botschaft das für ein Kind ist, jeden Abend mit diesen Worten einzuschlafen!

Der Knackpunkt ist die Regelmäßigkeit und die liebevolle Präsenz. Dieses Ritual gehört dann nur euch beiden, es ist eure exklusive Papa-Kind-Zeit, die deinem Kind Sicherheit gibt, ihm hilft, den Tag loszulassen und friedlich einzuschlafen, und die eure Bindung auf eine ganz besondere Weise stärkt. Es ist der Moment, in dem es deine ungeteilte Aufmerksamkeit hat und spürt: Papa ist für mich da.

Das „verrückte Frühstück am Samstagmorgen": Ein chaotisch-liebevoller Start ins Wochenende

Wer sagt eigentlich, dass Frühstücken immer gesittet und nach strengen Regeln ablaufen muss? Gerade am Wochenende, wenn vielleicht etwas mehr Zeit und Muße da ist, könnt ihr ein ganz besonderes Frühstücksritual etablieren, das zum Highlight eurer Woche wird. Das „verrückte Frühstück am Samstagmorgen" könnte so aussehen, dass ihr gemeinsam mit eurem Kind (sobald es alt genug ist, mitzuessen und mitzumachen) Dinge tut, die unter der Woche vielleicht nicht gehen: Pfannkuchen in lustigen Tierformen backen (auch wenn sie eher wie abstrakte Kunstwerke aussehen), das Müsli mit extra vielen bunten Streuseln verzieren, Kakao mit einem riesigen Sahneberg trinken, beim Essen alberne Lieder singen oder sich gegenseitig mit Brotkrümeln bewerfen (okay, letzteres vielleicht nur in Maßen und mit abwaschbaren Tischdecken).

Du als Papa könntest hier der Zeremonienmeister sein, der für die verrückten Ideen zuständig ist. Vielleicht gibt es jeden Samstag eine neue „Frühstücks-Challenge": Wer kann das lustigste Gesicht aus Obst auf seinem Teller legen? Wer kann die höchste Pfannkuchen-Turm bauen? Oder ihr esst einfach mal alles mit den Fingern. Wichtig ist nicht die Perfektion, sondern der gemeinsame Spaß, das Lachen, die Ausgelassenheit und das Gefühl, als Familie etwas Besonderes miteinander zu erleben. Solche Rituale brechen den Alltagstrott auf, schaffen eine positive und fröhliche Atmosphäre und werden zu unvergesslichen Kindheitserinnerungen. Und ganz nebenbei lernt dein Kind, dass

Essen auch Spaß machen kann und dass es schön ist, als Familie gemeinsam Zeit am Tisch zu verbringen.

Das jährliche (oder halbjährliche) Papa-Kind-Abenteuer: Exklusive Zeit für unvergessliche Erlebnisse

Wenn dein Kind etwas älter wird, sind exklusive Papa-Kind-Zeiten, in denen du nur mit ihm (oder später mit jedem deiner Kinder einzeln) etwas Besonderes unternimmst, Gold wert für eure Beziehung. Das muss keine teure Fernreise oder ein aufwendiges Event sein. Oft sind es die einfachen Dinge, die die größte Wirkung haben. Ein „Papa-Kind-Abenteuer" könnte ein jährlicher Ausflug in den Wald sein, bei dem ihr gemeinsam Stöcke sammelt, ein Lagerfeuer macht (natürlich nur an erlaubten Stellen und mit der nötigen Vorsicht!) und Stockbrot backt. Es könnte ein gemeinsamer Angeltag am See sein, auch wenn ihr vielleicht gar nichts fangt – allein die gemeinsame Zeit in der Natur und die Gespräche sind wertvoll. Es könnte ein Besuch im Technikmuseum sein, wenn dein Kind sich dafür interessiert, oder ein gemeinsamer Tag, an dem ihr nur das tut, was sich dein Kind wünscht (im Rahmen des Möglichen, versteht sich).

Der Clou bei solchen Abenteuern ist die Exklusivität und die ungeteilte Aufmerksamkeit. An diesem Tag (oder Nachmittag oder Wochenende) bist du nur für dieses eine Kind da. Das gibt ihm das Gefühl, etwas ganz Besonderes zu sein, stärkt sein Selbstwertgefühl und schafft eine ganz intensive Verbindung zwischen euch. Ihr habt Zeit für tiefergehende Gespräche, für gemeinsame Entdeckungen, für alberne Späße, die nur ihr beide versteht. Solche exklusiven Papa-Kind-Zeiten werden zu Meilensteinen in eurer Beziehung und zu Erinnerungen, von denen dein Kind noch lange zehren wird. Plane diese Abenteuer vielleicht schon im Voraus, steigere die Vorfreude und beziehe dein Kind in die Planung mit ein.

Das Familien-Motto oder der Familien-Schlachtruf: Euer gemeinsamer Anker und Identitätsstifter

Ein Familien-Motto oder ein gemeinsamer „Schlachtruf" mag auf den ersten Blick vielleicht etwas kitschig oder albern klingen, aber es kann eine unglaublich starke Wirkung haben, wenn es darum geht, das Wir-Gefühl zu stärken, gemeinsame Werte zu transportieren und euch als Familie eine einzigartige Identität zu geben. Ein Motto ist wie ein Leitsatz, der euch in guten wie in schlechten Zeiten begleitet und euch daran erinnert, was euch als Familie ausmacht und zusammenhält.

Setzt euch doch mal als Familie zusammen (sobald dein Kind alt genug ist, um mitzudenken und mitzureden) und überlegt gemeinsam: Was ist uns als Familie besonders wichtig? Was sind unsere gemeinsamen Stärken? Was wollen wir gemeinsam erreichen oder wie wollen wir miteinander umgehen? Daraus könnt ihr dann ein kurzes, prägnantes Motto entwickeln, das zu euch passt. Das kann etwas Ernsthaftes sein wie „Familie Müller – Zusammen sind wir stark!" oder „Wir halten immer zusammen, egal was kommt!". Es kann aber auch etwas Humorvolles oder Verspieltes sein wie „Team Chaos – aber mit ganz viel Liebe!" oder „Die verrückten Hühner vom Meierhof – immer für ein Abenteuer bereit!".

Dieser gemeinsame Leitspruch kann dann immer wieder in verschiedenen Situationen auftauchen – vielleicht als Begrüßung, wenn ihr euch nach längerer Trennung wiederseht, als Aufmunterung, wenn jemand traurig ist, oder als gemeinsamer Anfeuerungsruf, bevor ihr eine neue Herausforderung angeht. Er schafft ein Gefühl der Zusammengehörigkeit und erinnert euch immer wieder daran, dass ihr ein unschlagbares Team seid. Auch ein Familienwappen oder ein gemeinsames Symbol, das ihr vielleicht zusammen malt oder bastelt, kann eine ähnliche identitätsstiftende Wirkung haben.

Das „Erfolgs-High-Five" oder das „Gemeisterte-Herausforderung-Ritual": Kleine Erfolge feiern und Selbstvertrauen stärken

Das Leben mit Kindern ist voller kleiner und großer Herausforderungen – für die Kinder, aber auch für euch als Eltern. Und es ist genauso voller kleiner und großer Erfolge und Entwicklungsschritte. Es ist ungemein wichtig, diese Erfolge bewusst wahrzunehmen, sie zu würdigen und gemeinsam zu feiern. Das stärkt nicht nur das Selbstvertrauen deines Kindes, sondern auch euer Gefühl als kompetente Eltern und euer Zusammengehörigkeitsgefühl als Familie.

Etabliert doch ein kleines Ritual, um gemeisterte Herausforderungen oder erreichte Ziele zu feiern. Das kann ein ganz einfaches „Erfolgs-High-Five" sein, das ihr euch gegenseitig gebt, wenn dein Kind zum ersten Mal ohne Stützräder Fahrrad gefahren ist, wenn es eine schwierige Hausaufgabe gemeistert hat oder wenn es sich getraut hat, etwas zu tun, wovor es vorher Angst hatte. Es kann aber auch ein kleines Freudentänzchen sein, ein gemeinsamer Jubelruf oder ein spezielles „Belohnungsessen" (muss ja nicht immer Süßkram sein, vielleicht das Lieblingsgemüse oder ein besonders schön angerichteter Obstteller).

Auch für euch als Eltern ist es wichtig, eure eigenen Erfolge im oft anstrengenden Familienalltag zu sehen und wertzuschätzen. Wenn ihr als Paar eine schwierige Phase gemeistert habt, wenn ihr eine gute Lösung für ein Erziehungsproblem gefunden habt oder wenn ihr einfach nur stolz darauf seid, wie gut ihr den Tag mit einem kranken und quengeligen Kind überstanden habt – dann klopft euch gegenseitig auf die Schulter, gebt euch ein High-Five oder stoßt mit einem Glas Saft darauf an. Solche kleinen Rituale des Anerkennens und Feierns schaffen eine positive Atmosphäre, stärken das Selbstwertgefühl aller Familienmitglieder und motivieren euch, auch zukünftige Herausforderungen mit Zuversicht anzugehen. Ein wichtiger Gedanke dazu: Jeder kleine Erfolg zählt – macht das Sichtbarmachen und Feiern von Fortschritten zu einem festen Bestandteil eurer Familienkultur.

Das Wichtigste bei all diesen Ideen und Anregungen ist: **Es geht nicht darum, irgendwelche vorgefertigten Rituale sklavisch zu kopieren oder Perfektion anzustreben.** Die schönsten und wirkungsvollsten Rituale sind diejenigen, die aus eurer Familie heraus entstehen, die zu euren Persönlichkeiten, euren Werten und euren Bedürfnissen passen und die mit Liebe, Freude und echter Präsenz gefüllt sind. Sei kreativ, sei mutig, probiere Dinge aus und scheue dich nicht, auch mal etwas ganz Eigenes, vielleicht auch etwas Verrücktes oder Ungewöhnliches zu entwickeln. Entscheidend sind nicht die äußere

Form oder der materielle Aufwand, sondern die Regelmäßigkeit, die Verlässlichkeit und die liebevolle Absicht, die dahinterstecken. Es sind diese kleinen, beständigen Inseln der Verbundenheit, die eurem Familienalltag eine besondere Magie verleihen, die bleibende positive Erinnerungen schaffen und die deinem Kind ein tiefes Gefühl von Zugehörigkeit, Sicherheit und unerschütterlicher Liebe vermitteln. Und das, ist doch eines der größten Geschenke, die du deinem Kind und deiner Familie machen kannst.

Warum Rituale das emotionale Immunsystem deiner Familie stärken

Die Bedeutung von Familienritualen ist nicht nur eine Frage des Bauchgefühls oder der schönen Tradition, sondern sie ist auch aus entwicklungspsychologischer und familientherapeutischer Sicht vielfach belegt und von unschätzbarem Wert. Rituale sind weit mehr als nur nette Gewohnheiten – sie sind das emotionale Rückgrat einer Familie, die unsichtbaren Fäden, die das komplexe Gewebe familiärer Beziehungen zusammenhalten und stärken.

Für Kinder, insbesondere in den ersten Lebensjahren, in denen die Welt oft noch so groß, unübersichtlich und manchmal auch beängstigend erscheint, bieten Rituale eine ganz entscheidende **Orientierung und Struktur**. Wiederkehrende Abläufe, sei es das morgendliche Aufstehritual, das gemeinsame Abendessen oder das abendliche Zubettgehritual, schaffen eine vorhersehbare und berechenbare Umgebung. Diese Vorhersehbarkeit vermittelt Kindern ein tiefes Gefühl von **Sicherheit, Kontrolle und emotionaler Stabilität**. Sie wissen, was als Nächstes passiert, sie können sich darauf einstellen, und das reduziert Ängste und Unsicherheiten. Ein Kind, das weiß, dass nach dem Abendessen immer noch Zeit für eine gemeinsame Geschichte mit Papa ist, bevor es ins Bett geht, kann den Tag entspannter ausklingen lassen und sich leichter auf den Schlaf einlassen.

Darüber hinaus spielen Rituale eine ganz zentrale Rolle für den **Aufbau und die Festigung der Bindung** zwischen Eltern und Kindern. Gemeinsame, liebevoll gestaltete Rituale sind exklusive Zeiten der ungeteilten Aufmerksamkeit, der Nähe und der positiven Interaktion. In diesen Momenten fühlt sich dein Kind von dir gesehen, verstanden, angenommen und geliebt. Es spürt deine Präsenz, deine Wärme, deine Zuwendung. Diese intensiven Bindungserfahrungen sind wie Nahrung für seine Seele und stärken sein Urvertrauen in dich und in die Welt.

Familienrituale sind auch ein wichtiges Instrument zur **Identitätsbildung und zur Stärkung des Wir-Gefühls**. Sie schaffen eine gemeinsame Geschichte, gemeinsame Erinnerungen und ein Gefühl der Zugehörigkeit zu einer einzigartigen Gemeinschaft – eurer Familie. Das „geheime Familienpasswort", der alljährliche Ausflug an Omas Geburtstag oder der spezielle Pfannkuchen-Sonntag – all das sind exklusive Traditionen, die eure Familie von anderen unterscheiden und die jedem Familienmitglied signalisieren: „Hier gehöre ich hin, das sind meine Wurzeln, das ist meine emotionale Heimat." Dieses Gefühl der Verankerung ist besonders in späteren Lebensphasen, wenn die Kinder vielleicht selbst flügge werden, ein unschätzbarer Schatz.

Nicht zuletzt dienen Rituale auch der **Weitergabe von Werten, Normen und kulturellen Traditionen.** Wenn ihr als Familie regelmäßig gemeinsam esst und euch dabei austauscht, lernt euer Kind wichtige soziale Kompetenzen wie Zuhören, Erzählen, Rücksichtnahme. Wenn ihr bestimmte Feste im Jahreskreis auf eine für euch bedeutsame Weise feiert, vermittelt ihr eurem Kind ein Gefühl für kulturelle Zugehörigkeit und Kontinuität. Wenn ihr ein Ritual habt, um Erfolge zu feiern oder um Dankbarkeit auszudrücken, prägt das die Werthaltungen eures Kindes.

Zusammenfassend lässt sich sagen: Familienrituale sind weit mehr als nur lieb gewonnene Gewohnheiten. Sie sind ein aktiver und bewusster Weg, um die emotionalen Bedürfnisse aller Familienmitglieder nach Sicherheit, Geborgenheit, Zugehörigkeit und Liebe zu nähren. Sie sind wie kleine, aber feine Bausteine, aus denen ihr Tag für Tag euer ganz persönliches, stabiles und liebevolles Familienhaus errichtet. Sie schaffen ein **positives Familiengedächtnis**, einen Schatz an gemeinsamen, glücklichen Erinnerungen, auf den ihr alle immer wieder gerne zurückblicken und aus dem ihr Kraft schöpfen könnt, besonders dann, wenn das Leben mal wieder stürmischere Zeiten für euch bereithält. Indem du als Vater diese Rituale aktiv mitgestaltest und mit Leben füllst, leistest du einen unschätzbaren Beitrag zur emotionalen Gesundheit und zum Glück deiner ganzen Familie.

Das kleine Papa-Wörterbuch
(Damit du nicht ganz ahnungslos dastehst)

Im aufregenden Universum von Schwangerschaft, Geburt und Babyzeit fliegen einem manchmal Begriffe um die Ohren, bei denen man als Normalsterblicher nur mit den Schultern zuckt. Damit du nicht völlig im Dunkeln tappst und bei der nächsten Fachsimpelei mit Hebamme, Arzt oder deiner Partnerin zumindest einen souveränen Eindruck hinterlässt, kommt hier dein ultimativer Spickzettel. Kurz, bündig und mit einem Augenzwinkern!

A

- **Adaptionsphase (Babys erster Kulturschock – und deiner auch):** Die ersten Tage, in denen sich dein Baby an die Welt außerhalb von Mamas Bauch gewöhnt. Atmen, essen, schlafen – alles neu! Auch für dich.
- **Amnioskopie (Der Fruchtwasser-TÜV):** Ein kurzer Blick durchs „Schlüsselloch" (Muttermund) gegen Ende der Schwangerschaft, um zu checken, ob das Fruchtwasser klar ist. Meist Routine, kein Grund zur Aufregung.
- **Amniotomie (Der sanfte Stupser für die Fruchtblase):** Manchmal wird die Fruchtblase künstlich geöffnet, um die Wehen anzukurbeln. Klingt wilder, als es ist, und tut deiner Partnerin nicht weh.
- **APGAR-Test (Babys Blitz-Check nach der Landung):** Direkt nach der Geburt bekommt dein Baby seine erste „Bewertung" in fünf Kategorien (Atmung, Puls,

Muskelspannung, Aussehen, Reflexe). Zehn Punkte sind die Champions League, aber auch weniger ist oft total okay.

- **Attachment Parenting (Die Kuschel-Flatrate):** Ein Erziehungsstil mit viel Körperkontakt, gemeinsamem Schlafen und schnellem Reagieren auf Babys Bedürfnisse. Klingt nach viel Liebe? Ist es auch!

B

- **Basaltemperaturmethode (Das Thermometer-Orakel für den Eisprung):** Wenn ihr noch am „Baby basteln" seid: Deine Partnerin misst morgens ihre Temperatur, um die fruchtbaren Tage zu erwischen. Dein Job: Daumendrücken und zur richtigen Zeit am Start sein.
- **Beckenendlage (Wenn der Popo zuerst kommt):** Dein Baby hat sich entschieden, mit dem Hintern voran auf die Welt zu wollen, statt mit dem Kopf. Kein Grund zur Panik, aber Anlass für ein gutes Gespräch mit den Geburtshelfern über die beste Strategie.
- **Beikost (Der Startschuss zur kulinarischen Entdeckungsreise – mit Soßengarantie):** Meist ab dem 5. bis 7. Monat darf dein Baby neben Milch auch Brei probieren. Sei bereit für neue Wandfarben in Karotte und epische Lätzchen-Schlachten.
- **Bindung (Das unsichtbare Gummiband zwischen dir und deinem Kind):** Entsteht durch Nähe, Vertrauen und Verlässlichkeit. Hält ein Leben lang und ist stärker als jeder Sekundenkleber.
- **Blasensprung (Der feuchte Vorhang fällt – die Show beginnt!):** Wenn die Fruchtblase platzt, ist das oft das Zeichen: Es geht los! Kann ein Schwall sein oder nur Tröpfchen. In jedem Fall: Tasche packen und Hebamme anrufen!
- **Bonding (Liebe auf den ersten Hautkontakt):** Baby nackt auf deine oder Mamas Brust direkt nach der Geburt. Beruhigt, wärmt, macht glücklich und ist wie Dünger für die Beziehung. Unbedingt machen!

C

- **CTG (Cardiotokographie – Die Herzschlag-Charts deines Babys):** Überwacht die Herztöne deines Kindes und die Wehen deiner Partnerin. Spannend, dem kleinen Herzen zuzuhören, aber die Interpretation der Kurven überlässt du besser den Profis.
- **Colostrum (Babys flüssiges Gold – der erste Power-Drink):** Die allererste Milch, die deine Partnerin produziert. Super nahrhaft und voll mit Antikörpern – der beste Willkommens-Cocktail für dein Baby.

D

- **Dammschnitt (Episiotomie – Der kleine Schnitt, der manchmal nötig ist):** Ein kleiner Schnitt am Damm, um die Geburt zu erleichtern. Wird nicht standardmäßig gemacht und nur mit Zustimmung (außer im Notfall). Heilt meist gut.
- **Doula (Deine persönliche Geburts-Fee und Mental-Coach):** Eine nicht-medizinische Begleiterin, die euch vor, während und nach der Geburt emotional und praktisch zur Seite steht. Kann eine super Unterstützung sein.
- **Dreimonatskoliken (Die Phase, in der dein Baby zum Opernsänger wird – und du zum Dauertröster):** Wenn dein Baby in den ersten Monaten oft und langanhaltend schreit, ohne dass du einen klaren Grund findest. Anstrengend, aber es geht vorbei! Viel Nähe und Geduld sind jetzt gefragt.

E

- **Eisen (Das Dopingmittel für Schwangere – ganz legal!):** Viele Schwangere brauchen extra Eisen, damit sie und das Baby gut versorgt sind. Achte darauf, dass deine Partnerin eisenreich isst oder bei Bedarf (nach Absprache mit dem Arzt!) Eisenpräparate nimmt. Macht müde Mamas munter.
- **Einleitung (Der sanfte Schubs, wenn das Baby sich Zeit lässt):** Wenn die Geburt nicht von alleine losgeht oder es medizinische Gründe gibt, kann sie künstlich eingeleitet werden, z.B. mit Medikamenten. Kann etwas dauern, also Geduld mitbringen.
- **Elterngeld (Die staatliche Finanzspritze für die Baby-Auszeit):** Damit ihr euch nach der Geburt Zeit für euer Kind nehmen könnt, ohne gleich am Hungertuch zu nagen. Gibt's in verschiedenen Varianten – rechtzeitig informieren und beantragen!
- **Elternzeit (Deine offizielle Auszeit vom Job für volle Papa-Power):** Dein gutes Recht, nach der Geburt eine Weile nicht zu arbeiten, um für dein Kind da zu sein. Unbedingt nutzen, um die erste intensive Zeit mitzuerleben!
- **Embryo (Dein Baby im Mini-Format):** So heißt euer Nachwuchs in den ersten etwa acht Wochen der Schwangerschaft. Danach wird er zum Fötus. Klingt wissenschaftlich, ist aber einfach nur euer kleines Wunder in der Entwicklungsphase.
- **Emotionale Intelligenz (Dein eingebauter Gefühls-Kompass):** Die Fähigkeit, deine eigenen Gefühle und die deiner Liebsten zu verstehen und klug darauf zu reagieren. Macht dich zum Beziehungs-Ninja und Super-Papa.
- **Erstausstattung (Das Shopping-Abenteuer vor dem Baby-Abenteuer):** Alles, was ihr für den Start mit Baby braucht – von Windeln über Strampler bis zum Kinderwagen. Kann schnell zur Materialschlacht ausarten. Gute Planung und eine „Weniger-ist-mehr"-Haltung helfen.

F

- **Familienbett (Die große Kuschelzone – oder der nächtliche Ringkampf):** Wenn das Baby mit im Elternbett schläft. Kann super für die Bindung sein, aber auch den Schlaf der Eltern torpedieren. Sprecht drüber, was für euch als Familie passt.
- **Feindiagnostik (Der große Baby-TÜV mit 3D-Bildern):** Eine spezielle Ultraschalluntersuchung (meist um die 20. Woche), bei der Organe und Entwicklung des Babys ganz genau angeschaut werden. Oft ein sehr emotionaler Moment, wenn ihr euer Kind so detailliert seht.
- **Fontanelle (Die weiche Stelle am Babykopf – kein Grund zur Panik!):** Die Knochenplatten am Schädel deines Babys sind noch nicht ganz zusammengewachsen, deshalb gibt es da oben diese weiche Stelle. Ist normal und wichtig, damit das Köpfchen bei der Geburt flexibel ist und das Gehirn wachsen kann. Vorsichtig sein, aber keine übertriebene Angst haben.
- **Folsäure (Das Super-Vitamin für den Zellbaukasten):** Ein wichtiges Vitamin (B9), das deine Partnerin schon vor und während der Schwangerschaft nehmen sollte, weil es superwichtig für die gesunde Entwicklung des Babys ist, besonders für das Nervensystem.
- **Fruchtblase (Babys erste Einraumwohnung mit Pool):** Die Hülle im Bauch deiner Partnerin, gefüllt mit Fruchtwasser, in der euer Baby gemütlich heranwächst. Wenn sie platzt (Blasensprung), geht's meist bald los mit der Geburt.
- **Fruchtwasser (Der private Swimmingpool deines Babys):** Die Flüssigkeit in der Fruchtblase. Schützt dein Baby vor Stößen und hält es warm. Die Farbe kann Hinweise auf Babys Wohlbefinden geben (siehe Amnioskopie).
- **Fötus (Dein Baby nach der Embryo-Phase – jetzt wird's konkret!):** Ab der neunten Schwangerschaftswoche, wenn die wichtigsten Organe angelegt sind, spricht man vom Fötus. Von da an geht's vor allem ums Wachsen und Reifen.

G

- **Gatekeeping (Wenn einer meint, er hätte den Schlüssel zur Baby-Kompetenz):** Passiert, wenn ein Elternteil (oft unbewusst) dem anderen den Zugang zu bestimmten Aufgaben rund ums Baby erschwert oder ihn ständig korrigiert. Führt zu Frust und weniger Teamwork. Offen drüber reden hilft!
- **Geburtsplan (Euer Wunschzettel für die Entbindung):** Hier könnt ihr eure Wünsche und Vorstellungen für die Geburt festhalten. Kein starres Gesetz, aber eine gute Grundlage für Gespräche mit Hebammen und Ärzten.
- **Gelbsucht (Neugeborenen-Ikterus – Wenn dein Baby aussieht wie ein kleiner Osterhase):** Viele Neugeborene haben in den ersten Tagen eine leicht gelbliche

Hautfarbe. Das liegt daran, dass ihre Leber noch etwas überfordert ist mit dem Abbau eines bestimmten Blutfarbstoffs. Meist harmlos und geht von alleine weg, wird aber vom Arzt oder der Hebamme beobachtet.

- **GVK (Geburtsvorbereitungskurs – Das Trainingslager für werdende Eltern):** Hier lernt ihr nicht nur Hecheln, sondern auch viel Wissenswertes über Geburt, Wochenbett und die erste Zeit mit Baby. Super, um Unsicherheiten abzubauen und andere Paare kennenzulernen.

H

- **Hebamme (Deine wichtigste Verbündete rund um Schwangerschaft und Geburt):** Die Fachfrau für alles, was mit Schwangerschaft, Geburt, Wochenbett und Stillen zu tun hat. Sucht euch frühzeitig eine, der ihr vertraut – sie ist Gold wert!
- **Heißhunger (Wenn saure Gurken mit Nutella plötzlich zur Delikatesse werden):** Ein klassisches Schwangerschaftsphänomen. Deine Partnerin entwickelt plötzlich Gelüste auf die abenteuerlichsten Lebensmittelkombinationen. Nimm's mit Humor und sei ein guter Einkäufer.
- **Hormone (Die kleinen Quälgeister und Glücksbringer in der Schwangerschaft):** Die Botenstoffe, die im Körper deiner Partnerin gerade eine Riesenparty feiern und für Stimmungsschwankungen, Übelkeit, aber auch für das Wachstum eures Babys verantwortlich sind. Manchmal zum Verrücktwerden, aber absolut notwendig.

I

- **Impfen (Der kleine Pieks für großen Schutz):** Ein wichtiges Thema, über das ihr euch gut informieren und mit eurem Kinderarzt sprechen solltet. Impfungen schützen euer Kind vor gefährlichen Krankheiten.
- **Intervall (Der Abstand zwischen den Wehen – erst lang, dann immer kürzer):** Am Anfang kommen die Wehen vielleicht nur alle 15-20 Minuten, gegen Ende dann in immer kürzeren Abständen. Die Länge der Intervalle ist ein wichtiger Hinweis darauf, wie weit die Geburt fortgeschritten ist.

K

- **Kaiserschnitt (Sectio – Wenn das Baby durchs „Schiebedach" kommt):** Eine Operation, bei der das Baby durch einen Schnitt in der Bauchdecke und Gebärmutter auf die Welt geholt wird. Kann geplant sein oder medizinisch notwendig werden. Auch hier ist deine Unterstützung für deine Partnerin superwichtig.
- **Kindspech (Mekonium – Babys erste, etwas klebrige Hinterlassenschaft):** Der erste Stuhlgang deines Babys. Ist schwarz-grünlich, zäh und geruchlos. Sieht gewöhnungsbedürftig aus, ist aber völlig normal.

- **Kindslage (Wie dein Baby im Bauch liegt – Kopf nach unten ist der Klassiker):** Beschreibt die Position deines Babys in der Gebärmutter kurz vor der Geburt. Die häufigste und günstigste ist die Schädellage (Kopf nach unten).
- **Koliken (siehe Dreimonatskoliken – Die Bauchweh-Phase):** Oft als Dreimonatskoliken bezeichnet, sind das Phasen mit untröstlichem Schreien, meist wegen Bauchschmerzen. Eine echte Geduldsprobe für euch als Eltern.
- **Kreißsaal (Die Geburts-Arena oder das Willkommens-Zimmer):** Der Raum im Krankenhaus oder Geburtshaus, in dem dein Baby auf die Welt kommt. Hier spielt sich das große Finale ab!

M

- **Mental Load (Der unsichtbare Rucksack voller To-Dos):** Die ganze Denkarbeit und Organisationsverantwortung, die oft (noch) bei Müttern hängen bleibt – vom nächsten Arzttermin über das Geburtstagsgeschenk für Oma bis zum Einkaufszettel. Teilt euch das als Team!
- **Milcheinschuss (Wenn aus der Brust ein Milch-Vulkan wird):** Ein paar Tage nach der Geburt schießt bei deiner Partnerin die „richtige" Milch ein. Die Brüste können dann spannen, anschwellen und sehr empfindlich sein. Viel Unterstützung und Geduld sind jetzt gefragt.
- **Moro-Reflex (Der Baby-Fallschirmspringer-Reflex):** Ein angeborener Reflex bei Neugeborenen. Wenn sie sich erschrecken oder das Gefühl haben zu fallen, reißen sie die Ärmchen auseinander und spreizen die Finger. Sieht dramatisch aus, ist aber normal und verschwindet mit der Zeit.
- **Mutterpass (Das Tagebuch der Schwangerschaft):** Ein wichtiges Heftchen, in dem alle wichtigen Daten und Untersuchungsergebnisse während der Schwangerschaft dokumentiert werden. Deine Partnerin sollte ihn immer dabeihaben.
- **Muttermund (Das Tor zur Welt für dein Baby):** Der untere Teil der Gebärmutter, der sich während der Geburt öffnet, um deinem Baby den Weg freizumachen. Die Öffnung wird in Zentimetern gemessen – bei zehn Zentimetern ist er „vollständig eröffnet", und es geht in den Endspurt.

N

- **Nabelschnur (Die erste Verbindung – und dein großer Auftritt beim Durchschneiden?):** Die Lebensader zwischen deiner Partnerin und dem Baby im Bauch, die es mit Sauerstoff und Nährstoffen versorgt. Nach der Geburt wird sie abgeklemmt und durchtrennt. Vielleicht darfst du ja diesen symbolischen Akt übernehmen?

- **Nestbautrieb (Wenn deine Partnerin zur Inneneinrichtungs-Queen mutiert):** Besonders im letzten Schwangerschaftsdrittel entwickeln viele Frauen einen starken Drang, alles für das Baby vorzubereiten und das Zuhause gemütlich zu machen. Unterstütze sie dabei, aber behalte auch das Budget im Auge.
- **Neugeborenenscreening (Der erste Gesundheits-Check für dein Baby):** Eine Untersuchung in den ersten Lebenstagen, bei der ein paar Tropfen Blut aus der Ferse deines Babys entnommen werden, um auf seltene, aber behandelbare angeborene Stoffwechselstörungen und hormonelle Erkrankungen zu testen. Wichtig und sinnvoll!

O

- **Oxytocin (Das Kuschel-, Liebes- und Bindungshormon):** Ein körpereigenes Hormon, das bei schönen Dingen wie Kuscheln, Sex, aber auch während der Geburt und beim Stillen ausgeschüttet wird. Es fördert die Wehen, den Milchfluss und vor allem die liebevolle Bindung zwischen euch als Eltern und zu eurem Baby. Also: Kuscheln was das Zeug hält!

P

- **PDA (Periduralanästhesie – Die Rückenmarkspritze gegen Wehenschmerz):** Eine wirksame Methode zur Schmerzlinderung während der Geburt. Dabei wird ein Betäubungsmittel in die Nähe des Rückenmarks gespritzt. Kann eine große Erleichterung sein, hat aber auch mögliche Nebenwirkungen. Informiert euch gut darüber.
- **Plazenta (Mutterkuchen – Babys Versorgungszentrale im Bauch):** Das Organ, das sich während der Schwangerschaft in der Gebärmutter bildet und dein Baby über die Nabelschnur mit allem Lebenswichtigen versorgt. Wird nach der Geburt des Kindes als „Nachgeburt" ebenfalls geboren.
- **Postnatale Depression (Der Baby-Blues, der nicht weggeht – auch für Papas!):** Eine ernstzunehmende depressive Erkrankung, die Mütter, aber auch Väter nach der Geburt entwickeln können. Symptome sind z.B. anhaltende Traurigkeit, Erschöpfung, Schuldgefühle, Interesselosigkeit. Wichtig: Hilfe suchen!
- **Pucken (Das Baby-Burrito-Wickeln für ruhige Nächte):** Eine alte Wickeltechnik, bei der das Baby relativ eng in ein Tuch eingewickelt wird. Soll ihm ein Gefühl von Begrenzung und Geborgenheit wie im Mutterleib vermitteln und kann bei unruhigen Babys helfen, besser zu schlafen. Lasst es euch von eurer Hebamme zeigen, wenn ihr es ausprobieren wollt.

R

- **Reflux (Wenn Milch den Rückwärtsgang einlegt):** Viele Babys spucken nach dem Trinken etwas Milch wieder aus. Das ist meist harmlos, solange das Baby gut zunimmt. Bei starkem oder schwallartigem Erbrechen den Kinderarzt fragen.
- **Rooming-in (Baby schläft im Elternzimmer – 24/7 Service):** Bedeutet, dass dein Baby nach der Geburt im Krankenhaus mit im Zimmer deiner Partnerin schläft und nicht auf einer separaten Neugeborenenstation. Super für das erste Kennenlernen und den Bindungsaufbau.
- **Rückbildungsgymnastik (Mamas Fitnessprogramm nach der Geburt):** Wichtige Übungen, die deiner Partnerin helfen, ihren Beckenboden und ihre Bauchmuskulatur nach der Schwangerschaft und Geburt wieder zu stärken. Unterstütze sie dabei, sich die Zeit dafür zu nehmen.

S

- **Schädellage (Die Pole-Position für die Geburt):** Die häufigste und für eine normale Geburt günstigste Kindslage, bei der das Baby mit dem Kopf nach unten im Becken liegt.
- **Schlafmangel (Der natürliche Feind aller jungen Eltern):** Du wirst ihn kennenlernen. Und du wirst lernen, mit ihm zu leben. Akzeptanz, Teamwork und jede mögliche Mütze Schlaf sind deine besten Waffen.
- **Schreibaby (Ein Baby, das seine Stimmbänder besonders intensiv trainiert):** Ein Baby, das über viele Wochen hinweg oft und langanhaltend schreit, ohne dass immer ein klarer Grund erkennbar ist. Extrem fordernd für die Eltern – scheut euch nicht, Hilfe zu suchen!
- **Schwangerschaftsdemenz (Wenn „Was wollte ich nochmal?“ zum Dauerzustand wird):** Die charmante Umschreibung für die Vergesslichkeit und Konzentrationsschwäche, unter der viele Schwangere (und auch junge Mütter) leiden. Nimm's mit Humor und sei ein guter Gedächtnis-Sherpa.
- **Sodbrennen (Das Feuer im Hals der Schwangeren):** Ein häufiges und unangenehmes Schwangerschaftsleiden, verursacht durch Hormone und den Druck des Babys auf den Magen. Kleine Mahlzeiten und bestimmte Hausmittel können helfen.
- **Stillen (Babys beste Bar – und Papas wichtige Support-Rolle):** Muttermilch ist die beste Nahrung für dein Baby. Auch wenn du nicht direkt stillen kannst, kannst du deine Partnerin unglaublich unterstützen: Ruhe schaffen, Getränke reichen, sie ermutigen, das Baby danach zum Bäuerchen nehmen.
- **Symptothermale Methode (Temperatur und Schleim – die Zyklus-Detektive):** Eine Methode der natürlichen Familienplanung, bei der neben der

Basaltemperatur auch die Beschaffenheit des Zervixschleims beobachtet wird, um die fruchtbaren Tage zu bestimmen.

T

- **Tragetuch/Tragehilfe (Die mobile Kuschelhöhle für dein Baby):** Super praktisch, um dein Baby nah bei dir zu haben, ihm Geborgenheit zu geben und trotzdem die Hände frei zu haben. Achte auf eine ergonomisch korrekte Trageweise.
- **Trotzphase (Wenn dein kleiner Engel plötzlich Hörner bekommt):** Eigentlich Autonomiephase genannt. Die Zeit (meist so ab 1,5 - 2 Jahren), in der dein Kind seinen eigenen Willen entdeckt und diesen auch lautstark kundtut. Eine wichtige Entwicklungsphase, die viel Geduld erfordert.

U

- **Ultraschall (Das erste Baby-Foto – noch etwas verschwommen, aber schon voller Liebe):** Die Untersuchung, bei der ihr euer Baby zum ersten Mal auf einem Bildschirm sehen könnt. Ein magischer Moment! Gibt es meist dreimal in der Schwangerschaft als reguläre Vorsorge.
- **Urvertrauen (Das stabile Fundament für ein glückliches Leben):** Das tiefe innere Gefühl deines Kindes, dass die Welt ein sicherer Ort ist und dass es sich auf seine Bezugspersonen verlassen kann. Entsteht durch liebevolle, verlässliche und feinfühlige Fürsorge.

V

- **Vaterschaftsanerkennung (Der offizielle Stempel: „Ja, ich bin der Papa!"):** Wichtig, wenn ihr nicht verheiratet seid, damit du rechtlich als Vater anerkannt wirst. Am besten schon während der Schwangerschaft erledigen.
- **Vorsorgeuntersuchungen (Der regelmäßige Check-up für Mama und Baby):** Die Termine beim Frauenarzt oder der Hebamme während der Schwangerschaft, bei denen geschaut wird, ob es deiner Partnerin und dem Baby gut geht. Begleite sie so oft wie möglich!

W

- **Wehen (Die „Wellen", die dein Baby ans Licht der Welt bringen):** Die Kontraktionen der Gebärmutter, die den Muttermund öffnen und das Baby durch den Geburtskanal schieben. Können ganz schön intensiv sein – deine Partnerin ist eine Heldin!
- **Wochenbett (Die Kuschel- und Erholungszeit nach der Geburt – auch für dich!):** Die ersten sechs bis acht Wochen nach der Geburt. Eine sensible Zeit, in der sich deine Partnerin von den Strapazen erholen muss, ihr euch als

Familie kennenlernt und das Stillen sich einspielt. Schafft euch viel Ruhe und Unterstützung.

- **Wochenfluss (Die natürliche „Aufräumaktion“ nach der Geburt):** Die Blutung aus der Gebärmutter nach der Geburt, die einige Wochen andauern kann. Völlig normal und ein Zeichen, dass sich alles wieder zurückbildet.
- **Wundschutzcreme (Der Schutzschild für Babys zarten Po):** Hilft, einem wunden Po vorzubeugen oder ihn zu heilen. Gehört in jede Wickeltasche.

Das war ein erster Ritt durch das Papa-Vokabular. Sicherlich nicht vollständig, aber es gibt dir schon mal einen guten Überblick und hoffentlich auch den einen oder anderen Schmunzler. Du wirst sehen, mit der Zeit wirst du zum echten Experten und kannst dann selbst die kniffligsten Baby-Fachbegriffe mit links erklären!

Ein letzter Gedanke für deinen Weg

Wir sind also am Ende unserer gemeinsamen Reise durch die aufregende Welt des Vaterwerdens und der ersten, so prägenden Zeit als Papa. Wenn du dieses Buch bis hierher gelesen hast, dann erstmal: Hut ab und meinen allergrößten Respekt! Allein die Tatsache, dass du dich so intensiv mit deiner neuen Rolle auseinandergesetzt, dich informiert und vielleicht auch die eine oder andere Übung ausprobiert hast, zeigt, dass du es ernst meinst. Es zeigt, dass du nicht nur irgendwie Vater werden, sondern ein wirklich guter, präsenter und liebevoller Papa für dein Kind und ein starker Partner für deine Frau sein möchtest. Und das ist schon die halbe Miete, glaub mir!

Du hast dich durch die sieben essenziellen Fähigkeiten gearbeitet, die dir helfen werden, die vielen kleinen und großen Herausforderungen des Papa-Alltags zu meistern und diese einzigartige Zeit mit Freude und Zuversicht zu gestalten. Du hast gelernt, deinen inneren Gefühls-Radar feiner einzustellen, um dich selbst und deine Liebsten besser zu verstehen. Du hast erkannt, wie wichtig eine offene und ehrliche Kommunikation für ein starkes Eltern-Team ist. Du hast dich mit den praktischen Dingen des Baby-Alltags vertraut gemacht und hoffentlich gemerkt, dass Wickeln, Füttern und Trösten keine unlösbaren Aufgaben sind, sondern wunderbare Gelegenheiten für Nähe und Verbindung. Du hast Strategien an die Hand bekommen, um auch im größten Chaos einen kühlen Kopf zu bewahren und deine inneren Akkus wieder aufzuladen. Du hast erfahren, wie du eine unzerstörbare Bindung zu deinem Kind aufbaust und warum deine ganz persönliche Art, Vater zu sein, Gold wert ist. Und du hast dich mit der aktiven Gestaltung deiner Vaterrolle und der Wichtigkeit von Selbstfürsorge auseinandergesetzt. Das ist ein ziemlich beeindruckendes Rüstzeug, das du dir da angeeignet hast!

Aber bei all dem Wissen, all den Tipps und all den Anregungen, die du in diesem Buch gefunden hast, ist mir eines ganz besonders wichtig, dir mit auf den Weg zu geben: **Vertraue auf dich und gehe deinen eigenen, ganz individuellen Weg als Vater!** Es gibt nicht den einen „richtigen" Weg, ein guter Papa zu sein. Jedes Kind ist anders, jede Familie ist anders, und auch du als Vater bist einzigartig. Was für den einen funktioniert, muss für den anderen noch lange nicht passen. Nutze die Anregungen aus diesem Buch als Inspiration, als Werkzeugkasten, aus dem du dir das herausnimmst, was sich für dich und deine Familie stimmig anfühlt. Aber habe auch den Mut, Dinge anders zu machen, eigene Lösungen zu finden, auf dein Bauchgefühl zu hören und deiner Intuition zu vertrauen. Du wirst mit der Zeit und mit wachsender Erfahrung immer besser spüren, was dein Kind braucht und was für euch als Familie der richtige Weg ist.

Und noch etwas ganz Wichtiges: **Erlaube dir, Fehler zu machen!** Niemand wird als perfekter Vater geboren. Das Vatersein ist ein Lernprozess, eine Abenteuerreise mit vielen unvorhergesehenen Wendungen, mit Momenten des Triumphs, aber auch mit Momenten der Unsicherheit, der Frustration oder des Scheiterns. Das gehört alles dazu! Sieh Fehler nicht als persönliches Versagen, sondern als wertvolle Lernchancen, als Gelegenheiten, dich weiterzuentwickeln und neue Erkenntnisse zu gewinnen. Sei nachsichtig mit dir selbst, so wie du es auch mit deinem Kind sein wirst, wenn es lernt zu laufen und dabei hundertmal hinfällt, bevor es sicher auf eigenen Beinen steht. Klopfe dir auf die Schulter für deinen Mut, dich auf dieses Abenteuer einzulassen, für deine Bereitschaft zu lernen und für jeden kleinen Schritt, den du auf deinem Weg als Vater machst. Es geht nicht darum, perfekt zu sein, sondern darum, echt zu sein, präsent zu sein und mit ganzem Herzen bei der Sache zu sein.

Die Zeit mit deinem Kind, besonders das erste Jahr, ist so unglaublich kostbar und vergeht oft wie im Flug. Versuche, diese Momente so intensiv und bewusst wie möglich zu genießen. Die ersten zahnlosen Lächeln, die kleinen Patschehändchen, die nach deinem Finger greifen, das wohlige Seufzen, wenn dein Baby auf deiner Brust einschläft, die ersten gemeinsamen Entdeckungsreisen auf dem Spielplatz – all das sind unbezahlbare Augenblicke, die dein Herz zum Überlaufen bringen werden und die dir niemand mehr nehmen kann. Sammle diese Momente wie kostbare Perlen in deinem Herzen, sie werden dir Kraft geben, auch wenn es mal anstrengend wird.

Du stehst am Anfang einer der aufregendsten, herausforderndsten und gleichzeitig erfüllendsten Reisen deines Lebens. Es wird nicht immer einfach sein, es wird schlaflose Nächte geben, Momente der Überforderung und vielleicht auch mal Zweifel. Aber es wird auch unzählige Momente puren Glücks, tiefer Liebe und unbändiger Freude geben. Du hast jetzt ein gutes Rüstzeug an der Hand, um diese Reise selbstbewusst und mit Freude anzugehen. Vertraue auf deine Fähigkeiten, vertraue auf deine Partnerin, vertraue auf euer Teamwork und vor allem: Vertraue auf dich als Papa! Du hast das Zeug dazu, ein großartiger Vater zu sein – ein Vater, der seinem Kind Liebe, Sicherheit, Geborgenheit und die Wurzeln für ein glückliches Leben schenkt.

Ich wünsche dir und deiner wachsenden Familie von Herzen alles erdenklich Gute, unendlich viele Glücksmomente, starke Nerven, wenn sie mal gebraucht werden, und vor allem eine unvergessliche und wundervolle Zeit auf eurem gemeinsamen Abenteuer.

Quellenverzeichnis

Goleman, D. & Davidson, R.J. (2022). Altered Traits: Science Reveals How Meditation Changes Your Mind, Brain, and Body. Penguin Random House, New York, NY.

Gottman, J.M. & Gottman, J.S. (2021). The Love Prescription: Seven Days to More Intimacy, Connection, and Joy. Penguin Life, New York, NY.

Hüther, G. (2022). Liebevoll erziehen: Was Kinder wirklich brauchen – Die neuesten Erkenntnisse aus der Gehirnforschung für einen entspannten Familienalltag. GU Verlag, München, Deutschland.

Siegel, D.J. & Bryson, T.P. (2020). The Power of Showing Up: How Parental Presence Shapes Who Our Kids Become and How Their Brains Get Wired. Ballantine Books, New York, NY.

Feldman, R. (2021). Maternal and Paternal Synchrony and the Co-regulation of Crying in Infancy: Implications for Mental Health. Current Opinion in Psychology, 41, 96-102.

Grossmann, K. & Grossmann, K.E. (2021). Bindungen – Das Gefüge psychischer Sicherheit (Aktualisierte Neuausgabe). Klett-Cotta, Stuttgart, Deutschland.

Holzheuer, M. (2023). Ja, Schatz! Und was ich sonst noch gern gesagt hätte... Kommunikation in der Partnerschaft – Das Survival-Buch für Männer. Kösel-Verlag, München, Deutschland.

Scharf, M. & Shulman, S. (Eds.). (2022). Fathers in a Evolving World: Roles, Involvements, and Developmental Effects. Springer, Cham, Schweiz.

Gottman, J.M., Gottman, J.S., & Abrams, D. (2022). Fight Right: How Successful Couples Turn Conflict into Connection. Harmony, New York, NY.

Kasten, H. (2022). Paare heute: Zwischen Wunsch und Wirklichkeit – Psychologische Einblicke. Springer, Berlin, Deutschland.

Bundesministerium für Familie, Senioren, Frauen und Jugend (BMFSFJ). (2024). Elterngeld und Elternzeit. Das Bundeselterngeld- und Elternzeitgesetz. BMFSFJ, Berlin, Deutschland.

Stiftung Warentest. (2023). Babys erstes Jahr: Alles, was Eltern wissen müssen – Pflege, Ernährung, Entwicklung, Gesundheit. Stiftung Warentest, Berlin, Deutschland.

Deutsche Liga für das Kind (Hrsg.). (2022). Das Baby – Alles über das erste Lebensjahr. Beltz, Weinheim, Deutschland.

Largo, R.H. (2021). Babyjahre: Entwicklung und Erziehung in den ersten vier Jahren (Vollständig überarbeitete Neuausgabe). Piper Verlag, München, Deutschland.

Hanson, R. & Hanson, F. (2020). Resilient: How to Grow an Unshakable Core of Calm, Strength, and Happiness. Harmony, New York, NY.

Kabat-Zinn, J. (2023). Mindfulness for All: The Wisdom to Transform the World. Hachette Go, New York, NY.

Bovier, P.A. & Brockmann, Y. (2022). Paternal Postnatal Depression: A Systematic Review of Risks, Symptoms and Treatment Options. Journal of Affective Disorders, 300, 448-459.

Rahn, E. (2021). Resilienz: Das Geheimnis innerer Stärke – Krisen meistern und daran wachsen. Klett-Cotta, Stuttgart, Deutschland.

Dweck, C.S. (2023). Mindset: The New Psychology of Success (Updated Edition). Ballantine Books, New York, NY.

Ausubel, D. P., & Sullivan, E. V. (2022). Fatherhood in the 21st Century: Integrating Research and Practice. Routledge, London, UK.

Lamb, M.E. (Ed.). (2020). The Role of the Father in Child Development (6th ed.). Wiley-Blackwell, Hoboken, NJ.

Neff, K. (2021). Self-Compassion: The Proven Power of Being Kind to Yourself. William Morrow Paperbacks, New York, NY.

Urban, D. (2023). Gut für mich sorgen: Selbstfürsorge – aber wie? Konkrete Methoden für mehr Balance, Energie und Lebensfreude. Gräfe und Unzer Verlag, München, Deutschland.

Waldinger, R.J. & Schulz, M. (2023). The Good Life: Lessons from the World's Longest Scientific Study of Happiness. Simon & Schuster, New York, NY.

Impressum

Haftungsausschluss

Die Nutzung dieses Buches und die Umsetzung der enthaltenen Informationen, Anleitungen und Strategien erfolgt auf eigenes Risiko. Der Autor kann für etwaige Schäden jeglicher Art aus keinem Rechtsgrund eine Haftung übernehmen. Haftungsansprüche gegen den Autor für Schäden materieller oder ideeller Art, die durch die Nutzung oder Nichtnutzung der Informationen bzw. durch die Nutzung fehlerhafter und/oder unvollständiger Informationen verursacht wurden, sind grundsätzlich ausgeschlossen. Rechts- und Schadenersatzansprüche sind daher ausgeschlossen. Dieses Werk wurde sorgfältig erarbeitet und niedergeschrieben. Der Autor übernimmt jedoch keinerlei Gewähr für die Aktualität, Vollständigkeit und Qualität der Informationen. Druckfehler und Falschinformationen können nicht vollständig ausgeschlossen werden. Es kann keine juristische Verantwortung sowie Haftung in irgendeiner Form für fehlerhafte Angaben vom Autor übernommen werden. Die bereitgestellten Analysen, Vorschläge, Ideen, Meinungen, Kommentare und Texte sind ausschließlich zur Information bestimmt und können ein individuelles Beratungsgespräch nicht ersetzen. Alle Informationen dieses Buches entsprechen dem Kenntnisstand zum Zeitpunkt des Verfassens dieses Buches. Eine Haftung für mittelbare und unmittelbare Folgen aus den Informationen dieses Buches ist somit ausgeschlossen. Informieren Sie sich weitläufig aus unterschiedlichen Quellen und bedenken Sie, dass am Ende nur Sie für die Entscheidungen verantwortlich sind.

Urheberrecht

Haftung für externe Links

Unser Angebot enthält Links zu externen Websites Dritter, auf deren Inhalte wir keinen Einfluss haben. Deshalb können wir für diese fremden Inhalte auch keine Gewähr übernehmen. Für die Inhalte der verlinkten Seiten ist stets der jeweilige Anbieter oder Betreiber der Seiten verantwortlich. Die verlinkten Seiten wurden zum Zeitpunkt der Verlinkung auf mögliche Rechtsverstöße überprüft. Rechtswidrige Inhalte waren zum Zeitpunkt der Verlinkung nicht erkennbar.

Printed in Poland
by Amazon Fulfillment
Poland Sp. z o.o., Wrocław

53006187R00098